As MÁSCARAS *de cada um*

As MÁSCARAS *de cada um*

pelo espírito
Madalena

psicografia de
Márcio Fiorillo

LÚMEN
EDITORIAL

As máscaras de cada um
pelo espírito Madalena
psicografia de Márcio Fiorillo

1ª edição – setembro de 2012

Direção editorial: *Celso Maiellari*
Coordenação editorial: *Fernanda Rizzo Sanchez*
Revisão: *Maria Aiko Nishijima*
Projeto gráfico e arte da capa: *Casa de Ideias*
Impressão e acabamento: *Orgrafic Gráfica*

Dados Internacionais de Catalogação na Publicação (CIP)
(Câmara Brasileira do Livro, SP, Brasil)

Madalena (Espírito).
As máscaras de cada um / pelo espírito Madalena; psicografia de Márcio Fiorillo. - São Paulo: Lúmen, 2012.

ISBN 978-85-7813-074-9

1. Espiritismo 2. Psicografia 3. Romance espírita
I. Fiorillo, Márcio. II. Título.

12-10637 CDD-133.93

Índices para catálogo sistemático:
1. Espiritismo 2. Psicografia 3. Romance espírita I. Fiorillo, Márcio. II. Título.3

LÚMEN
EDITORIAL

Rua Javari, 668
São Paulo – SP
CEP 03112-100
Tel/Fax (0xx11) 3207-1353

visite nosso site: www.lumeneditorial.com.br
fale com a Lúmen: atendimento@lumeneditorial.com.br
departamento de vendas: comercial@lumeneditorial.com.br
contato editorial: editorial@lumeneditorial.com.br
siga-nos nas redes sociais:
twitter: @lumeneditorial
facebook.com/lumen.editorial1

2012

Impresso no Brasil – *Printed in Brazil*

Sumário

Prólogo 7
capítulo 1 – Alguns meses depois... 11
Capítulo 2 – Novos rumos 23
Capítulo 3 – Um segredo 39
Capítulo 4 – A vida nos dá sinais 60
Capítulo 5 – Aprender com os erros 75
Capítulo 6 – Somos seres eternos 92
Capítulo 7 – Na época da ditadura 107
Capítulo 8 – Aproximação perigosa 118
Capítulo 9 – Responsabilidade 132
Capítulo 10 – A vida tem suas razões 146
Capítulo 11 – Anos atrás... 161
Capítulo 12 – A vida é feita de escolhas 173
Capítulo 13 – Mudança de planos 191
Capítulo 14 – Novas oportunidades 203
Capítulo 15 – O ódio aprisiona 216
Capítulo 16 – Acerto de contas 229

Capítulo 17 – Conhecendo o passado 243
Capítulo 18 – Conversa civilizada 259
Capítulo 19 – Revelações inusitadas 264
Capítulo 20 – Na casa de Alfredo 271
Capítulo 21 – Vivenciando os ensinos de Cristo 283
Capítulo 22 – Deus sabe o que faz 298
Capítulo 23 – Rumo a novas conquistas 314
Capítulo 24 – Cinco anos depois... 320
Capítulo 25 – Ubatuba, 1999 334
Epílogo 339

PRÓLOGO

O crepúsculo descia sobre a terra naquele cálido dia de verão quando Luíza finalmente decidiu sair da área de lazer da mansão em que morava com seus pais numa região nobre da cidade de São Paulo. Passara o dia ensolarado ora na espreguiçadeira, ora nadando com prazer na bela piscina que seus pais construíram anos antes, só para satisfazer seus desejos. À noite Rodolfo estaria em sua casa para conversar com o pai Alfredo e juntos marcarem uma data para o casamento, que o namorado não queria mais protelar. Quem gostou da notícia foi Leonor, pois havia muito tempo ela desejava a união da filha com o rapaz, por se tratar de um jovem de família quatrocentona da cidade, tão abastada quanto a sua.

Com um sorriso de satisfação, Luíza olhou-se no espelho e constatou o bronzeado que adquirira ao longo do dia. Sorriu satisfeita, já ia se despir quando ouviu a voz de Dolores, a governanta, pedindo autorização para entrar no quarto. Ao receber a permissão da moça, ela entrou com um embrulho nas mãos e entregou-lhe dizendo:

– Acabaram de entregar esta encomenda, achei estranho pois não tem remetente. Cheguei a questionar o rapaz da entrega que, claro, não soube me dizer quem enviou tal embrulho.

Luíza pegou o pacote; na certa era algum mimo de Rodolfo. Com um sorriso nos lábios comentou:

– Você está sempre desconfiada de tudo! Um dia vou querer saber o que a levou a viver dessa forma. É óbvio que se trata de algum presente de Rodolfo, que, querendo fazer uma surpresa, não colocou seu nome.

– Eu devo ser uma velha rabugenta mesmo!

Luíza abriu os braços. Dolores poderia ser qualquer coisa, menos uma rabugenta. A jovem foi criada praticamente pela governanta, que nutria por ela um carinho filial. Luíza a abraçou e, dando-lhe um beijo forte na face, respondeu:

– Você é a melhor pessoa do mundo, sua boba! Saiba que a estimo muito, sem falar que quando me casar vou levá-la para minha casa.

– Deixe de bobagens, quando oficializar o casório vou me aposentar. Agora, tenho de preparar o jantar, sua mãe foi ao salão de beleza e quer ver a casa impecável para receber Rodolfo.

Dolores rodou nos calcanhares e saiu. A jovem, ao se ver sozinha, abriu o embrulho, espantando-se ao ver o velho diário. Sem conter a curiosidade, começou a folheá-lo. Ao reconhecer a letra, trancou a porta e iniciou a leitura. Quando chegou em uma data específica, seu coração disparou, sentiu as pernas bambearem, mas precisava ir em frente. Sem perceber que todo o seu corpo tremia, leu rapidamente todo o conteúdo, estupefata com as informações contidas. Logo suas vistas começaram a ficar turvas.

Como pudera ser enganada daquele jeito durante anos? Por que nunca lhe contaram a verdade? Luíza começou a chorar, um choro doído que vinha do fundo de sua alma, nunca imaginara que sua mãe seria capaz daquelas baixezas que estavam escritas por sua fiel amiga, cuja caligrafia ela conhecia muito bem para duvidar da veracidade dos fatos ali contidos. Tentou respirar fundo, mas não conseguiu e, sentindo uma dor aguda no coração, deu um grito extremo de dor e o último suspiro na carne, levando consigo, para o plano espiritual, a dor e a revolta pelo conteúdo revelador daquele caderno, que causou tanto mal em seu delicado espírito.

CAPÍTULO 1

ALGUNS MESES DEPOIS...

Alfredo remexeu-se na cadeira confortável de seu escritório. As cenas do desencarne da filha não saíam de sua mente. Rememorava aquele triste acontecimento dia e noite. Lembrava-se perfeitamente do momento em que chegara a casa e vira uma ambulância estacionada na porta principal da residência. Com o coração aos saltos, ele correu para dentro do imóvel, onde os paramédicos já retiravam o corpo inerte de Luíza, coberto por um lençol branco, enquanto outro enfermeiro atendia Leonor na sala de visitas. Ouviu o choro compungido da governanta que, após tomar fôlego, contou a ele o que vira no quarto da jovem, aumentando ainda mais seu desespero. Com muito sacrifício, ele reuniu forças para cuidar do sepultamento da filha, que foi enterrada na tarde do dia seguinte, sem que ninguém entendesse como uma jovem aparentemente saudável pudesse falecer de infarto fulminante, deixando uma lacuna dolorida no coração daqueles que a conheceram. Alfredo procurara vários médicos especialistas em doenças do coração e todos foram unânimes em dizer que pelo excesso de sol e exercícios físicos a jovem, que já poderia estar com alguma doença cardiovascular silenciosa, acabou por agravar a situação, chegando ao óbito.

– Dr. Alfredo?

Alfredo saiu do estado de apatia em que se encontrava ao ouvir a voz de Carla, sua secretária, chamando-o à realidade. Esfregou a palma da mão no rosto e respondeu:

– Pois não, dona Carla, o que foi?

– Desculpe incomodá-lo, mas tem um senhor na recepção que se anunciou com o nome de Rodrigo Menezes de Andrade, e insiste em vê-lo.

Alfredo levantou-se da cadeira. Havia anos não tinha notícias do amigo, que fora morar na Califórnia com a família. Com um sorriso nos lábios, comentou:

– Rodrigo é um amigo, foi ele quem fez o parto de Leonor quando Luíza nasceu. Éramos inseparáveis, na época da ditadura lutamos juntos. Dê-me dez minutos e em seguida mande-o entrar.

Carla concordou com a cabeça e saiu da sala sem nada dizer. Ao se ver sozinho, Alfredo se dirigiu ao toalete particular e passou uma água no rosto. Ao voltar à sala principal deparou com a figura envelhecida do amigo. Rodrigo era moreno-claro, cabelos grisalhos, olhos amendoados e estatura mediana. Agora, despontava uma saliência na barriga, que não passou despercebida por Alfredo que, após dar um abraço forte no amigo, falou:

– Os anos não passaram para você, continua o mesmo galã de sempre.

– Não seja mentiroso, Alfredo! Mesmo porque percebi que olhou para a minha barriga.

Alfredo riu do gesto circular que Rodrigo fez com as mãos em volta da cintura e, após apontar para o sofá, retrucou:

– Não sou mentiroso, você está muito bem, com ou sem saliência no abdômen. Mas não foi para eu reparar no seu físico que veio até aqui! Conte-me, como estão os Estados Unidos?

– A "terra do tio Sam" continua a mesma, prosperando dia após dia – Rodrigo fez uma pausa após passar levemente a mão nos cabelos e disse em tom melancólico:

– Soube o que aconteceu com Luíza. Na verdade, esse é o motivo de minha visita. Voltei de vez para o Brasil e quero que saiba que se precisar de um amigo pode contar comigo.

– Eu sei, tudo ainda é muito doloroso. É difícil chegar a casa e não ter mais minha menina para abraçar, para saber o que fez durante o dia, ouvir seus sonhos e receios. – Alfredo enxugou uma discreta lágrima, que não passou despercebida pelo amigo, e em seguida prosseguiu: – Mas estou tentando reagir, sabe que não acredito em Deus, mas sinto que preciso continuar vivendo por mim e por Leonor.

Rodrigo levantou-se e abraçou o amigo, que reconfortado abriu um ligeiro sorriso.

– Você janta conosco hoje! Vou ligar para Leonor e avisar sobre sua chegada. Tenho certeza de que ela ficará feliz com sua presença. Leve sua esposa; nós não a conhecemos e será um prazer tê-los em nossa casa.

– Não vou recusar o convite, só não sei se Valéria poderá me acompanhar, pois sabe como são as mulheres... estão sempre às voltas com os serviços domésticos. Para elas, convites de última hora nunca são bem aceitos.

– Entendo perfeitamente, de qualquer forma eu o espero às oito horas.

Alfredo deu um abraço no amigo, que saiu em seguida. Carla conversava com o mensageiro do escritório quando ele passou sem se despedir. Ao vê-lo sumir, a moça fez uma cara de pouco caso e voltou sua atenção para Cléber, comentando:

– Não gostei desse homem, sua energia é pesada. Cheguei a ficar toda arrepiada quando passou por mim.

– Você e essa sua mania de querer bancar a sensitiva. Um homem de classe como esse não tem energias negativas, imagine!

– Para seu governo, energia pessoal não se compra, fofinho, adquire-se conforme os padrões de pensamentos. Mas não vou ficar discutindo esses assuntos com você, caso queira conhecer mais sobre padrões vibratórios, empresto-lhe alguns livros.

O rapaz balançou a cabeça afirmativamente. Ele gostava da secretária, que sempre o tratava com atenção, mas não conseguia assimilar direito aquele assunto. Sem mais delongas, ele pegou algumas correspondências que estavam em cima da mesa e saiu, deixando Carla absorta em seus pensamentos.

Às oito horas em ponto, Rodrigo apertou a campainha da mansão. Rita, a empregada, abriu a porta e o conduziu até a sala principal, indicando-lhe um sofá para se sentar. Rodrigo olhou o rico ambiente e lembrou-se de que quando jovem frequentava a casa e sentia inveja do amigo que morava tão bem. Ele foi criado no bairro do Bom Retiro e seus pais possuíam uma barraca de frutas no mercado municipal. Com muito esforço, conseguiram pagar a faculdade dele. Quando Rodrigo decidiu participar do movimento estudantil, Manoel, seu pai, contestou e tentou alertá-lo de que o país passava por mudanças bruscas e que ele estar à frente de tal movimento seria perigoso, mas o jovem tinha sonhos, queria se tornar político no futuro e conquistar de vez o coração de sua amada. De repente, ao ouvir passos vindos da antessala, ele balançou a cabeça com o intuito de afastar aqueles pensamentos. Abriu um sorriso forçado, que não passou despercebido por Dolores, que após estender a mão para cumprimentá-lo disse:

– Pensei que nunca mais o veria; afinal, passaram-se tantos anos.

Rodrigo retribuiu o cumprimento. Dolores era uma mulher elegante com mais de quarenta anos. Se não fossem por algumas rugas nos cantos dos olhos, podia-se dizer que era bem mais jovem. Alta, branca e um cabelo negro comprido amarrado em coque na nuca, ela usava um conjunto de saia e blusa discreto, condizente ao posto que ocupava na casa.

– Não posso dizer o mesmo, ansiava por voltar ao Brasil e planejava fazer tal visita aos seus patrões e, claro, revê-la. Mesmo longe, amigos em comum me deixaram a par de seu trabalho.

Dolores mordeu os lábios em sinal de nervosismo e pensou: "Por que Alfredo insiste em levar esse homem para dentro de casa? Já se passaram tantos anos! Desejava nunca mais revê-lo". Querendo acabar logo com aquela conversa foi direto ao assunto:

– E por falar em meu trabalho, só vim lhe avisar que o dr. Alfredo se atrasou. Está em seu quarto com a esposa se arrumando para o jantar. O senhor aceita uma água ou um uísque?

– Bem... Se Alfredo ainda serve aquele malte especial, não me farei de rogado.

"Que pergunta mais idiota a minha, no dia em que esse daí recusar um destilado o mundo acaba", pensou Dolores ao caprichar na dose. Depois de entregar-lhe a bebida, fez menção de sair, mas Rodrigo a segurou pelo braço e baixando o tom de voz comentou:

– Você não mudou nada, continua a mesma de sempre, sabe que nunca entendi por que aceitou ficar à sombra de Leonor? Uma mulher como você, inteligente, requintada não era para ser uma simples governanta.

Dolores sentiu o sangue ferver nas veias; estava certa de que aquele homem asqueroso voltara para mexer no passado. Com o olhar crivado de ódio, respondeu:

– De minha vida cuido eu, dr. Rodrigo. Se eu fosse o senhor, não ousaria fazer tal comentário.

Rodrigo riu prazerosamente, o que a deixou ainda mais irritada, fazendo-a sair do local sem mais delongas. Ao entrar na cozinha, ela suspirou profundamente. Rita, que acabava de lavar a louça, ao vê-la perturbada, disse:

– Também não gostei desse homem. Ele é escuro, tem energia pesada! Credo, se eu fosse dona Leonor faria umas rezas quando ele fosse embora.

– Deixe de ser ignorante, mulher. Onde já se viu acreditar nessas crendices? Rodrigo é um déspota, talvez você tenha percebido sua arrogância e antipatia e está confundindo isso com essas crenças populares.

– Olhe, dona Dolores, não sou estudada como a senhora, mas posso lhe dizer, com toda certeza, que esse homem pode ser tudo isso, mas também tem energia ruim.

Dolores balançou a cabeça negativamente. Rita era uma mulher simplória, não discutiria com ela, o melhor a fazer era se recompor para servir a mesa e não deixar transparecer seu estado emocional. Quando Alfredo ligou, horas antes e falou com a esposa, a senhora sentiu suas forças esvaírem. Ao largar o fone no aparelho, um mal-estar começou a brotar de dentro de seu ser. Leonor chamou a amiga colocando-a a par da visita de Rodrigo ao escritório e da decisão de Alfredo, marcando um jantar para ele e sua família para aquela noite. Dolores, depois de se recuperar do susto, voltou-se para a patroa e disse:

– Esse sujeito está querendo aprontar alguma. Depois de tantos anos reaparecer do nada, temos de estar preparadas, pois não tenho dúvidas de que foi ele quem enviou o diário à Luíza.

Leonor levantou-se de supetão. Precisava recuperar suas forças. Não podia deixar transparecer seu asco por Rodrigo diante do esposo; assim, depois de passar nervosamente as mãos nos cabelos, respondeu:

– Eu também não tenho dúvidas, mas precisamos tratá-lo bem, não quero que Alfredo desconfie de nada, minha vida virou um inferno depois da morte de Luíza. Alfredo está depressivo e quase não conversamos, ele não diz nada, mas sei que me culpa por permitir que Luíza fizesse o que bem entendesse de sua vida. Seus olhos me acusam de displicência. Agora esse demônio me aparece do além para me infernizar.

Leonor esboçou um fundo suspiro, estava cansada, esgotada, mas não demonstraria suas franquezas. Fosse qual fosse as intenções de Rodrigo, não demonstraria medo diante dele, assim decidiu:

– Vamos fingir que está tudo bem. Não sei o que Rodrigo poderia querer de mim depois de tantos anos, precisamos ter cautela, trate-o com deferência; se agirmos assim, tudo sairá bem.

– Dona Dolores, já coloquei os talheres e os pratos na mesa.

– Obrigada – respondeu automaticamente a governanta que, deixando suas lembranças, foi arrumar a mesa ao gosto da patroa.

Alfredo, que conversava animadamente com o amigo quando a esposa desceu lentamente os degraus da escada, calou-se. Leonor, sem demonstrar seus reais sentimentos, aproximou-se de Rodrigo, que, ao vê-la, levantou-se estendendo os braços para abraçá-la. Ela retribui com emoção. Em seguida, os três se sentaram e passaram a conversar sobre trivialidades. Quando Dolores apareceu, avisando que o jantar seria servido, eles seguiram para a sala de jantar, onde uma mesa estava posta impecavelmente. Tudo era de muito bom gosto, e Rodrigo fez questão de elogiar, recebendo de Dolores um sorriso falso como resposta. As horas passaram rapidamente, e os três fizeram a refeição em animada palestra. Ao retornarem à sala principal, Dolores serviu um saboroso licor. Rodrigo, ao ver que Alfredo o tratava com a mesma hospitalidade do passado, a certa altura da conversa comentou:

– É uma pena Valéria não ter vindo, ela sofre de uma enxaqueca terrível, que hoje não a deixou em paz. Gostaria também que conhecessem minha enteada, Marina, uma moça linda, que tem vinte anos de idade.

Alfredo trocou olhares com a esposa, que aproveitou a oportunidade para saber um pouco mais da vida daquele homem perigoso, que se tornara um estranho entre eles:

– Nossa, como fui indelicada, quando chegou perguntei por sua esposa, que não conheço, mas não perguntei se tiveram filhos.

– Não se preocupe, passamos muito tempo sem nos comunicarmos. Na verdade, não tive filhos legítimos. Quando conheci minha esposa ela já tinha uma filha, que criei como se fosse minha. Marina é uma jovem muito inteligente, fala, além do português, fluentemente o inglês, o francês e o espanhol. Fez um curso de secretariado e estava trabalhando em uma boa empresa na Flórida; ficou muito triste ao deixar o trabalho para voltar ao Brasil.

Alfredo coçou a barba, lembrou-se das reclamações de sua secretária, que vivia alegando excesso de trabalho quando ele lhe cobrava algum serviço em atraso. Sua empresa prosperava a cada dia e seria de grande valia uma nova ajudante e com esses pensamentos abriu um sorriso dizendo:

– Estou precisando de uma ajudante para a minha secretária. Caso sua filha esteja interessada, peça para me procurar amanhã à tarde.

– Tenho certeza de que Marina vai e, como gosta de trabalhar, é capaz de fazê-lo de graça.

Depois de certo tempo, Rodrigo olhou para o relógio de pulso e, com um sorriso nos lábios, levantou-se dizendo:

– O jantar estava ótimo e fiquei muito feliz em revê-los, mas já está tarde.

Leonor levantou-se. Não via a hora de se livrar do convidado e, sem querer prolongar a visita, estendeu a mão, que ele levou aos lábios delicadamente, dando um leve beijo. Em seguida, abraçou Alfredo, que retribuiu com carinho, levando-o até a porta. Leonor, ao se ver sozinha, suspirou e foi para o quarto. Quando Alfredo entrou no aposento, ela fingiu dormir, mas não pregou o olho a noite toda.

***

Marina terminou de passar o batom e abriu um sorriso ao se ver diante do espelho. Estava realmente linda. Era alta, loura, cabelos compridos, olhos verdes e brilhantes. Tinha a boca bem delineada e um corpo escultural. Esbanjava sensualidade por onde passava. Com um olhar de superioridade, ela desceu os lances da escada e, ao passar pela sala, percebeu um brilho estranho no olhar da mãe, que, ao sentir o suave perfume que ela exalava, comentou:

– Seu pai pediu para ser discreta. Acho melhor subir e tirar um pouco da maquiagem e do perfume.

– Nem morta! Estou me sentindo ótima e isso é o que importa.

– Detesto ter de concordar com você – interpelou Rodrigo, que entrou na sala a tempo de ouvir as censuras da esposa. – Está realmente muito linda, tenho certeza de que o paspalho do Alfredo ficará encantado com você. Agora, vá e não se esqueça de meus conselhos.

A jovem não respondeu, limitou-se a abrir um sorriso e saiu sem se despedir. Na rua, pegou um táxi e depois de passar o endereço ao motorista, pôs-se a olhar a paisagem. Pouco depois de meia hora, o motorista parou o veículo e, ao notar que a passageira não esboçava nenhuma atitude, balançou a cabeça negativamente dizendo:

– Chegamos à Avenida Ipiranga, madame; mais especificamente no endereço que me deu.

Marina, com desdém, pagou o motorista e desceu do veículo. Olhou à sua volta e detestou o lugar. Achou os edifícios antigos e de mau gosto e um tanto sombrios. Ao analisar o prédio onde funcionava a empresa de Alfredo suspirou e pensou: "Até que essa pocilga em que vou trabalhar não é das piores, mas eu merecia coisa melhor."

Ao entrar no local e depois de se identificar na portaria, andou alguns passos e parou diante do elevador, que não demorou para chegar. Ela entrou seguida de alguns homens que voltavam do horário de almoço. Sentiu ligeiro mal-estar ao perceber que um dos rapazes tentava se aproximar por suas costas. Ela então, virou o pescoço para o lado e lançou-lhe um olhar reprovador. Com ar de deboche, desceu no décimo primeiro andar. Ao ver a porta entreaberta, foi logo entrando. Sara, a recepcionista, conversava com animação com um jovem. Ao vê-la, abriu um sincero sorriso:

– Pois não, em que posso ajudá-la?

– Tenho hora marcada com o dr. Alfredo. Sou Marina Oliveira Menezes de Andrade.

Sara pegou o telefone e discou o ramal da sala de Alfredo. Ao ouvir a voz de Carla, anunciou a moça caprichando na pronúncia do sobrenome. Depois de receber o aval da secretária, colocou o fone no gancho:

– Pode entrar, querida, o dr. Alfredo a espera. É por aqui, por favor! – apontou o caminho com o dedo indicador.

Marina levantou a cabeça e seguiu em frente, sem nem agradecer a moça pela gentileza. Com o mesmo jeito imponente, falou com a secretária, que tratou logo de levá-la à sala do chefe, deixando-os sozinhos. Alfredo, ao ver a moça fechar a porta, levantou-se, estendendo-lhe as mãos. Ela retribuiu o cumprimento com firmeza. Em seguida, ele se pôs a admirá-la. Era uma jovem de rara beleza e alguma coisa lhe soou familiar. Pareceu-lhe que já a conhecia havia anos, porém procurou controlar os pensamentos. Ambos se sentaram e ele falou:

– Seu pai me disse que tem certa experiência em secretariado. Você poderia me dizer quais são suas qualificações?

Marina passou a mão pelos cabelos num gesto peculiar, depois respondeu tirando da bolsa um envelope que entregou a Alfredo:

– Sou excelente datilógrafa e possuo curso de informática. Percebi que seu escritório já está informatizado, por essa razão quero informá-lo de que possuo qualificação para trabalhar com qualquer programa de computador, além de falar o espanhol, que se tornou minha segunda língua, inglês, francês e um pouco de italiano.

Depois de analisar o *curriculum* da jovem sem muita atenção, comentou:

– Bem... Vejo que estou diante de uma pessoa altamente gabaritada para trabalhar em minha empresa. Não sei se o Rodrigo chegou a comentar, eu possuo uma montadora de peças para veículos automotivos. O galpão da fábrica fica em um bairro afastado e de difícil acesso, por essa razão trouxe o escritório para este prédio, que foi de meus pais. Carla, minha secretária, é altamente eficiente, mas está muito sobrecarregada. Eu, que sempre fui consciencioso, estou passando por um momento difícil. Preciso de alguém para dividir o trabalho. O salário é bom, mas não sei se estará à sua altura.

Marina abriu um sorriso e com voz delicada respondeu:

– Eu não estou tão preocupada com a remuneração. Trabalho porque gosto de ser útil, sabe? Nunca fui mimada e vou lhe ser muito sincera, embora eu possua um bom currículo, estou voltando ao Brasil e temo que seja difícil conseguir um trabalho, por esse motivo gostaria muito de fazer parte da equipe de funcionários do senhor. Tenho certeza de que vou me dar muito bem em sua empresa. Marina olhou nos olhos de Alfredo e percebeu que o comentário causou certo efeito no homem, que se levantou, deu a volta na mesa e, aproximando-se dela, comentou:

– Você parece ser uma menina de ouro. Tenho certeza de que Rodrigo se orgulha muito de tê-la como filha. O cargo é seu. Pode começar amanhã às nove horas.

– Claro, serei pontual. Obrigada, farei de tudo para não desapontá-lo.

Alfredo abriu um sorriso para a moça, que se despediu demonstrando uma felicidade contagiante. Assim que ela se foi, ele chamou Carla em sua sala para colocá-la a par da novidade. A moça ouviu atentamente as recomendações do chefe e lhe prometeu fazer o que estivesse ao seu alcance para ajudar Marina a se adaptar à empresa, saindo em seguida e deixando Alfredo absorto em seu trabalho.

CAPÍTULO 2

NOVOS RUMOS

Luíza abriu os olhos lentamente olhou à sua volta e sentiu uma agradável sensação de bem-estar. O quarto em que estava era simples, havia uma pequena mesinha com um jarro de água e um copo; as paredes eram em tom de azul-claro; à sua frente havia um pequeno armário de madeira entalhada. Mas onde estava? Que quarto era aquele? Deveria estar se arrumando para receber a visita de Rodolfo... logo uma leve dormência tomou conta do seu ser e sem que pudesse coordenar as ideias, ouviu o barulho da porta se abrindo. Uma senhora com um olhar bondoso apareceu e aproximou-se dela, passando levemente a mão por seu cabelo:

– Você precisa descansar, ainda não recuperou sua força interior.

– Senhora, estou me sentindo muito bem – mentiu. – Será que pode dizer ao meu pai que já estou bem e que quero ir embora deste lugar? Não sei o porquê de estar nesta cama, mas tenho certeza de que papai vai me tirar daqui o quanto antes.

– Seu pai não poderá ajudá-la. Neste momento, só você poderá fazer isso. Procure relaxar e dormir mais um pouco. Tenho certeza de que quando acordar novamente estará bem melhor.

Luíza pensou em questionar, mas a mulher colocou a mão em sua destra e fechou os olhos. Uma luz azul começou a sair das mãos da senhora, envolvendo-a; em poucos minutos, ela voltou a dormir pesadamente. Conceição saiu e, passando por um longo corredor, entrou em uma sala onde um jovem, ao vê-la, disse:

– Já sei, Luíza acordou fazendo perguntas, como quase todos os que vêm parar neste hospital.

– Sim, e adotei o procedimento padrão. Por que é tão difícil para os recém-desencarnados aceitarem essa condição, Marcelo?

– Ora, minha amiga, a resposta é óbvia: a maioria dos encarnados vive sem se preocupar em conhecer as leis espirituais que regem o universo, afunda-se no materialismo e se esquece de que um dia terá de enfrentar a morte! Resultado? Muitos chegam aos abrigos espirituais acreditando estar vivos e querendo voltar para os seus.

Conceição abaixou os olhos e lembrou-se do dia em que acordara naquele local. Ao ser informada do que lhe acontecera aceitou com resignação, sentindo-se até agradecida por Deus por lhe ter oferecido uma de suas moradas.

– Lembrando-se do passado?

– Sim! Sabe o quanto é difícil para eu aceitar que Deus não me castigara pelos erros cometidos quando na carne.

– Deus é pai amoroso, não castiga ninguém. Ele criou as leis que regem o universo, e estas são imutáveis! Somos nós quem nos punimos, agimos de forma errada e ficamos esperando o dia em que Ele vai nos castigar, acreditando que essa é a única forma de ganharmos o reino dos céus, o que não é verdade.

– Eu sei, mas é difícil conviver com a culpa, ainda mais quando minhas atitudes de outrora prejudicaram pessoas inocentes como Luíza.

– Ora, minha irmã. Por acaso já se esqueceu de que o tempo é o melhor remédio quando não podemos mudar algo? Olhe à sua volta, estamos cercados de espíritos errantes que anseiam nova oportunidade na matéria para tentar reparar seus erros e seguir adiante. Eu, você, todos nós cometemos enganos e temos de repará-los. Feliz daquele que em uma encarnação consegue reconhecer isso e mudar as atitudes mentais para não errar mais. Não foi isso que Cristo nos ensinou? O que dizia quando Ele curava? “Ide e não pequeis mais.” Enquanto não aprendermos como não errar, a vida vai nos dar novas oportunidades para acertar. A sua hora chegou, pois ajudando Luíza você estará ajudando a si própria.

Conceição não respondeu; sentiu um nó na garganta sufocando-a e pôs-se a chorar, um choro doído, que vinha do fundo de sua alma cansada. Fora acolhida naquele lar por aqueles benfeitores, mas seu coração doía ao se lembrar dos erros cometidos no passado. Marcelo limitou-se a fitá-la. Conhecia as dores daquela alma e sabia o bem que o choro iria lhe proporcionar. Por essa razão, esperou pacientemente até vê-la mais calma. Depois, levantou-se, aproximou-se da amiga e fez sentida prece pedindo para Deus acalmar aquele coração. Logo as bênçãos do Senhor recaíram sobre aquela sala, inundando de fé e esperança o coração de Conceição, que mais calma agradeceu ao Pai Eterno por aquela energia restauradora e saiu, deixando Marcelo livre para cuidar de seus afazeres.

***

Ao ouvir o barulho do despertador, Marina remexeu-se na cama. Abriu os olhos, pensou em dormir mais um pouco, mas detestava ter de acordar cedo. Lembrou-se de que começaria a trabalhar naquele dia e não poderia chegar atrasada. Foi com certa dificuldade que levantou e fez sua higiene pessoal. Ao entrar na cozinha já estava arrumada a prumo. Rodrigo, que lia o jornal enquanto tomava seu desjejum, ao ver a moça sentar-se ao lado da mãe com cara de poucos amigos comentou:

– Vê se melhora essa cara. Alfredo pode ser idiota, mas não é burro, portanto, tente fingir alegria ao entrar no escritório.

– Detesto acordar cedo e não nasci para trabalhar, sabe muito bem disso!

– Não nasceu para trabalhar, mas tem uma dívida comigo. Depois de pagá-la poderá fazer o que bem entender que não vou me importar, só suportei sua presença até hoje porque preciso.

Marina olhou nos olhos de Rodrigo e com o olhar desafiador retrucou:

– Então somos dois! Também só aguento olhar para essa sua cara de ordinário porque sou obrigada.

– Cale-se, Marina! – interpelou Valéria, com medo da reação de Rodrigo. Marina, sem se importar com as súplicas da mãe, respondeu em tom desafiador:

– Não vou mais me calar, mamãe! Sou adulta e posso cuidar de mim sozinha, esse escroque que a senhora arrumou para marido não manda em mim, sei o que tenho de fazer e irei fazê-lo, é só.

Rodrigo não se conteve. Levantou abruptamente e sem que a moça pudesse se defender desferiu um tapa certeiro em sua face.

– Seu cretino! Eu o odeio. Farei o que quer e depois nunca mais vai me ver.

iluminada ela se lembrou de Luíza e de tudo o que vivera até ali e uma discreta lágrima correu por sua face rosada. Por que a vida lhe pregara aquela peça? Errara no passado, não contara a verdade e até manipulara uma situação, mas se arrependera ao longo dos anos, fora uma boa mãe para Luíza, um tanto ausente, reconhecia, poderia ter dado mais atenção à jovem do que às suas amigas fofoqueiras e fúteis que viviam ao seu redor; na época acreditava que fizera o seu melhor e agora, não bastasse a lacuna que se formara em seu coração com a morte da filha, Rodrigo voltara para assombrá-la com o seu passado. Um fundo suspiro saiu da boca de Leonor que, absorta em seus pensamentos, não percebeu que Alfredo vinha ao seu encontro. Ao se virar deparou com a figura dele e, levando um susto, gritou. Ele, ao vê-la empalidecer, pegou em suas mãos geladas justificando-se:

– Desculpe, amor, não queria assustá-la. Dolores me disse que estava no jardim e vim vê-la.

Alfredo abriu um sorriso lindo, mas Leonor, não pôde deixar de perceber o semblante triste do marido; sentiu seu coração doer, amava aquele homem com toda a força de sua alma e não poderia deixar que ninguém atrapalhasse a felicidade já comprometida do casal. Com esses pensamentos, abraçou-o com força, o que foi retribuído com carinho; protegida, pôs-se a chorar, estava cansada, não aguentava mais, perdera a filha, que tanto amava, e agora poderia perder o amor do marido. Deixou-se ser conduzida pelo esposo, que a levou para dentro de casa e a fez sentar-se em uma poltrona na sala, esperando que ela se acalmasse sem nada dizer. Minutos depois, comentou:

– Estive pensando, acho que seria bom marcarmos uma consulta com um terapeuta. A perda de nossa filha nos conduziu a um abismo.

– Não quero mais nada desta vida, vou esperar a morte, Alfredo. Só ela para sossegar meu coração.

– Não diga uma sandice dessas, também estou triste, mas mesmo assim sinto que não posso me entregar. Lembrei-me de padre Nelson. O que acha de convidá-lo para jantar conosco amanhã? Sabe que não acredito em Deus, mas Nelson é um amigo de longa data e sempre tem uma palavra de conforto para nos oferecer.

Leonor esfregou as mãos no rosto. Como pôde se esquecer de Nelson, a última vez que o vira foi no funeral de Luíza, onde o padre e amigo fez sentida oração pedindo a Deus e aos seus anjos para cuidarem da alma da moça e confortar os que ali estavam em desespero. Mesmo não sendo cristã, ela sentira conforto em suas palavras; poderia desabafar, Nelson conhecia sua história, era discreto e talvez até pudesse ajudá-la. Assim, respondeu:

– Nelson é um amigo querido, se quiser convidá-lo tudo bem.

Alfredo pegou o telefone e discou os números da casa do amigo. Do outro lado da linha uma voz doce o atendeu. Os dois conversaram por alguns minutos e Alfredo finalizou a conversa com o convite para o jantar, o qual Nelson aceitou de pronto, prometendo chegar a sua casa depois da missa das sete. Dessa forma, despediram-se. O que eles não puderam ver foi a oração em forma de prece que o padre dirigiu a Deus pedindo para ampará-los sempre no caminho do amor.

***

O dia mal clareara e Alfredo já estava em pé. A noite passara sem que conseguisse pregar o olho. Precisava mudar, tentar esquecer um pouco a dor que sentia em seu peito. Leonor não estava bem, e ele precisava ser forte, reagir, mas como esquecer a morte prematura de sua menina, tão linda e cheia de vida, com tantos planos e vontade de seguir em frente, ser feliz... Por que a vida fizera aquilo com ele? Lia todos os dias nos jornais gente roubando, matando, fazendo todo tipo de maldade e ainda se dando bem. Por que com ele? Com sua família? Logo ele, que vivia em razão de seu próximo, ajudava qualquer pessoa que chegasse até ele em momento aflitivo, fosse com dinheiro ou palavras! Nunca fizera mal a ninguém. Nem nos momentos em que fora preso pelos policiais do DOI–CODI, fora humilhado, torturado e não delatara nenhum de seus companheiros. E o que recebera em troca? De que adiantou tanta bondade? As pessoas faziam as coisas acreditando que assim ganhariam o reino do céu, mas ele nunca fizera nada pensando em retorno divino, pois nem em Deus acreditava. Seu lema de vida era respeitar o próximo como a si mesmo e mais nada. Acreditava que assim sua vida seria um mar de rosas. Crescera em uma família abastada, era dono de muitos edifícios na cidade de São Paulo e ainda tinha sua empresa; estudara, entrara para o movimento estudantil com o intuito de reivindicar os seus direitos – direitos humanos que os militares aniquilavam dia após dia. E o que ganhara em troca? Dor e sofrimento. Agora ainda tinha de passar pela perda de sua única filha. Dessa forma, com a mente tumultuada, saiu de casa sem nem tomar seu desjejum. Enquanto dirigia, lembrava-se da convivência com Luíza e das conversas frutíferas que fazia questão de ter com ela quase todos os dias. Já estava próximo ao trabalho quando sentiu uma leve dor de estômago. Ao olhar para uma lanchonete resolveu parar. Estacionou o veículo e caminhou até o local, onde grande número de pessoas se entretinha com o noticiário da TV enquanto comia seu pão com manteiga. Alfredo, ao ver o garçom, pediu um copo de café com leite e um pão de queijo. Sentou-se e estava tão absorto em seus pensamentos que não percebeu a presença de Antunes, um velho amigo, que ao vê-lo foi ao seu encontro dando-lhe um leve tapinha nas costas e dizendo com largo sorriso no rosto:

– Se não é o bom e velho almofadinha? Há quanto tempo!

Alfredo levantou-se olhando demoradamente para o jovem senhor. Antunes era alto, louro de olhos azuis e muito expressivos. Ostentava um sorriso franco, que o deixou encantado. Em seguida, abraçou-o carinhosamente:

– Há quantos anos não o vejo! Pensei que tivesse ido para a Lua! A última que vez que o vi estávamos presos.

– Ah, meu amigo! Que tempo difícil aquele! Como pode ver, não parti no "rabo de um foguete". Depois da prisão terminei a graduação de Contabilidade e já estou aposentado; agora faço alguns trabalhos extras para um escritório de um grande amigo aqui perto.

Alfredo olhou-o com admiração. Nunca imaginara reencontrar Antunes tão mudado. Com um sorriso nos lábios comentou:

– Fico feliz em vê-lo tão bem, nem parece o mesmo Antunes.

– E não sou. – Antunes fez uma pausa, sentiu uma energia de tristeza envolvendo Alfredo, e com um tom de voz seguro continuou: – Você está triste pelo desencarne de sua filha, mas Luíza está bem. Dorme tranquila, mas para que ela consiga se restabelecer de fato, você e Leonor precisam aceitar o que aconteceu.

Alfredo arregalou os olhos. Antunes modificara seu tom de voz e lhe passara paz ao dizer aquelas palavras. Querendo entender o que se passava, questionou atônito:

– Como soube da morte de minha filha? Que eu saiba não fazemos parte da mesma roda social e não houve uma nota sequer nos jornais. E que história é essa de desencarne, Antunes? Não me diga que entrou para uma dessas seitas apocalípticas?

Antunes respirou fundo, na certa Alfredo o estava julgando pelo passado. Precisava demonstrar com palavras que não era o mesmo e de modo sereno respondeu:

– Desculpe, amigo, talvez eu não tenha sido claro. Vou tentar resumir o que se passou comigo depois da última vez que nos vimos...

Antunes respirou fundo e depois de tomar um gole do café falou:

– Quando nos encontramos pela última vez, fora de relance na sede do DOI-CODI e não conversamos; portanto, não pude lhe contar o que me aconteceu. No dia em que eu e a Lurdinha fomos presos, senti que o mundo havia desabado em minha cabeça; os militares sabiam quem eu era e qual a minha participação na guerrilha e, claro, levaram-me para o pau de arara. Sei que experimentou essa tortura; portanto, sabe exatamente do que estou falando. Fiquei firme, não disse nada do que sabia, assim eles passaram a torturas piores, como me queimar com cigarros e me dar choques elétricos. Passei alguns dias indo do pau de arara para os choques, aguentando firme, até que em uma tarde não suportei mais. Estava sem forças e contei a eles o que queriam ouvir, só então me deram sossego; eu estava entre a vida e a morte e fiquei naquele estado durante algum tempo; foi quando tive uma experiência que nunca mais esqueceria.

Antunes fez uma pausa para respirar enquanto Alfredo o ouvia atentamente com os olhos perdidos em um ponto do infinito como a lembrar-se detalhadamente daquele passado que insistia em permanecer em sua vida. Em seguida, o amigo continuou sua narração:

– Três dias depois de ser jogado em uma cela fétida e úmida, senti minhas forças esmorecerem e meu espírito sair daquele corpo cansado de tanto apanhar e sofrer. Vi um homem com uma luz clara muito forte me olhando; ele me pegou no colo e me fez adormecer. Ao acordar, aquele mesmo espírito veio até mim. Eu perguntei onde estava e ele me disse que ali era uma colônia próxima à Terra. Achei que estava morto e ele me esclareceu que um cordão prateado ligava meu corpo perispiritual à matéria e que só dependeria de mim o rompimento ou não de tal cordão, pois meu corpo carnal estava em um hospital penitenciário, em coma. Naquele momento revi toda a minha vida e decidi que lutaria para continuar encarnado, mas Fábio, o espírito, disse-me que eu havia saído do corpo de forma consciente e que eu possuía uma sensibilidade muito aguçada. Se eu sobrevivesse na carne, teria de mudar o meu modo de viver, deixar para trás alguns vícios e passar a trabalhar com os meus dons mediúnicos. Disse-me que na hora certa ele se apresentaria a mim e juntos faríamos um trabalho de assistência aos necessitados. Concordei de pronto e, com vontade de seguir meu destino na matéria, saí do coma. Logo depois, fui solto, pois consegui, por meio de um amigo, a intervenção de um militar que julgara que eu havia contribuído para a ordem no país. Nunca mais me esqueci dessa experiência e passei a comprar livros que falavam sobre a vida pós-morte. Entrei para um grupo de estudo em um Centro Espírita e, aos poucos, desenvolvi meus dons mediúnicos. Hoje falo e vejo os espíritos perfeitamente, por esse motivo lhe dei o recado há pouco; há um amigo espiritual cujo nome não me é permitido revelar que muito quer ajudar você e Leonor.

Alfredo nada respondeu. Olhou para o relógio de pulso; marcara uma reunião com alguns fornecedores pela manhã e já estava atrasado. Chamou o garçom e pagou a conta; em seguida, tirou um cartão do bolso e o entregou ao amigo dizendo:

– Desculpe, acredito em cada palavra sua, mas para eu aceitar essa história de espíritos e vida após a morte é muito difícil. Preciso pensar em tudo o que me falou para depois formar uma opinião a esse respeito. Gostaria de vê-lo novamente, neste cartão tem meu telefone e endereço. Vamos marcar um jantar qualquer dia desses. Leonor ficará feliz em revê-lo.

– Assim que for possível ligo marcando.

Alfredo deu um abraço no amigo e saiu. Sentiu-se diferente, havia algo estranho no ar. Ultimamente reencontrara seus amigos de um tempo que ele fizera questão de esquecer. Antunes era uma pessoa boa, mas compartilhar com suas ideias de espíritos e mediunidade era demais... Entrou rapidamente em seu automóvel. O trânsito na avenida Ipiranga estava carregado por conta do horário. Acabou chegando ao escritório um pouco tarde e, ao entrar em sua antessala, encontrou Marina ajeitando alguns papéis na mesa. Abriu um sorriso e lhe desejou um bom-dia. Sentindo falta de Carla, que não costumava se atrasar, mas não querendo questionar a jovem, foi para a sua sala e meia hora depois seus fornecedores chegaram à reunião. Marina entrou com eles para fazer as anotações necessárias, mostrando-se muito competente e discreta, o que foi visto com bons olhos por Alfredo, que só ao terminar a reunião e ver todos os seus fornecedores saírem, resolveu questioná-la:

– Você sabe o que aconteceu com dona Carla? Ela nunca falta!
– ela ligou há pouco, disse que não se sentia bem e que passaria no médico. Pediu para avisá-lo.

– Não tem problema, espero que ela se recupere logo. Carla é uma excelente profissional e não sei o que seria de mim sem ela para me assessorar, só não fico atordoado porque tive a brilhante ideia de contratar você.

Marina respondeu com um sorriso e saiu. Ao sentar em sua cadeira, a jovem comemorou. A ausência de Carla lhe fora providencial; agora precisava arrumar uma forma de afastá-la de vez daquele escritório. Mas como? Lembrou-se de Rodrigo. Na certa, ao falar com seu padrasto este arrumaria uma forma de tirar Carla de seu caminho.

"Nossa, como não pensei nisso antes? O patife do Rodrigo com certeza vai me ajudar. Tenho certeza de que se livrar de uma simples secretária para ele é café pequeno", disse a si mesma, sentindo prazer. Quando Cléber entrou na sala, encontrou-a digitando as decisões tomadas na reunião. Ao vê-la concentrada, sentou-se em cima de sua mesa dizendo:

– Nunca vi uma moça tão bonita com ar tão sério!

– Vê se você se enxerga, fedelho. Desde quando permiti que fale assim comigo? – respondeu Marina mais em tom de brincadeira do que de reprovação.

– Não fale assim comigo, senão me apaixono! – Cléber riu prazerosamente da careta que ela fez como resposta.

Em seguida, Marina lhe entregou algumas contas para serem pagas no banco e ele saiu deixando-a sozinha.

CAPÍTULO 3

UM SEGREDO

Caía uma fina garoa quando Nelson apertou a campainha da mansão nos Jardins e foi recebido por Dolores, que o cumprimentou com um abraço. Em seguida, caminhou ao seu lado até a parte interna da casa onde Alfredo e Leonor já o esperavam. Depois dos cumprimentos calorosos, os três se sentaram. Dolores já estava saindo quando Alfredo a impediu, dizendo:

– Sente-se conosco, Rita pode terminar de preparar o jantar sozinha.

– Isso mesmo; afinal, padre Nelson é nosso amigo há anos, tenho certeza de que se sentirá feliz com sua presença – acrescentou Leonor olhando para Nelson, que era um senhor de meia-idade, branco, olhos castanho-claros, estatura mediana, possuidor de um sorriso franco, que, ao vê-la sentar-se, brincou:

– Você foge de mim até aqui, Dolores? Já não basta ter deixado de frequentar a paróquia?

– Ora, Nelson, sabe muito bem que não sou religiosa e que aqui não rogamos a Deus para nada.

– Pois não deveria, minha filha. Deus é Pai e Seus filhos não podem ficar sem Seu amor no coração.

– Nelson, esse seu sermão é para os fracos que vão à sua igreja na ilusão de encontrar na fé um sedativo para suas dores diárias; saiba que conosco não funciona; fazemos questão de sua presença em nossa casa por ser um amigo querido, independente de sua religiosidade.

– E por sermos amigos não posso deixar de lhes falar a respeito de Deus; sei que para um homem instruído como você é difícil acreditar na presença de um Deus misericordioso que olha por todos os Seus filhos aqui na Terra, mas ele está sempre presente.

– Se o que diz é verdade, Deus está nos punindo ao levar nossa filha. Isso não lhe parece contraditório? Por acaso sua igreja não prega que se formos bons, caridosos e respeitarmos todos os mandamentos divinos, viveremos sob as bênçãos do Senhor? Então como explicar que pessoas de bem como eu e minha esposa, que não fazemos mal a ninguém e sempre procuramos ajudar os mais necessitados, temos de receber um castigo como esse? Não, padre, definitivamente não aceito esse Deus vingativo e perverso em meu coração.

– Deus ama todos os Seus filhos e tem seus propósitos; levou sua menina, mas sabe o que está fazendo, só nos resta aceitar com resignação.

Dolores trocou olhares com Leonor, que abaixou a cabeça, talvez por entender o motivo de ter perdido Luíza, mas não disse nada; o melhor era ouvir a conversa em silêncio. Alfredo, ao ver as duas caladas, prosseguiu com o debate:

– Resignação? Não me venha com essa, o senhor sabe tão bem quanto eu que isso é invenção da Igreja, fruto de uma estratégia para dominar a massa ignorante. – Alfredo fez pequena pausa para respirar e, em seguida, prosseguiu: – Hoje reencontrei Antunes, acho que todos se lembram dele, foi um encontro rápido em uma lanchonete. Tomamos um café e em poucas palavras fiquei sabendo o que se passou com ele nos porões da ditadura. Antunes me contou uma conversa que teve com um espírito de luz depois de entrar em coma por conta da tortura sofrida para delatar seus companheiros aos oficiais do DOI–CODI. Fiquei impressionado com o seu relato, mas depois, olhando por uma óptica mais materialista, fiquei pensando se o encontro não teria acontecido por ele estar em situação de extremo desespero, e sua mente, para acalmá-lo, produziu o fenômeno. O cérebro pode usar tais recursos para aliviar dores físicas. Ou não? Por que tem de ser Deus por meio de inúmeras religiões o responsável por tal sedativo?

– Deus está em toda parte, meu filho. Não sei qual foi a experiência de Antunes, mas a Santa Sé é bem clara quando diz que precisamos analisar bem um fato antes de classificá-lo como divino. O que sei e lhe afirmo é que o amor de Deus é tão grande que quando nos arrependemos de nossos pecados, somos perdoados até em nosso leito de morte.

Os três ficaram calados, cada um absorto em seu próprio pensamento. Dolores aproveitou a pequena pausa para ir à cozinha. Ao voltar, convidou a todos para passarem para a sala de jantar, onde, com a ajuda de Rita, serviria a refeição. Alfredo resolveu mudar o rumo da conversa. Nelson era um homem de assuntos diversos e os dois passaram a falar sobre política e a atual situação econômica do país, o que foi bem-recebido por Leonor, que não gostara do debate travado entre ambos, uma vez que se sentia culpada por alguns acontecimentos de sua vida. Passava da meia-noite quando Nelson se despediu, levando em seu coração a esperança de vê-los um dia em sua igreja.

***

As semanas passaram rapidamente. Marina dominava cada dia mais as tarefas no trabalho. Naquele fim de tarde sorriu satisfeita, pois tudo corria bem. Alfredo não procurava mais Carla para assessorá-lo limitando a antiga secretária ao trabalho burocrático de sua função. Era Marina quem o seguia para todos os lugares.

– Pensativa? – questionou Cléber ao vê-la com o olhar perdido no espaço. Os dois se tornaram amigos inseparáveis e como a jovem não lhe respondeu prosseguiu: – Não se esqueça de que hoje temos de ir àquele lugar, hein!

– Não tenho como esquecer, queridinho. Mal posso esperar.

Marina, ao dizer essas palavras olhou para o relógio na parede e sorriu, deu o braço para Cléber e foi bater seu cartão de ponto; em seguida deixou o local, uma vez que o patrão já havia ido embora. Em poucos minutos, ambos estavam dentro do carro que Rodrigo havia lhe dado e juntos partiram para um bairro afastado na zona leste da cidade. Duas horas depois, pararam o veículo em uma rua estreita. Marina olhou assustada para o local; a rua era de terra, a maioria das casas feitas de madeira e algumas crianças corriam de um lado para o outro. Cléber, ao vê-la pensativa, comentou:

– Este local é bem pobre, mas não se preocupe, ninguém vai lhe fazer mal.

– E quem me garante isso? Você? – Marina riu em zombaria. Cléber, não gostando do escárnio, respondeu:

– Sim, embora eu não more aqui, conheço muita gente por estas bandas; portanto, vamos descer logo, pois se ficarmos dentro do carro, aí sim, chamaremos a atenção e arrumaremos problemas com os marginais que mandam aqui.

Marina abriu a porta do veículo e desceu, passando a mão pelo corpo para desamassar o vestido. Olhou para a casa e leu em uma placa feita de madeira os dizeres quase inelegíveis "Pai Laércio, lê carta e *da* uma consultas com *ora marcadas*". Marina riu prazerosamente ao ler o que estava escrito de forma tão rudimentar e com tantos erros gramaticais. Não contendo a indignação, voltou-se para o amigo e afirmou:

– Acho que vou voltar, recuso-me a conversar com um homem que "*da* uma *consultas*, no plural, com *ora*, sem o h, marcadas".

– Deixe de bobagem, mulher, vai ver esse vidente, ou sei lá o que, não aprendeu nossa língua pátria corretamente por estar envolvido com os espíritos.

– Não sei, não. Para mim esse homem recebe algum espírito de porco, ou melhor, de jumento – disse Marina. Balançando a cabeça negativamente, olhou para dentro do imóvel e avistou um barraco de palafita com uma parca luz no corredor. Respirou fundo, pois detestara o lugar. Contudo, como se dera ao trabalho de chegar até ali não desistiria. Assim bateu palmas e logo apareceu uma senhora negra de meia-idade, que ao vê-la esboçou um sorriso com apenas dois dentes:

– Você deve ser a *muié* que *marcô* com pai Laércio *onti,* né?

– Sou eu sim, Marina Oliveira Menezes de Andrade.

– Nossa! Quanto *nomi,* nunca vi *muié pra tê* tanto assim. Pode *entrá* que o pai já vai *atendê.*

Cléber não conseguiu controlar o riso. Marina não estava habituada a lidar com pessoas simples, e seu rosto se contorcia a cada palavra saída da boca da senhora. Os dois entraram no ambiente. No local havia imagens de vários santos em um altar que ficava na parte superior do barraco à esquerda. Havia também inúmeras imagens de homens e mulheres seminus na cor vermelha. Marina pressupôs tratar-se da imagem do demônio. Viu uma garrafa de pinga e um copo cheio do líquido. O cheiro de ervas era forte e, se Laércio não tivesse chegado, a jovem teria saído correndo. Ao vê-lo, ela esboçou discreto sorriso. O homem mediu-a de cima a baixo. Ele era uma espécie de pai de santo, embora não frequentasse nenhum terreiro para ter tal graduação, autointitulava-se assim; seus clientes não se importavam com isso, queriam apenas realizar os seus desejos. A maioria eram mulheres que queriam fazer despachos para amarrar homens. Ele estava acostumado a lidar com clientes iguais à Marina, que vinham de bairros nobres da cidade e solicitavam os mais variados favores dos espíritos. Quando atendidas voltavam, indicando-o para outras pessoas, assim ele ganhava sua vida.

– Vim para uma consulta, meu nome é...

– Já sei, Marina Oliveira, não sei das quantas – interrompeu o homem em tom de desagrado por ela ter sido direta.

Laércio fechou os olhos para se concentrar. Marina olhou para Cléber, que suava frio, e fez menção com a cabeça para que o jovem saísse, o que foi recebido com alívio pelo rapaz, que estava detestando o lugar. O médium estremeceu, começou a virar os olhos e, em seguida, falou com a voz rouca:

– Quer que eu afaste aquela sonsa do seu trabalho para que você fique livre, não é isso?

Marina sentiu o sangue gelar; aquele homem realmente era um bruxo, não imaginava presenciar tal cena, estava de fato diante de alguém com poderes sobrenaturais. Pensou em sair correndo, mas suas pernas paralisaram e sem saber o que fazer ela balançou a cabeça em sinal de positivo.

– Pois bem, quando eu for embora o "cavalo" saberá exatamente o que quero para realizar o seu pedido, mais alguma coisa?

Marina pensou em dizer não, mas lembrou-se de Rodrigo e sem pensar perguntou:

– Rodrigo quer que eu o ajude a prejudicar uma pessoa, mas não sei o porquê de tudo isso, só sei que se eu não fizer o que me pediu minha mãe sofrerá nas mãos dele. Não sei o que fazer!

O espírito riu prazerosamente e em seguida respondeu:

– Não sou padre para lhe dar conselhos, e você já é bem crescidinha para fazer suas próprias escolhas, mas saiba que tudo tem seu preço.

Laércio sacudiu o corpo mais uma vez e voltou do transe. Ao ver a moça estupefata comentou:

– Você acabou de conversar com um dos espíritos com quem trabalho. Ele vai fazer o que pediu, mas terei de comprar bebidas, galos, alguidares... Essas coisas que se usa em despachos. Para isso preciso de uma boa soma em dinheiro.

Marina abriu a carteira, tirou o talão de cheques da bolsa e, após perguntar quanto custaria todo o material, preencheu uma folha e entregou a Laércio, saindo em seguida. O que ela não percebeu foi a presença do espírito com quem falara. Este, ao vê-la virar as costas, comentou com um comparsa:

– Essa tonta não sabe onde se meteu, não faremos nada para ajudá-la!

– Como não? Ela acabou de pagar ao Laércio e ele vai comprar as bebidas e...

– E nada! Plínio, ela quer que afastemos Carla do seu caminho, mas isso não será preciso. A jovem já está tomando as drogas que Rodrigo deu para Marina colocar em sua bebida. Logo terá de se afastar por problemas de saúde; portanto, ela mesma se livrará da moça. O que essa sonsa não sabe é que vai se dar muito mal ajudando Rodrigo.

O espírito soltou um grunhido e aproximou-se de Laércio dizendo:

– Use esse dinheiro para se divertir, vá procurar uma mulher de verdade na rua e ser feliz, aproveite que sua hora também está chegando.

Laércio, embora não tenha podido ouvi-lo, registrou a sugestão como se fosse sua. Ele era médium psicofônico, mas não possuía o dom da audição. Estava com o rosto iluminado pela grande soma que Marina lhe deixara, assim saiu do local para beber no bar da esquina.

***

Marina trocou a marcha do carro com força. Cléber, ao vê-la nervosa, comentou:

– Gostaria de ter uma bola de cristal para saber o que o pai Laércio lhe disse que a deixou tão irritada!

– Não foi o que ele disse, foram as circunstâncias. Tenho certeza de que conversei com um espírito e isso mexeu com os meus nervos.

– Não consigo entendê-la, não era exatamente isso que queria quando me perguntou se eu conhecia algum terreiro?

– Sim e não. Eu tinha curiosidade, sempre ouvi a respeito dessas pessoas e fiquei curiosa, mas nunca mais quero saber desses assuntos do além.

Cléber balançou a cabeça negativamente. Olhando para fora do veículo, ao ver que se aproximava de sua casa, pediu para a amiga parar na esquina seguinte. Marina olhou para as casas em volta e sentiu pena do rapaz que, sem saber dos pensamentos da jovem, abriu um lindo sorriso e com o dedo apontou para a casa onde morava. Antes de descer do veículo convidou-a para ir com ele conhecer o local. Ela agradeceu e recusou o convite alegando cansaço. Em seguida, despediu-se e foi embora. Quase uma hora depois entrou em casa pisando duro. Rodrigo, que estava sentado no sofá da sala lendo um livro, ao vê-la entrar abruptamente, resolveu puxar conversa:

– Não sei de onde veio, mas posso supor que não foi de um lugar agradável.

– Acertou, só que não quero falar a respeito de minha vida.

Rodrigo fechou o livro, pegou o braço da jovem com força, para ter certeza de que ela não fugiria, e falou:

– Não estou nem um pouco interessado em saber por onde tem andado. Só quero lembrá-la de que falta pouco para eu acabar de vez com Alfredo e Leonor e você é peça fundamental nesse jogo. Não coloque tudo a perder, pois assim que conseguir meu intuito vou deixá-la livre e você será muito bem recompensada.

– Não precisa lembrar-me o tempo todo do que tenho de fazer. Agora, se me der licença, vou para o meu quarto, estou cansada.

Rodrigo soltou seu braço e Marina subiu os lances de escadas que davam acesso ao seu dormitório de dois em dois degraus. Ele, ao se ver sozinho, voltou à leitura, indo dormir de madrugada.

***

Caía a tarde no plano espiritual quando Luíza saiu para passear ao lado de Conceição. Ambas andavam olhando as belas flores espalhadas por todos os cantos do jardim. Luíza, embora estivesse alheia àquela beleza, procurava prestar atenção no que a senhora lhe mostrava, ora uma orquídea de cores exóticas, ora uma bromélia. Em poucos minutos, chegaram a um lindo gramado onde alguns bancos estavam dispostos em semicírculo, o que propiciava a todos que ali se sentassem tivessem uma visão ampla de todo o local. Conceição sentou-se, e a moça, um tanto contrariada, fez o mesmo. A senhora, com o intuito de tirá-la daquela apatia, disse com um sorriso nos lábios:

– Não vejo a hora de poder levá-la para a Colônia em que resido. Você ficará encantada com tanta beleza. Eduardo, que é um dos espíritos abnegados, responsável pelo local, faz questão de manter flores de rara beleza por toda a cidade.

Luíza suspirou fundo. Desde que acordara e fora informada de seu desencarne sentia-se deprimida; ora acreditava no que aquelas pessoas lhe falavam, ora achava que estava em uma espécie de manicômio, e que Leonor a colocara por ela saber de seu segredo. Olhou à sua volta e percebeu que o lugar era realmente muito agradável, mas não se sentia feliz. Como viver em paz se deixara para trás toda uma vida? E Alfredo? Era justo continuar sem saber o porquê de seu ataque cardíaco? Não, definitivamente não! Precisava fazer algo, mas o quê?

– Reze querida, a única coisa que pode fazer é rezar e pedir a Deus que tudo possa ser esclarecido, se for de Sua vontade.

– O que disse? Como fez isso?

– Isso o quê? Ler seus pensamentos?

– É! – respondeu a jovem boquiaberta.

Conceição, após fazer um carinho na face da moça, respondeu:

– Este corpo que usamos neste momento, é feito de uma matéria menos densa, por essa razão podemos ler os pensamentos uns dos outros. Chamamos este corpo de perispírito, uma cópia perfeita de nossa última existência na carne ou de existências anteriores, de acordo com a necessidade e vontade de cada um.

– Não sei se acho isso certo, por acaso não é uma invasão de privacidade? Imagine que passe alguém por aqui e eu não goste de sua roupa, essa pessoa vai ficar sabendo e poderá ficar chateada comigo.

Conceição riu prazerosamente do comentário feito pela jovem e, em seguida, comentou:

– A maledicência e a futilidade não têm espaço entre nós. Os fundadores dos prontos-socorros situados próximos à crosta terrestre pensaram em tudo, até nisso. É por esse motivo que a maioria dos espíritos ao desencarnarem são levados para esses hospitais, com o intuito de reaprenderem a viver no mundo dos espíritos. Digo reaprender pois esta é a nossa verdadeira casa e voltamos para cá milhares de vezes ao longo de nossa jornada espiritual.

– Você diz para eu ter fé, mas não consigo, gostaria de rever meu pai e contar a ele tudo o que fiquei sabendo. – Luíza fez uma pausa e lembrou-se de uma matéria que lera em uma revista a respeito do médium mineiro Chico Xavier. Levantou-se de um pulo e afirmou eufórica:

– Já sei! Vamos fazer assim, você me leva até o Chico Xavier, eu escrevo uma carta para o meu pai contando com detalhes o que fiquei sabendo e como morri, e tudo ficará resolvido, daí poderei viver neste lugar com mais tranquilidade!

– E assim fará vingança com suas próprias mãos, estou certo? – interpelou Marcelo ao se aproximar da jovem, que ao vê-lo ficou sem graça e tentou se justificar:

– Não é isso, só não acho justo que Dolores e Leonor continuem enganando a todos. Afinal de contas, eu morri por causa do segredo das duas.

– Você desencarnou porque chegou a sua hora de voltar para casa. Não cai uma folha de uma árvore sem que Deus permita. Olhe ao seu redor, Luíza, veja a maravilha da vida que continua por trás do Véu de Ísis. Tudo isto que está vendo é a mais pura manifestação divina, é Deus mostrando o seu poder. Reconheça isso e será mais feliz aqui; perceba que a vida sabe o que faz e que se for necessário para o adiantamento espiritual de Alfredo e de todos os envolvidos na hora certa esse segredo virá à tona e isso não depende de você. Portanto, o melhor que tem a fazer é procurar aprender a viver entre os desencarnados.

Luíza não respondeu. Marcelo, embora enérgico, falou com suavidade. Conceição, após trocar olhares com o amigo, levantou-se, pegou Luíza pelo braço e brincou:

– Bem... Já aprendemos muito com nosso querido Marcelo, agora é hora de voltar para o quarto e descansar.

As duas saíram. Após deixar Luíza em seu quarto, Conceição voltou para o jardim, onde Marcelo permanecia sentado no mesmo lugar em que elas o deixaram.

– Não sei se conseguiremos segurar Luíza por muito tempo entre nós. Temo que ela volte para junto dos encarnados e tente fazê-los ouvi-la de qualquer jeito.

– Estamos fazendo nosso melhor, se ela decidir voltar não poderemos impedi-la – respondeu Marcelo.

Conceição não disse nada, mas Marcelo percebeu o que ia no íntimo da amiga. Abraçou-a, enviando-lhe energias encorajadoras, e assim os dois passaram o restinho da tarde olhando a paisagem sem nada a dizer um para o outro.

***

Leonor abriu os olhos devagar, olhou para o relógio na cabeceira da cama e assustou-se. Passava das dez horas, o que a fez se levantar abruptamente. Passara a noite inteira acordada pensando em como resolver seus problemas; lembrou-se da fisionomia de Rodrigo e, decidida, tomou um banho demorado. Resolveria aquela situação de uma vez por todas, procuraria o cafajeste e lhe ofereceria uma boa soma em dinheiro para que ele e sua família os deixassem em paz, pois a conversa da noite anterior que tivera com Alfredo não lhe saía da cabeça.

– Marina é uma moça espetacular, faz todo o serviço do escritório com uma competência sem igual. Carla está afastada por problemas de saúde e já estou pensando em mandá-la para a fábrica quando ela voltar.

Leonor não respondeu, sabia que por trás daquela competência toda existia o dedo podre de Rodrigo. Com essas lembranças entrou na cozinha. Dolores, ao vê-la vestida elegantemente, sorriu:

– Vejo que está mais disposta. Alfredo, ao sair, recomendou-me que não a importunasse, pois disse que ficou acordada a noite inteira.

– Fiquei, minha amiga – respondeu ao pegar a garrafa térmica e se servir de uma generosa xícara de café preto. Ao sentar-se à mesa continuou: – Mas hoje resolvi dar um rumo à minha vida. Vou até a casa de Rodrigo oferecer-lhe dinheiro para sumir do mapa.

Dolores arregalou os olhos e precisou se apoiar na pia para não cair. Leonor, ao ver o estado em que a senhora ficou, questionou:

– Não sei por que esse espanto. Você não achou que eu ficaria a vida inteira remoendo o passado e esperando o dia em que Rodrigo decidisse parar de brincar e batesse em minha porta com aquela bomba, não é?

– Não se trata disso, ambas sabemos do que esse homem é capaz, estamos nas mãos dele, embora até agora ele não tenha nos ameaçado.

– Pois vou resolver isso hoje!

– Já que está decidida não vou me opor, mas vou junto, não vou deixá-la sozinha com aquele homem de jeito nenhum.

Dolores saiu rumo ao seu quarto, deu uma arrumada no cabelo e trocou de roupa. Em poucos minutos, voltou à cozinha e encontrou a patroa levantando-se da cadeira. Leonor, ao vê-la com a bolsa embaixo do braço, comentou:

– Você como sempre muito prática! Não sei como consegue se arrumar em tão pouco tempo.

– Estou acostumada, nunca fui dessas mulheres que gostam de ficar horas diante do espelho se arrumando para sair.

Leonor respondeu com um parco sorriso; pegou em sua bolsa as chaves de seu automóvel e saiu seguida pela governanta. Em poucos minutos, ganharam a rua. Dolores olhava a paisagem passar por suas vistas e seu coração estava apertado. Lembrou-se do dia em que encontrara Luíza caída no chão do quarto já sem vida e do diário jogado na cama; do desespero que sentira ao se aproximar do corpo inerte da jovem e constatar que ela estava morta. Sem ter o que fazer chamou a ambulância, em seguida pegou o diário e levou para seu quarto. Anos atrás, quando o perdera, acreditara que alguém o tivesse pegado e jogado fora; afinal, as informações contidas ali eram de cunho pessoal e ninguém se beneficiaria com elas. Nunca imaginara que seus pensamentos e desabafos fossem cair em mãos erradas e causar a morte de uma jovem inocente. Depois do funeral de Luíza, ela se questionou: não tinham inimigos, quem quer que fosse que enviara o material endereçado sabia o que estava fazendo. Quando Alfredo chegou a casa dizendo que Rodrigo havia voltado dos Estados Unidos, seu coração acelerou e não teve mais dúvidas. Fora ele o desalmado que mandara o diário para Luíza, só não conseguia entender por que, o que ele ganharia com isso? Alfredo seria o maior interessado em ter o conhecimento daquele conteúdo... Pensando em tudo isso, balançou a cabeça negativamente. A vida era mesmo uma caixinha de surpresas; Rodrigo estava tramando alguma coisa.

– Dou um doce para saber quais são os seus pensamentos.

– Não precisa, sabe muito bem que evito açúcar, estou pensando na reação de Rodrigo ao nos ver chegar a sua casa.

– Pois eu não estou nem um pouco preocupada.

As duas ficaram conversando sobre Rodrigo até Leonor parar o veículo diante da casa dele.

– Chegamos, foi esse o endereço que Marina me passou por telefone ontem.

Dolores não respondeu, desceu do veículo, esperou a amiga fazer o mesmo e juntas caminharam até a porta de madeira ricamente trabalhada. Dolores apertou a campainha e ouviu uma voz feminina no interfone. Depois de esperar a identificação, a voz pediu que aguardassem. Em poucos minutos, uma moça jovem apareceu no portão com um discreto sorriso nos lábios pedindo a elas que a acompanhassem. As duas passaram por um pequeno jardim. O sobrado era muito bonito, porém não ostentava muito luxo. Ao entrarem na sala, a empregada apontou um sofá confortável e pediu que aguardassem a chegada de seus patrões. Leonor sentou-se confortavelmente e olhou à sua volta; a sala não era grande, mas estava muito bem mobiliada; os móveis de madeira imbuia davam um ar gracioso ao ambiente; tudo estava muito bem limpo e em ordem. Dolores ia comentar sobre a demora quando Valéria desceu os lances de escadas e se aproximou com um largo sorriso nos lábios:

– Desculpem fazê-las esperar, é que eu não contava com a presença de visitas hoje.

As duas se entreolharam. Leonor passou rapidamente sua visão pela senhora. Valéria era uma mulher elegante, alta, branca, olhos amendoados e inexpressivos.

– Nós é que pedimos desculpas por ter vindo a sua casa sem sermos convidadas – Dolores respondeu tentando ser agradável. Depois olhou para a amiga e falou: – Meu nome é Dolores e está é Leonor. Conhecemos Rodrigo de longa data e gostaríamos de dar uma palavrinha com ele.

Dolores estendeu a mão que Valéria fez questão de apertar com firmeza e em seguida repetiu o gesto com Leonor, dizendo, após apontar o sofá para que ambas voltassem a se sentar:

– Meu marido saiu ao raiar do dia, mas creio que já deve estar voltando. Se não se incomodarem podem esperá-lo em minha companhia.

– Não queremos importuná-la.

– Imagina, vivo tão sozinha nesta casa! Passamos muitos anos fora do país e perdemos contato com quase todos os amigos.

– Sei como se sente, deve estar acostumada com a vida na América, que é bem diferente da nossa – respondeu Leonor com o intuito de conhecer um pouco mais sobre a vida daquela mulher.

– Muito diferente, os costumes são outros, a educação e a forma de tratamento deles são completamente opostas às nossas.

Valéria pôs-se a falar com prazer de como vivia na Califórnia e as duas a ouviam atentamente. Dolores, depois de esperar a senhora calar-se comentou:

– Pelo jeito que fala é apaixonada pelos Estados Unidos. Por acaso deseja voltar a viver lá?

Valéria mordeu os lábios em sinal de nervosismo, o que não passou despercebido pelas duas. Em seguida, respondeu, procurando pensar bem antes de soltar cada sílaba:

– Amo a Califórnia, mas o Brasil é o meu país. Tenho uma filha jovem que precisa fazer sua vida, casar, ter filhos e lá ela não vai arrumar um bom partido, os americanos são muito conservadores e nenhuma família boa da cidade permitiria que seus filhos se unissem a uma latina.

– Esqueceu de dizer, querida, que nossa filha embora seja latina de sangue foi criada à moda americana e fala inglês perfeitamente bem e sem sotaque nenhum – interpelou Rodrigo ao entrar na sala e ouvir a conversa, pegando as duas de surpresa. Leonor, ao olhar nos olhos dele comentou:

– Você continua o mesmo, não perde o hábito de entrar sorrateiramente nos ambientes e se intrometer na conversa alheia!

– O que é isso, Leonor? Estou em minha casa e entro nela da forma que melhor me aprouver.

Leonor o mediu de cima a baixo; ele havia perdido aquele falso ar de bom moço que fez questão de mostrar em sua casa semanas antes. Não retrucou, olhou para Valéria e, com um tom de voz doce, pediu:

– O assunto que me trouxe a sua casa de forma tão invasiva é de cunho pessoal, serei mais uma vez indelicada, gostaria de lhe pedir para me deixar sozinha com seu marido.

Valéria se retirou sem questionar. Leonor, ao vê-la sumir de suas vistas, foi direta:

– Vou ser breve, seu patife, quero que me diga quanto quer para sumirem do meu caminho.

Rodrigo deu uma risada forçada, e pôs-se a olhar demoradamente para as duas. Ao ver Dolores com o olhar firme, ele não se conteve, passou delicadamente sua mão pelo rosto dela, que tratou logo de se desvencilhar, e comentou:

– Ah, Dolores sinto saudades de nossa juventude. Ao ver você com esse olhar inquisidor lembrei-me do tempo em que era guerrilheira e adepta do amor livre, lembra-se?

– Cale-se, não ouse dizer mais nem uma sílaba, senão...

– Senão o quê? Por acaso está armada? Lembro-me que atirava muito bem!

– Esse é o calhorda que eu conheço! – interpelou Leonor que, ao vê-lo voltar sua atenção para ela, prosseguiu: – Você ainda não me respondeu quanto quer. Diga de uma vez e acabamos com essa história.

– As duas enlouqueceram! – balbuciou, meneando a cabeça negativamente. – Eu não quero nada! Não voltei ao Brasil para fazer chantagem. Se a sua consciência ainda a acusa depois de tantos anos, não posso fazer nada, acho melhor você e essa machadão irem fazer terapia. Sabe que a maioria dos nossos amigos daquela época não largam seus terapeutas?

Leonor não respondeu. Rodrigo não estava sendo sincero e para não voar em cima dele, ela pegou Dolores pelo braço e saiu bufando. Não esperou nem pela empregada, ao chegar ao portão principal rodou a maçaneta, abriu a porta e suspirou aliviada por não estar trancada. Já no carro, Dolores, ao ver a amiga tremendo, disse energicamente:

– Vamos parar em um barzinho para tomarmos uma água. Você está muito nervosa para continuar dirigindo!

Leonor andou mais algumas quadras e, ao ver uma pequena lanchonete, parou o veículo. Ambas desceram, entraram no local e pediram suco de maracujá. Ao serem servidas, Leonor comentou:

– Você viu a cara de pau dele? Até parece que não voltou para me afrontar!

– Bem, de uma coisa valeu nossa ida até lá, agora sabemos que Rodrigo não quer seu dinheiro e sim algo mais. Mas o quê?

– É isso que precisamos descobrir, minha amiga. Por hora vamos tentar nos acalmar; quero voltar logo para casa, hoje é aniversário de Rodolfo e fomos convidados para um jantar que ele me garantiu que será discreto, pois ainda guarda o luto de Luíza.

– Rodolfo é um bom rapaz, sofreu muito com a morte da namorada, merece encontrar alguém que o faça feliz.

Leonor fingiu não ouvir o comentário de Dolores. Apesar de ela ter razão, não conseguia ver com naturalidade um possível *affair* de Rodolfo com quem quer que fosse. Mas isso aconteceria cedo ou tarde; afinal, ele era bonito, rico e com a vida inteira pela frente. Não passaria o resto da vida chorando a morte da noiva. Com esses pensamentos pagou a conta, entrou no veículo, deu partida e fez o resto do trajeto perdida em seus próprios pensamentos.

***

Rodrigo riu prazerosamente ao vê-las sair de sua casa a passos largos. Jogou-se no sofá e abraçou uma almofada. Valéria, que ouvira toda a conversa do corredor que dava acesso à copa, ao ver o marido se acabando de rir postou-se à sua frente e disse:

– Essas senhoras me pareceram distintas, Rodrigo. Até hoje não sei o motivo desse ódio todo em seu coração. Por que não esquece o passado de uma vez por todas? Faz anos que está planejando essa vingança sem pé nem cabeça que não vai levá-lo a lugar algum.

Valéria falava docemente, sem perceber a presença de Marcelo, que se aproximara dela envolvendo-a com suas energias. A senhora misturara seus pensamentos aos dele e passava ao marido as ideias do espírito. E como ele não respondeu, ela prosseguiu:

– A vingança e o ódio causam dor e sofrimento. Vamos embora deste país. Nos Estados Unidos você é um clínico respeitado e tem clientela formada, é só parar de torrar seu dinheiro nos cassinos que podemos viver muito bem.

– O que você sabe do meu passado? Nunca lhe falei nada a respeito do ódio que sinto por essas pessoas. Elas me humilharam e não posso esquecer isso, todo dia relembro aquelas cenas, que ficam martelando em minha cabeça. Preciso reagir, vingar-me, só depois conseguirei ser feliz, aí sim, recomeçaremos nossa vida em outro lugar.

Rodrigo levantou-se e foi para o quarto. Valéria, ainda com a sensação de paz que a energia emanada por Marcelo lhe trouxera, decidiu ajudar a empregada na cozinha.

O espírito de João, que estava ao lado de Rodrigo, ao notar a presença de Marcelo, afastou-se, encolhendo-se em um canto.

– Eu posso vê-lo, João. Devo adverti-lo de que as palavras de Valéria servem para você também – falou Marcelo.

– Acha mesmo que vou deixá-lo em paz?

– E por que não? A vida é sábia; cedo ou tarde ele colherá os frutos de sua má plantação. Vivemos de escolhas, que nos trazem resultados. Você sofreu e como eu desencarnou de forma brutal. Não tivemos enterro digno para os nossos restos carnais e nossas famílias até hoje sofrem por não terem tido o direito de nos enterrar, como se a vida acabasse em um ritual fúnebre. Tudo isso é pequeno demais diante da eternidade. Entenda que não fomos vítimas do sistema ditatorial, mas, sim, de nossos atos e pensamentos. Atraímos para nossa vida o somatório de nossas crenças e atitudes. Nada que fizer mudará o que está feito; ficar ao lado de Rodrigo só atrasará ainda mais sua recuperação. E você também será responsável pelo que acontecer com Alfredo e sua família. Digo isso porque Alfredo sempre foi um amigo fiel; será que merece ser punido com Rodrigo?

João pensou por alguns instantes e respondeu:

– Não pensa que vai me enganar, Marcelo! Com ou sem a minha presença Rodrigo cumprirá seu plano de vingança contra Leonor e Alfredo. Eu só vou pegar carona nessa história para fazer com que ele se prejudique e venha para o mundo dos mortos; aí sim, ele vai se ver comigo!

– Não posso impedi-lo, mas se mudar de ideia é só pensar em mim que virei ajudá-lo.

João não respondeu, tinha Marcelo como um amigo e, embora estivessem em lados opostos, não queria se indispor com ele. Marcelo fechou os olhos, fez sentida prece pedindo a Deus para iluminar a mente de João e de todos daquela casa e saiu em seguida, volitando para o hospital que tomava conta no astral.

CAPÍTULO 4

A VIDA NOS DÁ SINAIS

O céu estava estrelado e as luzes do jardim da mansão foram acesas. Uma leve brisa bateu no rosto de Leonor e do marido ao passarem pelo lindo jardim da casa, acompanhados por um dos empregados da família Boaventura. Leonor olhou para as flores que desabrochavam e exalavam um perfume agradável e ficou encantada. Era início de primavera o que deixava o jardim ainda mais bonito. Ao entrar no salão principal, o casal foi recebido por Clarice e Francisco que, após abraçá-los, os convidou para se sentar enquanto uma empregada trazia nas mãos uma bandeja com bebidas que foram aceitas pelos dois.

Francisco era moreno de sessenta anos de idade, olhos amendoados e possuidor de um sorriso franco. Não tinha nenhum atrativo físico, mas sua simpatia o tornava extremamente atraente.

Clarice era uma mulher alta, de tez clara, olhos grandes e azuis que chamavam a atenção e boca benfeita. Quando sorria mostrava dentes alvos e bem distribuídos. Foi com esse sorriso que iniciou a conversa com os amigos:

– Ficamos imensamente felizes por terem vindo. Rodolfo adora vocês e não quer perder os laços de amizades que nos unem.

– Nós é que gostamos muito de sua família. Clarice. Se nossa filha não tivesse falecido seria com imenso prazer que a conduziria até o altar – respondeu Alfredo olhando para o infinito.

Leonor ia endossar o comentário do marido, mas Rodolfo entrou na sala e os cumprimentou com alegria. Deu um abraço apertado em Alfredo e um beijo carinhoso no rosto de Leonor, depois se sentou e comentou:

– Fico feliz por terem vindo, sabem que não sou dado a badalação, temos poucos amigos e os poucos nos são caros.

– Sabemos disso, meu filho. Aliás, para ser bem sincera não acreditava que comemoraria seu aniversário depois de tudo o que nos aconteceu – respondeu Leonor fugindo do olhar de reprovação do marido que queria fuzilá-la com os olhos.

O jovem, não se sentindo ofendido com o comentário respondeu com um sorriso discreto nos lábios:

– Sabe que sofri e sofro muito com o que nos aconteceu. Quando Luíza faleceu achei que morreria e, embora meu coração esteja fechado, sei que terei de recomeçar minha vida sentimental, cedo ou tarde, e que Luíza, assim que estiver recuperada no plano espiritual, vai me entender e até abençoar aquela que meu coração escolher para amar.

Alfredo trocou mais uma vez olhares com a esposa, pois a conhecia suficientemente bem para saber que ela retrucaria com escárnio, o que ela já estava para fazer, mas desistiu ao ouvir vozes se aproximando.

Rodolfo, ao ver os amigos entrarem em palestra animada, levantou-se para recebê-los e, após cumprimentá-los e receber alguns presentes, fez as apresentações:

– Este é Fábio e sua noiva Joana. Carla, uma querida amiga, e Antunes, que está se tornando para mim um segundo pai.

O casal os olhou surpresos, nunca imaginaram que Antunes pudesse ser amigo da família Boaventura, muito menos a secretária que Alfredo nunca apresentara a ninguém de seu convívio íntimo. Foi Antunes que quebrou o silêncio que se instalou no local:

– Esse nosso mundo é mesmo pequeno, não acham? Como tem passado, Alfredo?

Alfredo levantou e deu um abraço apertado no amigo, sendo seguido por Leonor, que de forma mais formal limitou-se a estender a mão para Antunes, que a apertou com carinho. Enquanto isso, Alfredo cumprimentava Carla, que, meio sem jeito, deu-lhe um leve beijo no rosto. Depois dos cumprimentos, Alfredo não resistiu:

– Eu nunca imaginei encontrar Carla e Antunes nesta casa. Estou surpreso.

– Bem, eu não posso dizer o mesmo, dr. Alfredo. Eu já conhecia Rodolfo de nome e daí a ligá-lo ao senhor foi inevitável – Carla falou com espontaneidade.

Antunes, aproveitando, obtemperou:

– Pois eu sabia que Carla era sua funcionária, só não sabia que Rodolfo era amigo de vocês!

– O mundo é muito pequeno mesmo, mas já que estamos entre amigos vamos brindar a vida – interpelou Francisco ao perceber o clima desagradável que estava se instalando no local.

Todos pegaram uma taça de champanhe e, após os brindes, a conversa tomou outro rumo. Alfredo perguntou para Carla sobre sua saúde e ela lhe respondeu que ainda fazia alguns exames médicos para ter um diagnóstico mais preciso.

Leonor voltou sua atenção para Clarice, que comentava sobre o bazar beneficente que estava providenciando para ajudar padre Nelson.

Rodolfo estava animado conversando com os amigos em um canto da sala enquanto Alfredo falava com Francisco a respeito da crise financeira pela qual o país estava atravessando e sobre as eleições presidenciais que se realizariam dali a algumas semanas:

– Fernando Collor será o novo Presidente da República, pode apostar!

– Não duvido, o que me deixa triste é que lutamos tanto para ter eleições diretas no país, e agora vejo na TV mulheres dizendo que votarão nele porque é bonito. Tem cabimento?

– Tem! – respondeu Francisco à queima-roupa. – Passamos muitos anos sendo comandados por ditadores; agora as pessoas precisam de um tempo para realmente entenderem o que é uma democracia.

Alfredo ia responder, mas foi interrompido por Clarice que pediu a todos para acompanhá-la à sala de jantar, onde um farto banquete estava posto à mesa. O grupo se encaminhou para o local e lá fizeram a refeição em palestra animada.

Ao voltarem à sala principal, agora mais entrosados, falavam todos do mesmo assunto. Rodolfo aproveitou para abrir os presentes que recebeu. Ao ver entre eles o livro *Nosso lar*, psicografado de Francisco Cândido Xavier e ditado pelo espírito André Luiz, sorriu. Leu a dedicatória e, voltando-se para Antunes, afirmou:

– Você adivinhou, pensei em passar na livraria esta semana para comprar este livro.

– Quando lhe recomendei esse livro no fim da reunião passada, já estava pensando em lhe dar de presente.

Alfredo olhou para a capa e comentou:

– Agora já sei de onde conhece Antunes! Não sabia que você frequentava esse tipo de religião, Rodolfo.

– Não só eu, Antunes, mas Carla e todos os que estão nesta sala, Alfredo.

– Eu só gostaria de fazer uma observação – interrompeu Fábio. Após pigarrear completou: – A Doutrina Espírita não é propriamente uma religião, é uma filosofia de vida. Nós nos reunimos para ler o *Evangelho Segundo o Espiritismo,* ditado por vários espíritos e codificado por Allan Kardec.

Alfredo mordeu os lábios. O rapaz acabava de conhecê-lo, portanto não sabia de suas convicções avessas a qualquer religião.

– Desculpe, filho, sendo ou não uma religião, acredito que se trata de uma crença das mais fantasiosas. Só existe uma vida nesta Terra e mais nada. Eu perdi minha filha há pouco tempo e do jeito que éramos apegados, se caso existisse vida após a morte, tenho certeza de que ela daria um jeito de se comunicar comigo.

Fábio olhou à sua volta e, ao ver que todos estavam à espera de sua resposta, fixos no debate que se travara entre os dois, questionou:

– Vamos imaginar que sua filha pudesse se materializar neste exato momento.

Alfredo consentiu com a cabeça, e Fábio, após esboçar um sorriso malicioso, prosseguiu:

– Agora me responda: quem teria preparo para ficar nesta sala? O senhor ficaria em seu estado normal ou poderia sofrer um ataque cardíaco diante do inesperado?

Alfredo não respondeu, e Fábio, aproveitando-se da situação, disparou:

– Pois vou lhe responder, aqui só ficariam os que realmente compactuam com os ensinamentos espíritas, aqueles que têm no coração a certeza da vida após a morte. Todos os outros se sentiriam, no mínimo, paralisados.

O rapaz fez uma pausa. Leonor abaixou a cabeça. Rodolfo o olhava com atenção. Alfredo por sua vez não conseguia objetar, e os outros estavam a olhá-lo. Tomado de uma energia superior, Fábio mudou o tom de voz e concluiu:

– A vida é sábia, Alfredo. Vivemos em um mundo onde infelizmente o materialismo reina absoluto. Para que ela nos prove algo, precisamos nos voltar para o espiritual. Se quiser ter notícias de sua filha, terá de aprender como o mundo invisível funciona, aí saberá que tudo tem o seu momento, que tanto você quanto ela precisam estar bem emocionalmente para que o reencontro seja proveitoso para ambos. Acredite que na hora certa a verdade aparece e terá de estar preparado para absorvê-la e aprender com ela.

O silêncio se fez. O jovem falava de forma tranquila, deixando o ambiente sereno. Antunes, ao ver a presença de Marcelo envolvendo Fábio com sua energia, sorriu para ele. Em seguida, ergueu a cabeça ao alto e fez sentida prece, pedindo a Deus para que as palavras do jovem entrassem no coração dos presentes. Logo uma chuva de luz azul penetrou no ambiente e caiu sobre todos; em seguida, o espírito deixou o local.

Alfredo sentiu-se perdido; logo ele que sempre tivera respostas para tudo, não conseguiu dizer sequer uma sílaba. E como quem quisesse digerir o que acabara de ouvir, levantou-se e disse:

– Você me deixou sem palavras, meu rapaz, vou pensar em tudo o que disse e em outra oportunidade conversaremos sobre esse assunto. Por hora quero que saiba que foi um prazer conhecê-lo, mas está ficando tarde e amanhã pego cedo no trabalho.

Alfredo pegou na mão de Leonor, que levantou de pronto. Assim, o casal se despediu dos amigos e saiu. Antunes, ao ver os dois sumirem, quebrou o silêncio e concluiu:

– Hoje Alfredo e Leonor deram o primeiro passo rumo à espiritualidade. Desejo de coração que possam absorver tudo o que ouviram nesta noite abençoada.

– Faço das suas as minhas palavras, Antunes. Quando fiz questão da presença deles hoje em meu aniversário não imaginava que você os conhecia, e cada dia que passa fico mais admirado com os sinais que a vida nos dá.

– Você está abrindo seus olhos para a espiritualidade maior e começando a perceber os sinais mais sutis que a vida nos apresenta. Acredite, isso acontece o tempo inteiro com todos. Eu conheço Leonor e Alfredo há muitos anos e você nem sonhava nascer. Passamos por momentos difíceis e depois a vida nos separou. Reencontrei Alfredo um dia desses em uma lanchonete na avenida Ipiranga. Carla começou a frequentar nosso grupo de estudos há pouco tempo e nunca perguntei onde trabalhava; você e sua família também se juntaram a nós há pouco, portanto, perceba que a vida nos juntou, e se ela fez isso tem um propósito.

– Disso não tenho dúvidas – afirmou Carla com um largo sorriso no rosto.

Rodolfo ficou pensativo, sabia o motivo pelo qual Carla procurara ajuda espiritual. Lembrou-se do dia em que um espírito falara por meio de um médium que ela precisava rezar por Marina e por todos os envolvidos naquele caso. A essa lembrança, comentou abismado:

– Esperem um pouco, estamos vibrando para que o caso de Carla com a tal colega de trabalho seja esclarecido. Se ela trabalha para Alfredo, tudo o que já ouvimos a respeito do caso está ligado diretamente a ele!

– Exatamente! Para você ver por que a vida está nos aproximando... agora já está tarde, devemos ir. Concordam?

Todos responderam que sim a contragosto de Rodolfo, que insistia para que o grupo ficasse mais um pouco, o que acabou sendo recusado. Em poucos minutos, só ficou na casa a família, que, feliz com a proveitosa noite que tiveram, seguiu rumo aos quartos para descansar em paz.

***

No dia seguinte, Leonor acordou bem-disposta. Sonhou que estava em um campo florido conversando com Marcelo. Ele estava bonito e feliz. Seus olhos brilhantes mostravam a emoção por rever a irmã que deixara sofrendo anos antes. A senhora tentou se lembrar sobre o que haviam conversado, mas não conseguiu, assim se dirigiu à cozinha. Dolores, ao vê-la com um sorriso nos lábios, comentou após dar-lhe um bom-dia:

– Parece que o jantar na casa de Rodolfo fez bem ao casal. Alfredo levantou cedo e estava com uma aparência ótima; agora você desce com esse ar de felicidade!

– O jantar foi bastante agradável, sim. Mas o que nos impressionou foi ter encontrado Antunes na casa dos Boaventura.

Dolores arregalou os olhos. Leonor contou com detalhes como foi a recepção e a conversa que imperou no local, finalizando com o sonho que teve:

– Depois de tudo isso, estou realmente inclinada a conhecer um pouco mais sobre a espiritualidade.

– Não sei, não. Acho que ficou impressionada com a conversa do jantar e acabou sonhando com Marcelo. Você sempre sonhou com o dia em que ele se despediu de você na igreja. Já lhe disse para se perdoar, pois não tinha nada que pudesse fazer para ajudá-lo.

– Para ajudá-lo não, mas foi para me proteger que vocês foram ao encontro com o João e deu no que deu. Você sabe que sofri muito quando ele desapareceu. No início achei que ele estivesse preso em algum local secreto, mas depois fui perdendo a esperança, e meu irmão entrou para a triste estatística dos que *partiram no rabo de um foguete,* como cantava a Pimentinha. Veja, Dolores... – Leonor fez uma pausa e se aproximou da amiga, olhando bem em seus olhos: – E se Antunes e aquele grupo estiverem certos? E se realmente a vida continua fora da matéria? Isso significa que Marcelo está vivo em outra dimensão e a Luíza também.

Dolores abaixou a cabeça. Aquela hipótese absurda mexeu com seus nervos. Se Luíza de fato estivesse viva em um outro local que seus olhos não podiam ver, com certeza a estaria odiando. A essa constatação estremeceu:

– Desculpe, minha amiga, eu não acredito. Antunes sempre foi meio aluado, acho que depois do que sofreu na ditadura resolveu se enfiar no Espiritismo para se autoconsolar. Isso é mais comum do que se imagina; ficamos traumatizados com toda aquela perseguição; alguns foram presos e torturados e muitos saíram com sérios problemas psicológicos.

– Concordo, mas quero conhecer melhor a Doutrina Espírita e só depois tirarei minhas conclusões.

Leonor terminou de tomar o café e saiu. Dolores, ao se ver sozinha, sentiu uma leve dor de cabeça e foi para o quarto. Trancou a porta, precisava ficar sozinha. Abriu o guarda-roupas e, depois de passar a mão por baixo de algumas mantas, pegou uma caixa. Sentou-se na cama e a abriu, tirando de dentro o diário que ela escrevera décadas atrás. Começou a olhá-lo e passou o resto do dia presa ao passado, que, por algum motivo desconhecido, a vida insistia em trazê-lo para o presente.

***

Marina desceu os lances de escadas lentamente. Trajava um longo vestido preto que delineava seu corpo escultural. Seu cabelo preso em um delicado coque na nuca dava-lhe um ar de mulher fatal. Rodrigo, que a esperava ansiosamente, ao vê-la tão elegante não se conteve:

– Você está muito bonita, parabéns!

A moça não respondeu, abriu a bolsa e pegou cigarro, colocando-o entre os lábios. Ia acendê-lo quando Rodrigo tirou seu isqueiro do bolso e com um gesto rápido o acendeu sorrindo.

– Vamos logo para essa festa, e não me venha com elogios baratos, pois sabe que não me compra com atos banais.

Rodrigo fechou o semblante. Marina era geniosa igual à mãe. Pensou em provocá-la, mas desistiu; afinal, teriam uma festa para ir e se indispor com ela mexeria com seus nervos. Não queria passar para seus amigos uma má impressão e por essa razão dirigiu calado. Seguiu pela Vinte e Três de Maio e ficou irritado com o trânsito, que estava lento. Se continuasse daquele jeito, chegariam atrasados ao compromisso.

– Detesto o trânsito desta cidade, carro deveria custar uma fortuna e servir somente à classe superior, como era décadas atrás.

Marina não respondeu. Olhou para os prédios e ficou imaginando quem estaria por trás daqueles edifícios enormes e o que fazia da vida. Era noite de sexta feira, e a cidade brilhava. Não querendo entrar no clima do padrasto respondeu:

– Você não deveria pensar assim, foi um rebelde sem causa na juventude e até onde sei sonhava com um país mais justo.

Rodrigo riu prazerosamente do comentário, respondendo:

– Acho que nunca fui um idealista. Sou movido por outros sentimentos menos nobres, minha cara.

Rodrigo olhou para a jovem que não lhe respondeu e decidiu voltar sua atenção para os automóveis à sua frente.

***

Já passava da meia-noite quando Rodolfo parou seu Mercedes diante de um badalado restaurante no bairro do Ibirapuera. Depois de entregar as chaves ao manobrista, entrou no local. Horas antes estava em companhia de Antunes, e suas palavras não saíam de sua mente: "Você precisa sair para passear, ver gente diferente, fazer novas amizades e quem sabe arrumar uma namorada! Não pode passar a vida inteira guardando luto. Se a vida separou você e Luíza deve haver um motivo e é certo que alguém virá para suprir suas necessidades amorosas". Rodolfo nada respondeu. Estava voltando para casa quando se lembrou do convite de aniversário de Gilberto, que fechara um restaurante para comemorar a data tão especial. Foi assim que entrou no local, olhou à sua volta e depois de localizar o aniversariante foi ao encontro dele.

Gilberto era alegre, magro, moreno-claro, possuía um sorriso encantador e o abraçou com carinho. Em seguida, apresentou-o aos amigos. Ao chegar a uma mesa onde alguns jovens conversavam animadamente, Rodolfo cumprimentou a todos; alguns já eram seus conhecidos, outros só conhecia de nome. Ao parar os olhos na bela loura, Gilberto apresentou-os:

– Esta é Marina, filha de um amigo de papai que chegou da América do Norte.

Marina levantou-se e com um sorriso estendeu a mão para cumprimentá-lo. Rodolfo pegou levemente na mão estendida e em seguida deu-lhe um beijo na face. Sentiu o cheiro gostoso do perfume da jovem, que se não fosse pelo leve cheiro de nicotina que ela exalava, o teria deixado estonteado.

– Sente-se conosco, Rodolfo. Vejo que apreciou nossa mais nova amiga – comentou Lauro, um dos jovens.

Rodolfo puxou uma cadeira e sentou-se. A conversa fluía animada em meio ao som da música *pop*. Aos poucos, o grupo foi se dispersando. Marina conversava com uma jovem quando um senhor a chamou. A jovem a deixou sozinha com Rodolfo, que aproveitou e a convidou para irem conversar em um lugar mais calmo, o que foi aceito de pronto. Os dois saíram.

A noite estava quente e com poucas estrelas no céu. Rodolfo, após respirar o ar puro comentou:

– Faz tanto tempo que não frequento festas! Acho que me desacostumei dessa agitação toda.

– E por que um rapaz cheio de vida como você está excluso?

– Não estou excluso, é que minha namorada faleceu no dia em que eu pediria sua mão em noivado. Ainda não me sinto preparado para voltar a ter uma vida social ativa.

– Nossa, que triste! – respondeu Marina acendendo um cigarro.

Rodolfo parou para olhá-la. Não suportava o cheiro da fumaça do cigarro. Achava falta de educação uma pessoa fumar próxima a outra, mas decidiu relevar. Com um sorriso nos lábios comentou:

– Tem um bistrô perto daqui que fica aberto a noite toda. Que tal irmos tomar um café?

– Pode ser, não tenho hora para chegar em casa.

O rapaz voltou para a frente do restaurante, pediu para o manobrista pegar o seu veículo e em poucos minutos estavam dentro do automóvel. Marina estava calada pensando que Rodrigo já devia ter dado por sua falta e com certeza ficara fulo da vida com a sua saída à francesa. Apesar disso, sentia-se feliz, mas ao mesmo tempo temerosa com as consequências que aquele ato poderia lhe causar. Rodolfo, ao perceber que ela estava pensativa, questionou:

– O que aconteceu? Você ficou aérea de uma hora para outra! Desculpe se não fui claro, estou me sentindo sozinho e achei que seria bom conversar com você – Rodolfo falava enquanto dirigia. Marina pôs-se a observá-lo, ele era um homem bonito e tinha um sorriso angelical, que a deixou encantada.

– Estou pensando em outras coisas, não tem nada a ver com este nosso passeio.

Rodolfo parou o veículo numa movimentada rua na região dos Jardins, fazendo questão de ir até a porta do passageiro para abri-la. Os dois entraram no local. Uma música ambiente deixava o clima mais aconchegante. Ambos se sentaram em um canto e fizeram os pedidos. Quando a garçonete voltou com uma xícara de chá para Marina e uma de café para Rodolfo, eles agradeceram e começaram a conversar.

– Você disse que foi criada nos Estados Unidos. O que a fez voltar para o Brasil?

Rodolfo a fitava nos olhos. Quando foram apresentados, não ligou o nome à pessoa, só depois de alguns minutos de conversa percebeu que Marina era a moça tão comentada por Carla em suas conversas com Antunes. Por esse motivo, decidiu convidá-la para conversarem em um lugar mais calmo. Gostou da jovem que, além de muito bonita, não parecia ser o monstro pintado pela colega do Centro Espírita.

– Vou lhe ser muito sincera, querido, por mim nunca moraria neste país tupiniquim! – Marina desfez o coque dos cabelos e balançou a cabeça num gesto sensual para soltá-los, em seguida passou as mãos para ajeitá-lo de lado e prosseguiu: – Meu padrasto foi quem insistiu para voltarmos!

– Desculpe, mas não consigo entender, você é jovem, bonita, estudada, se detesta tanto assim este país por que não ficou por lá? Arrumava um emprego e viveria sua vida, pois seria muito mais fácil para você!

– Eu concordo, até pensei em fazer isso, mas não consigo ficar longe de minha mãe.

Um brilho indefinido passou pelos olhos de Rodolfo sem que Marina percebesse. Estava certo de que a jovem mentia, ele logo percebeu o jeito altivo e voluntarioso dela e achou que ela não ficaria presa à barra da saia da mãe por puro sentimentalismo, ainda mais sendo criada fora, em um país com conceitos familiares tão diferentes, onde os filhos em geral saem cedo de casa para estudar e passam a cuidar sozinhos da própria vida.

– É sempre bom encontrar uma filha tão devotada! Isso é sinal de que é uma pessoa amiga e carinhosa.

Marina sorriu. "Coitado desse aí, pelo jeito é desses homens ingênuos. Melhor eu ir embora senão daqui a pouco vai acreditar que sou sua alma gêmea e vai me arrumar problemas", pensou antes de se levantar e ajustar o vestido dizendo:

– A conversa está ótima, você é muito agradável, mas preciso ir. Deixei meu padrasto sozinho no restaurante e ele já deve ter ido para casa. Não quero que fique preocupado comigo.

– Entendo! – Rodolfo fez um gesto com a mão para pedir a conta. Marina, não querendo que ele a acompanhasse até sua casa, apressou-se:

– Não precisa se preocupar, fique mais um pouco. Antes de entrar vi que tem um ponto de táxi neste mesmo quarteirão.

Dando um leve beijo na face do rapaz, ela saiu, sem lhe dar tempo de pedir seu telefone. Estava acostumada a agir dessa forma quando queria se livrar de algum pretendente.

CAPÍTULO 5

APRENDER COM OS ERROS

Conceição andava de um quarto a outro naquele hospital do astral, sempre carinhosa e atenciosa com todos que ali se restabeleciam. Ao entrar em uma ala onde estavam alguns jovens que foram socorridos ao desencarnarem em um acidente brusco de automóvel, fez sentida prece. Sílvio, um dos jovens que acabava de acordar pela segunda vez, ao vê-la, chamou-a:

– Enfermeira! Eu já não pedi para me transferirem para um quarto particular? Por acaso não sabe de quem sou filho?

Conceição abriu um sorriso e procurando ser gentil respondeu calmamente:

– Sei sim, você é filho de Deus, como todos os outros que aqui estão.

O jovem balançou a cabeça em sinal de negativo e pensou: “Onde estou? Na certa em um hospital comandado por freiras”, assim retrucou:

– Não me venha com essa ladainha, minha senhora, comigo não cola. Detesto esse papo de religião e nunca fui dado a esses assuntos. Meu pai tem dinheiro até para comprar este hospital se quiser, portanto, exijo que lhe avisem de que estou acordado e bem!

– O dinheiro do seu pai não pode comprar tudo, meu filho! – Conceição se aproximou do leito do jovem, pegou uma jarra com água que estava em uma mesinha ao lado da cama e colocou o líquido no copo. Com carinho, ajudou-o a beber e em seguida prosseguiu: – Você é uma boa pessoa, mas cresceu acreditando que o dinheiro pode tudo, e isso não é verdade. Com o tempo, aprenderá que tudo na vida é efêmero. Agora, descanse!

Sílvio pensou em responder, mas a voz doce e calma da senhora o impediu. Deixando-se envolver por uma energia tranquilizadora que penetrava em seu ser, ele acabou adormecendo. A senhora ia sair para visitar outros quartos quando ouviu mentalmente a voz de Marcelo chamando-a. Sem demora, foi até a sala onde o amigo a esperava com um sorriso nos lábios.

– Sílvio continua exigindo a presença do pai. Não sei mais o que fazer, temo que ele se revolte e volte para junto dos seus!

– Se isso acontecer não poderemos impedi-lo. Sílvio foi acolhido em nosso hospital a pedido de Eduarda, um espírito benevolente que em sua última encarnação foi sua avó, uma mulher da alta sociedade carioca que dedicou a vida à caridade, pena que as duas filhas não tenham aprendido com a mãe os valores espirituais; pelo contrário, chegaram a interditá-la judicialmente com medo de que ela jogasse a fortuna da família ao vento. Eduarda ficou tão deprimida quando se viu impossibilitada de ajudar seus semelhantes que rogou a Deus para desencarnar, o que não demorou para acontecer.

– É uma pena que os encarnados deem mais valor ao dinheiro do que ao seu próximo!

– O dinheiro por si só é uma coisa boa, é por meio dele que as pessoas realizam seus sonhos, é ele que as impulsiona a continuar vivendo e lutando. O que a maioria das pessoas ainda não aprendeu é lidar com ele. Muitos não percebem que há uma inesgotável fonte de renda no universo, que a vida é prosperidade e todos merecem ser prósperos, desde que aprendam a lidar e a dar o valor exato aos bens materiais. Todos os dias chegam até nós idosos que só no fim da vida percebem que ajudar os que realmente precisam de dinheiro é um ato de amor. Muitos, tendo contas gordas, começam a dividir entre os mais desafortunados. Resultado? Os parentes, com medo de não receberem herança, acabam julgando-os incapazes de administrar seus próprios bens, sem se darem conta de que a vida é prosperidade, de que quanto mais se doa mais se recebe e que a vida é a favor dos que doam deliberadamente e com o coração alegre.

Marcelo fez uma pausa e, ao ver que a senhora não esboçava nenhuma dúvida, prosseguiu:

– Mas não foi para falarmos de um assunto tão complexo que a chamei aqui. Na verdade, quero lhe falar sobre Luíza. Ontem Rodolfo e Marina se reencontraram.

Conceição abriu e fechou a boca. A vida estava se encarregando de encaixar tudo em seu devido lugar. Sem palavras para argumentar, esperou a conclusão do amigo.

– Como você mesma pode perceber, chegou o momento de a vida dar a quem tem de direito. Isso, cedo ou tarde, aconteceria, mas agora temos de tomar algumas providências.

– E o que pensa fazer? Você mesmo disse dias atrás que não podemos interferir no livre-arbítrio dos encarnados!

– E não podemos! Mas precisamos ficar atentos aos sinais. Se os dois se reencontraram é sinal de que chegou o momento de limparmos o passado de uma vez por todas. Não se esqueça de que quando isso acontece é porque já estamos maduros e suficientemente bem para aprendermos a lição necessária ao nosso crescimento espiritual.

Conceição sentou-se em uma cadeira na frente de Marcelo. Tinha o coração apertado. Como encarar os erros do passado e admitir que errara, que não cumprira com o prometido antes de regressar à carne? O que Luíza pensaria dela? Na certa, voltaria a sentir o ódio de antes e começaria outra briga que levaria mais algumas décadas ou séculos para acabar. Marcelo, lendo o que ia na alma da amiga, procurou acalmá-la:

– Você já está preparada, acredite! Tire alguns dias de folga para visitar Silvério. Quando voltar, retomamos nossa conversa. Recebi autorização dos espíritos superiores que acreditam que chegou a hora de a verdade ser revelada. Todo o passado virá à tona, será esclarecido, abençoado e esquecido; portanto, vou até a crosta para tentar trazer João, para juntos revivermos o passado próximo.

Conceição não respondeu, levantou-se e deu um abraço apertado em Marcelo. Saiu em seguida, deixando o abnegado espírito cuidando de seus afazeres.

***

Marina chegou ao escritório radiante. Rodrigo lhe prometera que em breve resolveria suas pendências com Alfredo e a deixaria em paz para fazer o que quisesse de sua vida. Após arrumar sua bolsa, ligou o computador e já estava abrindo o programa que usava para trabalhar quando a figura de Carla apareceu à sua frente. Procurando desfazer o desagrado que aquela presença lhe causou, abriu um sorriso e exclamou amavelmente:

– Querida, que surpresa! O que veio fazer aqui tão cedo, não está de licença?

– Estava, meu amor! – respondeu a jovem no mesmo tom de voz. – Meu tratamento acabou e estou de volta ao trabalho!

– Você não sabe como fico feliz com essa notícia! Este escritório sem você não é o mesmo.

– Obrigada – respondeu Carla fazendo um esforço descomunal para não destratar a colega.

Marina tentou ser agradável e colocou a jovem a par do que acontecia no escritório e de toda a agenda de Alfredo. Em seguida, começaram a trabalhar. Quando Alfredo chegou, ficou feliz em rever a secretária bem-disposta. À medida que os funcionários iam chegando, passavam em sua sala para cumprimentá-la, o que deixou Marina furiosa. Ela detestava cenas afetivas, achava-as falsas. Até Cléber mostrou-se contente com a volta da colega. Na saída, ao entrar no carro de Marina, que já se acostumara a lhe dar carona até um ponto estratégico da cidade, onde ficava fácil para o jovem pegar uma condução para chegar até sua casa, comentou:

– Você bem que tentou, mas não conseguiu disfarçar o desagrado que a presença de Carla lhe causou.

– Nem me fale, não esperava a recuperação rápida daquela sonsa!

– Ainda não entendi por que você tem tanta implicância com Carla, uma vez que ela sempre a tratou bem.

– Carla é dessas mulheres sonsas, veste-se mal, oculta seus dotes físicos para manter o emprego... Você já reparou em com ela é sem graça? E depois, sempre faz o gênero boazinha, toda amiguinha, simpática...

– Marina, sabe que prezo muito sua amizade, mas temo que essa sua divergência com Carla a prejudique no escritório.

– Não se preocupe, tenho tudo sob controle; e depois, quem nos garante que Carla não terá outros chiliques e terá de se ausentar novamente?

Cléber não respondeu o que foi bem recebido por Marina, que dirigia pensando em dar doses cavalares do remédio que Rodrigo lhe dera para causar enjoos e problemas estomacais na jovem. Em pouco mais de vinte minutos deixou o amigo e foi para casa.

***

Leonor arrumou-se a prumo, entrou em seu carro e ganhou a rua, sem dizer seu paradeiro. Era fim de tarde, o trânsito começava a ficar carregado quando ela encostou o veículo na porta da casa de Clarice, que já a esperava e dera ordens aos seguranças para abrirem o portão da mansão. Leonor cumprimentou os empregados e entrou no local. Ao descer do veículo foi recebida com um abraço pela amiga, que a conduziu até a sala principal de sua casa. Depois de se sentar e se certificar de que ninguém estava por perto, Leonor respirou fundo e foi direto ao assunto:

– Desculpe se fui incisiva ao telefone, mas minha mente está confusa! Acredito que só você pode me ajudar.

Clarice abriu um sorriso, lembrou-se da primeira vez que viu Leonor, anos atrás quando Alfredo a apresentou para a sociedade, embalando a pequena Luíza no colo em um baile de Réveillon na casa de amigos em comum. Todos conheciam a fama da jovem por quem Alfredo se apaixonou, e muitos não lhe deram confiança, mas Clarice gostou dela, não se importou com o passado um tanto obscuro da jovem que, além de ter fama de bandoleira, não pertencia ao nível social dela. Foi com o coração aberto que se aproximou da moça e ficou durante horas conversando com o intuito de amenizar os olhares desdenhosos que as damas lhe lançavam.

– Entre nós não é preciso fazer protocolos de visitas, você é sempre bem-vinda em minha casa – respondeu com alegria.

– Obrigada, foi só por saber disso que vim – Leonor mordeu os lábios em sinal de nervosismo.

Clarice permaneceu com o olhar de bondade, o que a encorajou a prosseguir.

– Bem... Desde a última semana não consigo dormir direito. Depois da conversa que tivemos no aniversário de Rodolfo algo está incomodando o meu coração. Não sou cristã, você sabe disso, mas as palavras a respeito do Espiritismo não saíram de minha cabeça, gostaria que você me explicasse um pouco mais sobre essa filosofia.

– Desculpe desapontá-la, infelizmente não domino muito bem o assunto. Rodolfo ficou muito abatido quando Luíza desencarnou e por meio de uma amiga conheceu a Doutrina Espírita. A partir daí, foi se aprofundando nos ensinamentos kardecistas e, claro, eu e Francisco decidimos acompanhá-lo a uma reunião e...

Clarice fez uma pausa ao ver o ar de desapontamento estampado na face de Leonor, mudou o tom de voz e com um olhar maroto comentou:

– Você disse que quer saber mais sobre a Doutrina Espírita... por coincidência, hoje é dia de reunião. Façamos assim: fica conosco e vamos todos ao Centro Espírita. O que acha?

Leonor pensou em recusar o convite, mas algo dentro dela a fez responder com alegria:

– Combinado, se não for incômodo, gostaria de ir com vocês!

– Incômodo algum. Sabia que Rodolfo reza todos os dias para que você e Alfredo conheçam a Doutrina Espírita? Quando souber que está interessada no assunto ficará imensamente feliz. Agora vamos até meu quarto, preciso me arrumar para a ocasião.

Leonor a acompanhou, seu coração estava leve. Clarice sempre foi bondosa com ela e naquele momento sentia que a amizade das duas se fortalecia. Em pouco mais de meia hora voltaram à sala. Quando Francisco e Rodolfo chegaram e souberam da novidade vibraram de felicidade. Passava das sete horas da noite quando os quatros saíram no mesmo veículo. A conversa fluía animada. Clarice passava a receita da torta que a empregada havia preparado para o lanche noturno com Leonor, enquanto Francisco e Rodolfo conversavam sobre os negócios da família. O tempo passou tão rápido que logo chegaram à pequena residência onde Antunes mantinha seu Centro Espírita. Em poucos minutos, entraram no local. Faltavam alguns minutos para o trabalho ser iniciado, e Antunes estava à porta, recebendo a todos com alegria. Ao ver Leonor, deu-lhe um abraço apertado e, sem perceber, uma discreta lágrima rolou por sua face ao dizer:

– Seja bem-vinda, minha amiga. Você não sabe o quanto sua presença me deixa feliz.

– Obrigada, Antunes, vocês falaram do Espiritismo com tanta veemência que fiquei curiosa para conhecer um pouco mais sobre essa doutrina.

Antunes não respondeu, havia chegado mais um grupo de pessoas que acabaram requerendo sua presença. Leonor olhou à sua volta: a sala era simples e ampla; havia várias cadeiras dispostas uma ao lado da outra; à frente, uma mesa retangular coberta com uma toalha branca, em cima um arranjo de flores, uma jarra com água, alguns copos e livros; na parede, ao centro, um quadro pintado à óleo com a imagem de Cristo andando contente ao lado de duas crianças. De repente, começou a tocar, em volume baixo, a música Ave Maria de Gounod, o que fez todos relaxarem.

Leonor deixou-se envolver pelo ambiente. As luzes se apagaram e ao fundo apenas uma lâmpada azul. Antunes leu um trecho do Evangelho e, em seguida, fez sentida prece pedindo a presença do mentor espiritual da casa e de todos os espíritos esclarecidos que ali trabalhavam em prol de encarnados e desencarnados. Logo um dos médiuns que estava sentado deu um soco na mesa e com a voz rouca gritou:

– Eu o odeio, Marcelo! Que feitiço foi esse que fez para me trazer a este lugar? Seu cretino!

Antunes levantou-se da cadeira e indo na direção do médium disse carinhosamente, mas com firmeza no tom de voz:

– Não há feitiço nenhum. Você foi trazido para este local abençoado para conversarmos. Só peço para não usar linguajar inadequado para uma casa de Deus.

– Deus? Não me venha com essa, seu ridículo.

O médium levantou a cabeça e se pôs a olhar fixamente para Antunes. João, ao reconhecer nele o companheiro do passado, deu uma sonora gargalhada e afirmou em zombaria:

– Antunes? Agora entendi tudo! Marcelo armou o circo para o palhaço aparecer. Quem diria, você falando de Deus! Era só o que me faltava acontecer, você falando de Deus, Leonor assistindo e Marcelo ao seu lado com cara de bom moço, não me faltava mais nada!

O espírito deu mais uma gargalhada e Antunes, não se deixando levar pela maledicência do comentário, respondeu:

– Sou eu mesmo, meu amigo. E não me envergonho do meu passado. Errei, aprendi com tais erros e agora dedico minha vida a mostrar ao meu próximo que é possível mudar, ser melhor, viver de forma digna, com paz e amor no coração. Assim como aprendi e recomecei minha vida, agindo no bem, você poderá fazer o mesmo!

– Nossa, fiquei comovido agora! Sabe que estou até pensando em ficar aqui com vocês?

– Você há muito tempo deixou a matéria. Está doente, precisa recuperar suas forças. Por que não segue nossos amigos espirituais? Deixe a mágoa do passado ir embora; desate os nós do ódio que o liga aos desafetos do passado para que possa melhorar e ser feliz na morada do Pai!

João não respondeu, olhou para Marcelo, que o fitava com carinho.

– Deixe Rodrigo em paz. De nada vai adiantar essa vingança contra ele em sua vida. Eu já lhe disse isso outras vezes! – ponderou Marcelo.

João ficou pensativo e respondeu, ainda envolvido com a energia do médium que falava o que ele pensava:

– Posso até deixá-lo em paz, mas saiba que ele não vai desistir da vingança contra sua irmã!

– Pode até ser que não, mas se deixá-lo, você não será responsável por nada do que possa vir a acontecer com eles. Façamos assim, venha comigo, vamos rever os fatos passados e depois se não quiser ajuda, vou deixá-lo seguir sem nenhuma restrição.

Um fundo suspiro pôde ser ouvido sair da boca do médium. Antunes ainda pôde ver João sendo levado por dois espíritos do local. Leonor olhava a tudo atentamente. Seu coração estava apertado quando um outro médium se fez ouvir. Ela se esforçou para prestar a atenção em suas palavras:

– Nesta noite abençoada conseguimos ajudar um irmão que havia muito tempo necessitava de nosso amparo e amor. Vamos agradecer a Deus pelo auxílio recebido e desejar a ele uma vida nova, repleta de sabedoria e felicidade.

A maioria das pessoas que estava na sala obedeceu, vibrando energias de amor que envolveram João fazendo-o experimentar uma sensação nova e agradável. Isso contribuiu para que ele chegasse ao hospital do astral dormindo tranquilamente. Em seguida, as pessoas foram chamadas para as câmaras de passes. Leonor, que chorava copiosamente ao receber as energias que fluíam pelas mãos de um dos médiuns passistas, acalmou-se, voltando ao salão principal. Sentia-se flutuando. Minutos depois, Antunes encerrou a sessão agradecendo aos espíritos superiores a ajuda recebida. Quando as luzes foram acesas, as pessoas começaram a deixar o local e em pouco mais de meia hora restaram apenas Leonor, a família de Clarice, Carla e Antunes, que os convidou para tomar um chá em sua casa, que ficava na parte superior do salão, o que foi aceito por todos. A noite ia a esmo quando o chá foi servido por Antunes. Enquanto as senhoras sentavam-se à mesa, Rodolfo comentou:

– Sinto que esta noite foi especial para nós.

– E foi! Nosso amigo espiritual conseguiu levar João para um pronto-socorro onde ele fará um tratamento. Se tudo correr bem, em pouco tempo ele estará trabalhando e vivendo em paz no astral maior.

Leonor sentiu as pernas tremerem, não tinha dúvida de quem havia falado por meio da boca do médium, mas sem querer expor seus dramas íntimos na frente de todos, resolveu marcar uma hora com Antunes para conversarem sozinhos. Com essa ideia na cabeça, voltou-se para o amigo que sorvia o líquido quente encostado na pia e comentou:

– Sei que meu irmão e João falaram hoje por meio dos médiuns. Não tenho dúvida, mas é tudo muito estranho. Ambos foram mortos e enterrados em cemitérios clandestinos, mas não vimos o corpo deles. Não chorei sobre o caixão de meu irmão, como fiz com minha filha.

– Nossa cultura manda que enterremos nossos mortos e quando não há corpo para ser enterrado sentimos um vazio ainda maior no peito. Parece que a pessoa vai voltar a qualquer momento.

– Isso é verdade. Passei anos com a sensação de que meu irmão bateria à minha porta a qualquer momento. Sofri muito com tudo o que nos aconteceu e ainda sofro. Agora, com a perda de Luíza, sinto que a vida está querendo me punir pelo passado.

Antunes abriu um sorriso, sabia que Marcelo estava ao seu lado. E, conectando-se com os pensamentos do amigo, respondeu:

– A vida não pune ninguém; somos nós que criamos o nosso futuro de acordo com nossos pensamentos e nossas atitudes presentes. O passado parece estar vivo em sua memória porque algo ficou mal resolvido e, enquanto tudo não for devidamente esclarecido, você continuará sofrendo; mas, lembre-se: tudo é perfeito no universo; Deus, em sua sabedoria, não traria o passado de volta por mero capricho. Chegou a hora de lidarmos com nossas emoções e sentimentos, expurgarmos os erros e aprender com eles para nos tornarmos melhores. Esse é o verdadeiro sentido da vida e é para isso que regressamos à matéria tantas vezes quanto forem necessárias.

– Nossa! Tudo é tão novo para mim. Gostaria de poder conversar com você em outra oportunidade.

– Amanhã à tarde estarei livre. Se quiser passar por aqui estarei esperando-a.

Leonor agradeceu e após combinarem a hora, todos se levantaram e se despediram de Antunes, voltando às suas casas com a alma leve e a certeza de que trilhavam o caminho do bem.

***

Alfredo acordou de mau humor. Olhou para o lado e viu que Leonor dormia tranquilamente. Sem fazer barulho levantou-se e fez sua higiene pessoal, arrumando-se para mais um dia de trabalho. Foi até a copa, onde Dolores já havia preparado a mesa para o desjejum. Ao vê-la colocando o bule de café em cima da mesa comentou:

– Espero que esteja tendo um bom dia, Dolores, porque o meu já começou péssimo. Sua amiga chegou em casa no começo da madrugada dizendo que esteve no Centro Espírita de Antunes.

– Leonor sofre a perda de nossa Luíza; é normal que queira buscar consolo nessas doutrinas fantasiosas que falam sobre a vida após a morte.

Alfredo serviu-se de uma xícara de café com leite, e a senhora, já acostumada com seu jeito, sentou-se à mesa, pois Alfredo não gostava de fazer suas refeições sozinho. Em seguida, pegou uma xícara e colocou um gole de café preto fumegante.

– O problema não é essa doutrina, pois até eu fiquei interessado em conhecer um pouco mais a respeito dessa teoria aparentemente descabível. A questão é que ela chegou dizendo que recebeu notícias de Marcelo e que ele ajudava João, que estava fazendo não sei o que, perdido entre nós! Dá para acreditar num absurdo desses?

Dolores deu uma gargalhada. E vendo que Alfredo esperava um comentário, esboçou um profundo suspiro para recuperar o equilíbrio e falou:

– Desculpe, Alfredo, isso é demais! Então quer dizer que Marcelo e João apareceram na tal sessão para falar com ela? Esse Antunes enlouqueceu de vez, só pode ser!

Alfredo riu e, não querendo esticar a conversa, terminou seu café da manhã e saiu, deixando Dolores perdida em seus pensamentos.

Quando Leonor acordou, contou-lhe detalhadamente tudo o que aconteceu na noite anterior, o que obrigou Dolores a rever seus conceitos com relação à Doutrina Espírita.

***

Na hora marcada com Antunes, Leonor tocou a campainha ao lado de Dolores. Ao vê-las, cumprimentou-as com alegria e as conduziu para dentro de sua casa. Ao sentar-se em um sofá ao lado da amiga, Leonor ajeitou a saia e completou:

– Eu trouxe Dolores comigo porque entre nós duas não há segredos, espero que não se importe.

Antunes olhou para Dolores e lembrou-se da última vez que a viu. Ela ainda era uma linda jovem. Por segundos, voltou ao tempo da prisão quando a única coisa que o mantinha vivo era a lembrança daquela mulher por quem ele nutria um amor secreto e que nunca fora revelado. Agora ela estava ali à sua frente e seu coração parecia querer saltar pela boca, mas controlou-se sabia que elas estavam ali para mais esclarecimentos a respeito da doutrina que ele seguia. Assim, procurando ocultar seus sentimentos, ponderou:

– É um prazer revê-la, Dolores – e, voltando-se para Leonor, comentou: – Sei que a amizade entre vocês duas é sincera, pois se não fosse não estariam juntas até hoje.

Dolores abaixou a cabeça, o que não passou despercebido por Antunes. Leonor resolveu quebrar o silêncio que se instalou no local:

– Na verdade, queria falar com você em particular porque eu e Dolores estamos desconfiadas de que Rodrigo reapareceu em nossa vida para nos prejudicar e sinceramente não sabemos o que fazer.

Antunes não respondeu de pronto. Desde que Marcelo apareceu para ele e o colocou a par do que se passava com João no astral ficou curioso, não entendeu por que Rodrigo poderia querer se vingar de Alfredo se no passado todos eram amigos e nunca soube de nada que pudesse riscar a amizade que nutriam um pelo outro, a não ser a traição que todos achavam que Rodrigo havia cometido e que ninguém tinha provas. Sem querer ser bisbilhoteiro, ele se pôs a falar o que sabia a respeito do assunto:

– Não sei o que levaria Rodrigo a querer o mal de vocês, o que sei é que João desde que acordou no astral resolveu obsidiá-lo, o porquê só ele sabe, mas talvez vocês também tenham as respostas.

As duas trocaram olhares. Leonor, decidida a não ter segredos para com o amigo, contou tudo o que aconteceu no passado. Antunes escutou atentamente. Enquanto Leonor falava, vez ou outra olhava para Dolores, que demonstrava claramente que sabia mais do que estava sendo dito naquele momento. Quando Leonor terminou, Antunes ponderou:

– Nunca imaginei que isso pudesse ter acontecido. Na época estávamos escondidos naquela fazenda no meio do nada, mas agora algumas peças começam a se encaixar.

Antunes olhou para Dolores que, mais uma vez, desviou o olhar. Em seguida, levantou-se e foi até a cozinha, voltando em poucos minutos com uma jarra de suco e uma bandeja com alguns biscoitos.

Colocou tudo sobre a mesinha de centro, depois serviu o suco e sentou-se tranquilamente na poltrona macia. Voltou ao assunto:

– Rodrigo está obcecado em prejudicá-los, não tenho dúvidas. E se a vida nos juntou novamente é porque precisamos limpar o passado para termos paz de espírito e podermos seguir adiante.

– Estou pensando muito nisso ultimamente. Mas o que fazer? Como revelar um segredo antigo sem sair machucada dessa história? Alfredo não vai nos perdoar e eu não sei o que será da minha vida com o desprezo do homem que amo.

Leonor começou a chorar. Antunes não disse nada, apenas esperou pacientemente até ela se acalmar. Depois, comentou:

– Você precisa ser forte, a vida pede a verdade e cedo ou tarde ela aparecerá; se não for você será Rodrigo quem contará tudo, da forma mais cruel e vil. Se não o fez ainda é porque deseja torturá-las. Não acha que ter uma conversa franca com seu marido vai tirar esse peso de seu coração?

– Tenho pensado muito nisso ultimamente, mas me falta coragem para tal atitude. Não sei se um dia a terei, ainda tenho esperanças de que Rodrigo volte para o buraco de onde nunca deveria ter saído e nos deixe em paz – respondeu Leonor enxugando algumas lágrimas que insistiam em cair por sua face.

– Lamento desapontá-la, mas minha experiência de vida diz que isso não acontecerá. Rodrigo voltou disposto a vingar-se, tanto que colocou a enteada de propósito no escritório de Alfredo. Sabia que ela estava colocando um remédio fortíssimo que tinha como efeito colateral provocar fortes dores estomacais no refresco que oferecia para Carla?

Leonor olhou para Dolores abismada. Havia anos que não ia ao escritório do marido, pois nunca se interessara pelos negócios da família. Sabia que Rodrigo tocara no nome da enteada em sua casa quando os visitara propositadamente, pois conhecia muito bem Alfredo para saber que ele arrumaria uma colocação para a jovem em sua empresa, mas não imaginara que ela compactuaria com as maldades do padrasto.

– Rodrigo é mais baixo do que eu pensava – ponderou Dolores balançando a cabeça negativamente.

Os três continuaram conversando. Antunes explicou com detalhes como Carla percebeu o que Marina estava fazendo e como a jovem chegou até ele. As duas o ouviam atentamente e ficaram abismadas com as coincidências que os uniam. Antunes explicou que eles precisavam agir em prol do bem de todos os envolvidos e que a vida em sua sabedoria ajudaria, promovendo o melhor para aquela situação. Quando as duas finalmente se despediram, saíram de lá com o coração um pouco mais leve.

CAPÍTULO 6

SOMOS SERES ETERNOS

Rodolfo desligou a TV desanimado, acabara de assistir a um filme romântico em que os personagens após muitos desencontros finalmente perceberam que se amavam de verdade e, claro, terminaram juntos, o que o deixou melancólico. Amara Luíza com todas as forças de sua alma, sonhara em tê-la ao seu lado pelo resto de sua vida e agora estava sozinho. Compreendia que sua namorada havia regressado para a pátria espiritual e que, se o amor que acreditavam sentir um pelo outro fosse realmente verdadeiro, um dia se reencontrariam para continuar aquela história. Mas até lá, o que fazer? Será que nunca mais se apaixonaria de novo? Estaria condenado a passar toda a sua vida com uma lacuna em seu coração? A esses questionamentos decidiu reagir, era jovem demais para passar o fim de semana trancado no quarto. Decidido, saiu e se dirigiu ao jardim, onde encontrou Clarice e Francisco tomando banho de sol à beira da piscina. A mãe, ao vê-lo, abriu um sorriso e comentou:

– Pensei que fosse mofar naquele quarto. A tarde está tão bonita, sente-se conosco!

Rodolfo olhou à sua volta. A bela piscina o convidava para um mergulho. Sem pensar duas vezes jogou-se na água, ficando imerso por alguns segundos; quando voltou à superfície deu algumas braçadas e saiu em seguida, sentando-se ao lado dos pais.

– Sabe o que estou pensando? Deus é muito generoso comigo. Nasci em um lar onde o amor reina absoluto, tenho uma saúde perfeita, vocês sempre foram maravilhosos e ainda gozo de uma situação financeira tranquila. Poderia me dar ao luxo, se quisesse, de nunca colocar meus pés em um escritório.

– Deus sabe o que faz, meu filho. Estou pensando em tudo isso ultimamente, não temos do que reclamar nem com o que nos preocupar. Enquanto temos de tudo, muitos não têm nada, é por esse motivo que resolvi ajudar os necessitados da igreja do padre Nelson. E estou montando no Centro Espírita, com Antunes, um trabalho assistencial destinado a atender as pessoas carentes – respondeu Clarice. Francisco, que lia uma revista de automóveis, fechou-a e voltando-se para a esposa comentou:

– Não ligo que ajude os pobres, Clarice, mas acho que não é dando dinheiro aos mais necessitados que vamos ajudá-los. Apenas estaremos alimentando neles a crença de que precisam da ajuda de outros para viverem. Penso que cada ser humano tem capacidade para conquistar seu lugar ao sol com honestidade, trabalho e perseverança.

– Também penso assim, meu amor. Por essa razão é que eu e Antunes estamos montando uma associação beneficente onde oferecemos cursos gratuitos à comunidade carente, além de darmos cestas básicas para quem precisa, mas sempre monitorando a ajuda e deixando claro que não será para sempre, mas só enquanto a pessoa estiver em situação difícil.

– Aí sim! – interpelou Rodolfo. – Posso dar aulas de computação. Temos alguns computadores antigos na empresa, que podemos doar. Sabe que daqui a alguns anos um curso de informática será essencial para quem quiser ingressar no mercado de trabalho?

– Bom, se for dessa forma, podem contar com uma generosa contribuição em espécime da minha parte.

Clarice sorriu satisfeita. Rodolfo levantou-se e, após pedir licença aos pais, deixou o local. Minutos depois estava lá novamente, desta vez de banho tomado e cheirando a colônia de boa qualidade. Clarice, ao vê-lo todo arrumado, brincou:

– Não me diga que se embelezou todo para ficar em nossa companhia?

– Embora seja um prazer ficar ao seu lado, mamãe, decidi sair um pouco. Vou até o Parque do Ibirapuera ver gente diferente.

– Faz bem, meu filho, mais tarde vamos à casa de André para jogar uma biribinha. Se não nos encontrar em casa quando voltar, não se espante – respondeu Clarice dando um leve beijo na face do filho, que saiu em seguida, chegando ao parque meia hora depois.

***

Marina procurou um banco à sombra de uma frondosa árvore e sentou-se. Cléber, ao ver a cara de desânimo da amiga brincou:

– Nossa, quem a vê assim, pensa que é uma velha de cem anos! Ânimo, mulher!

– Engraçadinho, para seu governo estou muito cansada e só concordei em vir com você porque não me restou alternativa.

Cléber ia responder quando uma bola veio na direção deles e acertou em cheio o peito de Marina, que se levantou abruptamente, pegou a bola e foi em direção aos jovens que formavam um círculo no gramado mais à frente. Cléber tentou impedi-la, em vão. Com ira nos olhos, ela jogou a bola em cima deles e berrou:

– Escutem aqui, seus mal-educados: por acaso acham que este parque é exclusividade de vocês? Não veem que podem machucar alguém com essa brincadeira ridícula? Se quiserem jogar futebol procurem um campo específico!

– Calma, tia, foi sem querer, desculpe – respondeu um dos jovens.

Marina, sentindo aumentar ainda mais sua fúria, retrucou, para desespero do amigo, que tentou em vão puxá-la pelos braços:

– Tia é a senhora sua avó, seu marginal irresponsável!

A confusão se formou. Os garotos começaram a xingá-la e a cada insulto Marina respondia com outros, fazendo muitos que passavam pelo local pararem para ver o bate-boca, que só acabou quando uma mão forte puxou Marina pelo braço, tirando-a à força de perto do grupo. Era Rodolfo, que passou pelo local e reconheceu a jovem. Cléber, sem saber o que fazer, seguiu-os calado e temeroso; não sabia de quem se tratava.

– Você é louca, Marina! Se eu não tivesse chegado, os garotos perderiam a cabeça e linchariam vocês dois.

– Eu não tive culpa, tentei tirá-la dali, mas quando Marina se irrita, sai debaixo!

Rodolfo olhou nos olhos do rapaz. Cléber era simpático e um tanto quanto submisso, mas demonstrava bondade nos olhos. Assim, com um sorriso nos lábios, ele estendeu a mão que Cléber apressou--se em apertar.

– Meu nome é Rodolfo, é um prazer conhecê-lo. Sua namorada não tem um pingo de juízo, meu rapaz.

– Nós não somos namorados – respondeu Marina de pronto, ajeitando as madeixas louras de lado. Sentindo-se melhor, falou: – Está para nascer um homem que me impeça de brigar quando estou com a razão.

– E por acaso encontra alguma razão em bater boca?

Marina não respondeu, não imaginava encontrar Rodolfo naquele parque e ficou sem graça com o ocorrido. O jovem, ao vê-la mais calma, convidou os dois para tomarem sorvete, o que foi aceito com gosto por Cléber. Marina tentou recusar, mas o amigo insistiu para que ela fosse. Os três saíram do parque conversando. Cléber e Rodolfo começaram a falar sobre futebol e deixaram Marina entediada. Em poucos minutos, entraram em uma sorveteria onde cada um pediu um sabor de sorvete diferente à balconista. Ao se sentarem para saborear o gelado, Cléber comentou:

– Ainda bem que você apareceu, Rodolfo. Marina morou muito tempo fora do país e não está acostumada com o nosso jeito de lidar com as circunstâncias do dia a dia.

Rodolfo olhou fixamente nos olhos da jovem. Marina era linda, mesmo quando brigava com estranhos. Ao reparar em sua fisionomia, ficou encantado com sua beleza natural. Quando a encontrara dias antes ela estava maquiada, cheia de artifícios que as mulheres usam para ficarem mais vistosas aos olhos masculinos, e com esse pensamento comentou:

– Você fica muito mais bonita sem maquiagem, deveria sair assim à noite.

Cléber consultou o relógio. Não havia compromisso nenhum, mas sentiu que Rodolfo queria ficar sozinho com a amiga e, decidido a dar uma forcinha para ele, falou balançando a cabeça negativamente:

– O tempo passou rápido. Tenho de correr; marquei um encontro para logo mais com uma garota e não posso me atrasar.

Cléber tirou a carteira do bolso fazendo menção de pagar o sorvete, mas foi impedido por Rodolfo. Sem fazer objeção, cumprimentou-o cordialmente e em seguida deu um beijo na face de Marina.

– A companhia está agradável, mas também tenho de ir. Obrigada pela ajuda – disse Marina pouco depois que Cléber saiu.

Rodolfo levantou-se. Ficou à sua frente e a encarou. Sentiu um leve friozinho na barriga e, tomado de uma sensação agradável, beijou-a nos lábios. Marina tentou afastá-lo, mas, ao sentir as mãos fortes e másculas dele entre suas costas, não resistiu e se entregou com ardor. Quando deu por si finalmente recobrou as forças e se afastou, dando-lhe um leve tapa na cara.

– Seu cafajeste! Nunca mais se aproxime de mim, entendeu?

Marina rodou nos calcanhares e saiu batendo o pé. Rodolfo, que não entendeu aquela reação, sentou-se novamente e ficou pensando no que acabara de fazer olhando para o sorvete que derretia na tigela.

***

Caía a noite quando Marina entrou em casa. Ao ver que não havia ninguém no local, suspirou aliviada; não estava disposta a olhar para Rodrigo, e foi com satisfação que se trancou em seu quarto e se jogou na cama. As cenas de horas antes não saíam de sua cabeça. As mãos fortes de Rodolfo tirando-a na marra do meio dos garotos e, depois, seu olhar, seus lábios macios à procura dos seus, o perfume gostoso que ele exalava...

"Deus, não posso me apaixonar, Rodrigo me mataria se sonhasse com o que aconteceu hoje. O melhor é esquecer Rodolfo", disse a si mesma, tentando tirar a fisionomia doce, porém firme do rapaz de sua mente. Passava da meia-noite quando sentiu uma leve dor no estômago e foi para a cozinha fazer um lanche, que ficou pronto em minutos. Ao se sentar para comer, ouviu passos vindos da sala e procurou não fazer barulho para não chamar a atenção de seu padrasto. Rodrigo, ao ver a luz acesa, foi até o ao local. Ao encontrá-la com o lanche nas mãos sentou-se ao seu lado.

– Sua mãe ficou na casa da Ana. Não quis voltar comigo.

Marina sentiu o cheiro forte de bebida. Valéria com certeza não quis acompanhá-lo. Rodrigo estava embriagado, e sua mãe nunca entraria em um veículo onde o condutor não estivesse sóbrio. Sem dizer nada, ela fitou-o. Ele, ao vê-la terminar seu lanche em silêncio e se levantar, pegou-a pelo braço e, encostando seus lábios sobre o colo dela, deu-lhe um leve beijo. Marina tentou escapar, mas Rodrigo a segurou com força e a jogou contra o armário. Ela sentiu sua fúria mesclada com o desejo incontrolável de possuí-la. Como um louco, ele rasgou-lhe o vestido, o que só fez aumentar seu ódio pelo padrasto. Ele já ia jogá-la no chão quando a jovem passou a mão sobre um vaso de flores e com fúria o quebrou em sua cabeça. Rodrigo desmaiou na hora. A jovem saiu e trancou-se em seu quarto, sem se preocupar se ele estava ferido ou não. Ficou ali, chorando pelo resto da noite.

***

Marcelo andava tranquilo pelos corredores do pronto-socorro espiritual quando Luíza o parou. Sabendo das intenções da moça, ele foi logo dizendo:

– Você ainda não pode voltar à crosta. Está muito fraca e não tem condições de conviver com as energias emanadas pelos encarnados sem se afetar.

– Estou começando a acreditar que sou prisioneira de vocês. Nunca imaginei que o céu fosse uma coisa tão sem graça comandada por um bando de tiranos.

– Não se trata de tirania. Você é livre, Deus lhe deu o livre-arbítrio, o que não significa que viverá em nosso meio sem cumprir as regras impostas para o seu próprio bem. A maioria dos encarnados emana energias pesadas, densas, que prejudicam o seu restabelecimento; portanto, aconselho-a a se recuperar por completo, estudar e conhecer como a vida funciona nas colônias espirituais e mais para a frente se preocupar em rever os que ficaram na Terra.

– Está certo, vou tentar fazer o que sugere.

– Pois faça, será melhor para você.

Luíza deu meia-volta e saiu rumo ao jardim, onde encontrou Conceição conversando animadamente com duas senhoras recém-desencarnadas. A amiga, ao vê-la, fez um sinal para ela se juntar ao grupo, apresentando-lhe as mulheres. Celina, uma das senhoras, comentava como havia desencarnado:

– Imaginem vocês que na hora derradeira vi meu pai à minha espera, ele sorriu para mim e me encorajou com seu olhar bondoso, depois fui perdendo os sentidos e quando acordei já estava aqui. Agradeci tanto a Deus pela acolhida abençoada!

– Vocês não devem estar em seus juízos perfeitos. Estão falando da morte de si mesmas com a maior naturalidade do mundo! – interpelou Luíza, fazendo as senhoras entreolharem-se.

Conceição pacientemente respondeu:

– A morte, ou melhor, o desencarne, pois esse é termo mais apropriado, uma vez que estamos vivos em espíritos, é só a passagem de um estado de espírito para o outro. Precisamos aprender a não julgar o próximo pela sua maneira de ver a vida. Luíza, que desencarnou de forma rápida, não ficou anos fazendo um tratamento contra um câncer como Celina. Não sofreu as dores de uma doença que lhe foi consumindo aos poucos, pois se assim fosse estaria agradecida por acordar bem no plano astral.

– Conceição está certa, minha filha. Você tem a impaciência da juventude. Sofri muito nos últimos anos em que estive na Terra e, embora não tenha frequentado nenhum Centro Espírita, acreditava na existência da vida em outras dimensões. Quando o médico me desenganou, sofri muito, não queria deixar meus filhos e minha família. Tínhamos inúmeros problemas, entre eles o financeiro, mas nos queríamos muito bem. Imagine meu sofrimento ao saber que meus filhos ainda jovens ficariam sem a mãe para os aconselharem quando as incertezas da vida viessem às suas mentes! Contudo, confiei o meu futuro nas mãos de Deus, que é Pai benevolente, e estou aqui dando graças a Ele por estar entre amigos, sei que para poder rever os meus terei de aprender muito e estar preparada para enfrentar, com sabedoria, as situações que possivelmente virão quando eu for visitá-los. Por essa razão, o melhor que tenho a fazer é tentar ser feliz hoje para ser feliz sempre.

Luíza levantou-se e sem dizer uma palavra afastou-se. Por que a morte não era o fim? Seria muito melhor se ela não existisse mais.

Nunca imaginou que teria aqueles sentimentos quando morresse. Olhou para o céu, que naquelas paragens não era tão azul, e lembrou-se da explicação de Marcelo: "Estamos em um hospital nas paragens do umbral. Este local é transitório, há colônias em que o céu é limpo e à noite podemos observar as estrelas bem de perto. Assim que estiver equilibrada, você poderá viver em um desses lugares onde pela lei da afinidade viverá em harmonia com todos os habitantes; trabalhará e aprenderá a viver no mundo dos espíritos até que uma nova oportunidade de regressar à Terra lhe seja concedida", e disse a si mesma ao andar pelo belo jardim antes de voltar para o seu quarto, onde ficou descansando pelo resto do dia: "Acho que nunca conhecerei um lugar assim".

***

Valéria chegou a casa e foi direto para o seu quarto. Ao entrar, encontrou a cama arrumada. Percorrendo todo o ambiente com os olhos, deu meia-volta, e ao passar pelo quarto da filha girou a maçaneta. Viu que a porta estava trancada e achou que Marina estava dormindo e não saberia do paradeiro de Rodrigo. Decidiu ir até a cozinha e, ao entrar, deu um grito. Rodrigo dormia pesadamente com um pequeno corte na cabeça, que chegou a sangrar. Olhou ao redor e viu o vaso de flores quebrado ao lado do marido. Deixou o local e voltou ao andar superior. Bateu com força na porta de Marina, que acordou rapidamente. Abrindo a porta para a mãe entrar, balbuciou:

– Que gritaria é essa logo cedo? O que aconteceu?

– Seu pai está dormindo no chão da cozinha e ferido; portanto, quem deve perguntar aqui o que aconteceu sou eu, não acha?

– Aquele cretino do seu marido não é meu pai – Marina foi ao toalete, jogou uma água no rosto e escovou os dentes calmamente. Ao ver Valéria ao seu lado, resolveu contar com detalhes o que aconteceu.

A senhora ouviu atentamente e quando Marina terminou ela saiu e se dirigiu novamente à cozinha. Deu uns pontapés no marido, que acordou meio tonto. Ao vê-la à sua frente perguntou atônito:

– O que está acontecendo, mulher? Por que estou jogado neste chão frio?

– Você dormiu aí depois de ter sido agredido por Marina.

Rodrigo levantou-se resmungando, o que a deixou ainda mais irritada. Com ódio nos olhos, pegou-o pelo colarinho:

– Estou cansada de você, Rodrigo. O que tentou fazer com Marina foi imperdoável, você perdeu a compostura, por esse motivo escute bem o que vou lhe falar...

Rodrigo levantou atordoado e lembrou-se do que acontecera na noite anterior. Ajeitando os cabelos desgrenhados, respondeu:

– Não seja ridícula, eu e você há muito tempo não vivemos como um casal. Marina é uma mulher e eu estava bêbado. Acabei extrapolando... isso sem falar que ela nem...

– Cale-se! Se disser mais uma palavra quem vai matá-lo sou eu!

Rodrigo engoliu em seco. Nunca havia visto Valéria daquele jeito. Ela prosseguiu:

– Não quero mais viver essa vida, cansei! Vou proteger minha filha de você, e tem mais: vou lhe dar um mês para resolver sua pendência com Alfredo e deixar Marina livre para seguir seu caminho, caso contrário eu mesma vou procurá-lo para contar o pouco que sei.

– Você não teria coragem – disse com um sorriso cínico nos lábios.

Sem ouvir a resposta da esposa, dirigiu-se ao seu quarto, entrou no banheiro e tomou uma ducha demorada. Depois, colocou roupas limpas e saiu. Sua cabeça doía e assim que viu uma farmácia entrou; pediu um comprimido para dor e um copo com água. Precisava pensar, se Valéria cumprisse sua ameaça tudo estaria perdido. Mas o que fazer? Estava gostando do jogo de gato e rato com Leonor e Dolores. Como ele estava vigiando os passos delas, sabia que estavam se sentindo acuadas e que haviam procurado um Centro Espírita.

"O melhor que tenho a fazer é acabar logo com isso", disse a si mesmo, pensando em como terminaria com seus planos sórdidos.

***

João acordara bem-disposto, Marcelo o tratava com carinho como no tempo em que eram amigos na carne. Se não fosse o ressentimento que ainda nutria em seu peito por Rodrigo e pelos militares que covardemente o assassinaram, poderia dizer que se sentia feliz. Olhou à sua volta e, aproximando-se da janela, sentiu o cheiro gostoso das flores do jardim e começou a rir de si mesmo. Nunca imaginou que um dia repararia no perfume que as flores exalavam. Com um sorriso nos lábios saiu do quarto, andou por um longo corredor e já estava chegando ao gramado quando Marcelo o interceptou:

– Estava justamente indo para o seu quarto. Quero levá-lo para conhecer um lugar, venha!

João o seguiu em silêncio. Em poucos minutos, chegaram ao portão principal do hospital onde um veículo sem rodas havia acabado de parar. Com um gesto de Marcelo, João entrou no veículo, e o amigo, ao vê-lo com um ponto de interrogação na face, elucidou-o:

– Este veículo ganhou o nome carinhoso de aeróbus. Trata-se de um meio de transporte muito usado por recém-desencarnados que ainda não aprenderam a volitar por longas distâncias. Este, em especial, vai nos levar para uma colônia onde artistas e escritores moram e trabalham junto aos encarnados, intuindo-os a publicarem livros, comporem letras de músicas, filmes, pinturas; enfim, tudo o que está ligado à arte.

João ouviu calado a explicação do amigo. Olhou para fora do veículo, que já começava a flutuar pelo céu, e viu o pequeno hospital e as paragens entristecidas do umbral que logo se perderam de suas vistas. Marcelo, chamando sua atenção, começou a descrever com emoção a vida naquelas colônias, o que fez aumentar ainda mais a curiosidade do amigo. Quando o veículo parou e ele abriu as portas, João deparou com um mundo novo, onde a beleza reinava absoluta em meio à natureza exuberante do lugar. Era manhã de domingo, e muitos moradores aproveitavam para ouvir músicas clássicas nos parques, enquanto outros conversavam animadamente em pequenos grupos que iam e vinham.

– Como você pode ver, aqui não é muito diferente da vida na matéria. Os espíritos que habitam as colônias espirituais, em geral, trabalham, estudam e aproveitam o tempo livre para se divertirem, rever amigos e receber irmãos de outras esferas e colônias.

João respirou fundo. Sentiu a leveza que reinava no ambiente. Logo uma canção conhecida entre os encarnados chegou aos seus ouvidos e o fez lembrar de sua mocidade.

– Essa canção foi inspirada por um desencarnado e fez muito sucesso na voz de vários intérpretes.

João começou a cantar a música baixinho. Ficou tão absorto em seus pensamentos que não viu um senhor de meia-idade se aproximar nem o ouviu dizer com um sorriso nos lábios:

– Fico feliz em recebê-los em nossa colônia. Espero que apreciem a estada e que esta seja proveitosa a todos.

Marcelo abraçou carinhosamente o senhor e, em seguida, apresentou-o a João.

– Este é Baltazar, um amigo especial que vai nos ajudar enquanto estivermos sob a bênção dos abnegados benfeitores deste lugar.

João abriu um sorriso. Aquele homem com seu jeito doce o cativara. Baltazar era negro, de estatura mediana, cabelos levemente grisalhos, que combinavam com sua face. Quando sorria mostrava dentes alvos e bem distribuídos. Seus olhos castanho-escuros demonstravam bondade e alegria.

Os três começaram a caminhar. Baltazar fazia questão de descrever cada canto por onde passavam até chegarem à frente de um edifício. João olhou o lugar com certa admiração. Quando encarnado, nunca vira nada parecido. O prédio tinha uma arquitetura moderna e era todo revestido de vidro, o que o deixou encantado. Os três entraram no local em respeitoso silêncio. Baltazar os levou até uma pequena sala que ficava no quarto andar. Conceição e Luíza se encontravam ali, e os três as cumprimentaram cordialmente. João, ao ver de quem se tratava, não conseguiu controlar seus pensamentos:

– Espere, essa é...

– Luíza, João, uma querida irmã que vai rever conosco todo o nosso passado – interrompeu Marcelo.

João, percebendo que seu comentário poderia ser desastroso, sentou-se em uma confortável cadeira e questionou:

– Então quer dizer que viemos para uma sessão de cinema? E os artistas principais seremos nós mesmos?

– Sim, a arte sempre imitou a vida, meu amigo, e quem não tem uma história para contar?

– Ora, Marcelo, você há de convir comigo que é muito estranho estar morto e assistir a um filme de nossa vida!

– A morte não existe e você é a prova viva; somos seres eternos em busca de melhorarmos um pouco a cada nova reencarnação.

– Nós programamos para vocês uma espécie de vídeo em que a cada dia assistirão aos fatos do passado como eles se apresentaram. Devem assistir com o coração puro, sem mágoas, para tirarem proveito e entenderem realmente o que aconteceu e quais foram as atitudes que levaram alguns irmãos que ainda se encontram na carne a agirem como agiram – comentou Baltazar de forma tranquila. Ao ver que João se calara, voltou-se para Luíza:

– Você não viveu a maioria dos acontecimentos; por essa razão é imprescindível manter a atenção, sempre tomando o cuidado de não julgar. Entendeu?

Luíza abriu um sorriso como resposta. Desde que chegara àquela colônia um dia antes, ao lado de Conceição, passara um turbilhão de pensamentos por sua mente. Tudo o que queria era compreender a atitude de seus pais para poder perdoá-los e seguir seu caminho.

Baltazar fechou os olhos e uma espécie de tela apareceu na frente de todos.

– Resolvemos passar os acontecimentos como se fosse um filme para que todos possam entender claramente o que aconteceu. Vamos começar!

A um toque de Baltazar a tela começou a funcionar deixando-os maravilhados com a tecnologia desconhecida por eles. Logo uma voz metódica pôs-se a narrar enquanto sucessivas imagens passavam pela tela.

CAPÍTULO 7

NA ÉPOCA DA DITADURA

Brasil, abril de 1964.

O marechal Humberto de Alencar Castelo Branco assume a Presidência da República após um golpe de estado contra o então presidente João Goulart. Começa o regime militar apoiado pelos Estados Unidos da América.

Mariano lê a notícia no jornal e em seguida o fecha com um sorriso nos lábios. Alfredo, que ficou observando as reações faciais do pai, não contém a curiosidade:

– Que notícia é essa que o deixou tão feliz, papai?

– Castelo Branco assumiu a Presidência da República, meu filho. Isso é um sinal dos novos tempos. Finalmente o país vai sair da crise e a ameaça do comunismo deixará de existir.

– Não sei, não. Alguns professores do colégio estão se mobilizando contra esse regime, dizem que os generais vão atrasar o país intelectualmente.

– Não seja tolo, Alfredo. Por acaso acredita que o comunismo pode levantar este país?

Mariano balançou a cabeça negativamente. Alfredo era um garoto de dezesseis anos que cursava o ensino médio. Não tinha capacidade para formar uma opinião madura. Não querendo se aborrecer, o pai resolveu continuar lendo o jornal.

Os anos se passaram rapidamente. Mariano mantinha bons contatos políticos dentro do regime militar, e foi por um desses conhecidos que foi estimulado a abrir uma empresa de peças automotivas. Quando o filho entrou para a faculdade de Administração, o pai foi para os Estados Unidos com o intuito de conhecer melhor aquele ramo que se tornaria um filão no mercado nacional.

– Alfredo, este país precisa voltar a ser livre, Costa e Silva é um carrasco!

– Eu sei, cada dia que passa estamos mais submissos às suas ordens – Marcelo olhou para os lados e, ao certificar-se de que ninguém os escutava, abaixou o tom de voz dizendo quase sussurrando: – Não podemos tolerar essa situação, somos estudantes! Daqui a pouco vão costurar nossa boca. Eu tenho um amigo, seu nome é Antunes, ele já entrou para a oposição, precisamos lutar por nossos direitos. Hoje à noite vou participar de uma reunião do grupo, se quiser pode ir comigo, mas terá de prometer que não contará nada a ninguém.

– Eu vou pensar, no fim da tarde lhe dou a resposta.

Marcelo consentiu com a cabeça, pois havia dois jovens vindo na direção deles. Não querendo se expor, ambos se despediram.

Alfredo entrou em casa assobiando e subiu rapidamente as escadas, sem dar tempo para Rosana, sua mãe, crivá-lo de perguntas. Ao entrar no quarto, trancou a porta e jogou-se na cama. Lembrou-se das palavras de Marcelo e concordou que o amigo estava certo. Eles eram estudantes, precisavam defender os interesses da nação, já que a maioria das pessoas era analfabeta funcional e não conseguia enxergar os malefícios daquele regime desastroso. A essa constatação, lembrou--se do pai, que havia se entusiasmado com a abertura da fábrica e estava em outro país estudando para voltar e aumentar seu império. Com esse misto de sentimentos entrou no banheiro, ligou o chuveiro e tomou uma ducha gelada. Ao voltar ao quarto, colocou uma calça jeans colada ao corpo, pegou uma camisa verde e a vestiu. Por fim, colocou sua jaqueta de couro e foi enfrentar a mãe, que não saía da frente da TV, só desviando o olhar do aparelho ao vê-lo à sua frente.

– Aonde pensa que vai a esta hora?

– Vou sair para encontrar alguns amigos, por quê?

– Sabe que é perigoso sair à noite! Se os militares o pegam podem achar que é um baderneiro, delinquente, e terá de se explicar. Seu pai está em outro país e não saberei o que fazer caso seja preso.

– Mas não é a senhora e o papai que defendem tanto esse regime ditador?

Rosana suspirou, não tinha influência nenhuma sobre o filho. Quando Mariano entrasse em contato, ela teria uma conversa séria com ele e lhe pediria para chamar a atenção do jovem, que ao vê-la pensativa saiu rapidinho, entrou em seu fusquinha azul-claro e saiu rapidamente da mansão.

Caía a noite quando Alfredo parou o veículo em uma rua movimentada no bairro do Limão, em São Paulo. Olhou à sua volta, nunca havia passado por aquele local. Havia conhecido Marcelo quando entrara para a faculdade e juntos cursaram o primeiro ano de Administração de Empresas. Ia tocar a buzina quando o amigo deu um leve toque no vidro do passageiro e, olhando para ambos os lados, certificando-se de que ninguém os observava, entrou no veículo.

– Vamos para Santana. Vá dirigindo que lhe indico o caminho.

Alfredo sorriu e deu partida no carro. No caminho, Marcelo o fez prometer que não revelaria para ninguém o local onde os jovens se reuniam. Com a palavra de Alfredo, eles pararam o veículo em frente a um galpão, uma espécie de mecânica da família de um dos jovens. Sem perderem tempo, entraram no local, pois um rapaz, incumbido de abrir a grande porta de aço, reconheceu Marcelo.

– Pare o carro aqui mesmo – ordenou Marcelo assim que entraram no local.

Alfredo olhou admirado, ali estavam vários jovens da faculdade; alunos de várias áreas diferentes. Todos conversavam em tom baixo. Ao verem os dois descerem do veículo e caminharem na direção deles, todos se calaram.

Rodrigo segurava uma garrafa de cerveja na mão e, ao vê-los, mediu-os de cima a baixo. Cumprimentando Marcelo, olhou para o seu acompanhante e retrucou:

– Você é um daqueles filhinhos de papai rico. Acho que não perdeu nada aqui!

– Aí é que você se engana, Rodrigo. Alfredo é meu irmão camarada, seu pai tem grana, mas ele não compactua com os pensamentos do velho, sacou?

Rodrigo fez uma careta e não disse nada. Marcelo apresentou o amigo. Antunes, ao vê-lo, estendeu-lhe a mão e com um sorriso franco o cumprimentou:

– Se veio com o intuito de se juntar a nós contra esse governo ditador, seja bem-vindo!

– Não é bem assim! – interveio João, que observava o jovem a certa distância. Olhando nos olhos de Alfredo questionou: – Você sabe no que está se envolvendo? Tem certeza de que está disposto a morrer, se for preciso, em prol de um país livre e democrático?

Alfredo sentiu um nó na boca do estômago; estava diante de um comunista que tinha a fama de ser implacável com quem o traísse e, embora nunca o tivesse visto pessoalmente, sabia de quem se tratava. Um amigo da faculdade lhe contara os ideais do rapaz. Contudo, sem desviar o olhar, ele respondeu:

– Não sou nenhuma criança, se vim até aqui é porque tenho minhas convicções, que estão de acordo com os ideais do grupo, excluindo-se apenas o fato de eu não ser comunista.

Antunes não conseguiu segurar o riso. João, gostando da sinceridade do jovem, deu-lhe um abraço e em seguida chamou a atenção de todos dizendo:

– Estamos todos cientes de nossos deveres e direitos, que nos foram subtraídos por um governo ditador, que visa a dominar a massa e comandar o país conforme sua vontade. Estamos lutando contra essa tirania e só sossegaremos quando finalmente a democracia voltar ao nosso país, nem que para isso tenhamos de pagar com nossa própria vida. Se alguém não estiver de acordo nem preparado para enfrentar com bravura e dignidade o que está por vir, pode deixar o grupo agora!

Os jovens entreolharem-se e como ninguém ousou retrucar as palavras de João, Marcelo quebrou o silêncio com um não e foi seguido por todos. Assim, João passou a falar sobre os seus planos com a passeata que estava para acontecer. Disse que não poderia se expor, pois alguns policiais já sabiam de sua ligação com a guerrilha que se instalara em uma cidade do interior do estado, mas deixara ordens para procurá-los, caso os militares resolvessem agir com brutalidade.

As horas passaram rapidamente. Já era mais de meia-noite quando o grupo se dispersou em silêncio. Alfredo e Marcelo fizeram o caminho de volta calados, cada qual absorto em seus próprios pensamentos. Quando Alfredo parou o veículo em frente à casa do amigo, este o convidou para uma festa que aconteceria na noite seguinte em sua casa. Alfredo aceitou o convite e, após se despedir com um abraço, deixou o local. Chegou a casa e foi direto para o seu quarto, aliviado por sua mãe já estar dormindo e não o crivar de perguntas.

O sábado amanheceu ensolarado. Já passava das onze horas quando Alfredo finalmente acordou. Após fazer sua higiene íntima foi à copa, onde Tereza, uma senhora negra que trabalhava para a família havia mais de seis décadas, preparava o almoço. Ao vê-lo, fitou-o demoradamente. Com uma colher de pau na mão, ela apontou para ele e disse:

– Ah! Alfredinho... eu o conheço desde que nasceu. A mim você não engana, seus olhos estão dizendo que vai arrumar confusão para sua vida.

– Psiu! Fique quieta, sua bruxa. Se mamãe escutá-la estou frito. Sabe que ela acredita nessa sua boca santa!

Alfredo deu um beijo na face da velha senhora a quem guardava um carinho filial. Tereza, não contendo o riso, respondeu:

– Sou uma bruxa, sim! E sua mãe acredita em minhas palavras porque sabe que eu converso com os espíritos dos pretos velhos, meus ancestrais!

– Ah, é? E o que esses pretos velhos dizem sobre o meu futuro?

Tereza não respondeu e como num lampejo viu o que estava por acontecer na vida do rapaz. Com um brilho indefinido no olhar, que passou despercebido pelo jovem, respondeu:

– Cada um sabe o que é melhor para si. O que eu sei é que se continuar com esses pensamentos sofrerá muito e só será feliz quando conseguir descobrir o que move o mundo.

Alfredo balançou a cabeça negativamente. Tereza era matuta e o conhecia como ninguém. Talvez fosse por esse motivo que percebera que ele escondia algo, o que não precisava ter nenhum poder paranormal para saber.

– Não acredito nessas tolices, mas quero que me prometa que não encherá a cabeça de minha mãe com suas sandices.

– Eu nunca faria nada para prejudicá-lo, meu filho. Mesmo porque se eu falar o que senti para a sua mãe ela ficará ainda mais preocupada, pois não conseguirá impedi-lo de seguir o seu destino.

Alfredo deu um beijo na face dela e saiu. Queria comprar umas calças novas. Marcelo o convidou para uma festa onde haveria várias garotas. Talvez até se interessasse por uma, por esse motivo deveria se apresentar bem-arrumado, pois as moças gostavam de rapazes que andavam na moda. Sem que Rosana percebesse, ele deixou a casa e só voltou no fim da tarde, com um monte de embrulhos nas mãos.

As primeiras estrelas despontavam no céu quando Alfredo chegou à casa de Marcelo, onde os jovens estavam reunidos na garagem. O rapaz, ao vê-lo, tratou de apresentá-lo a um grupo de garotas que conversavam animadamente:

– Alfredo, esta é Leonor, minha irmã. E estas são Lurdinha, Fernanda e minha garota, Ana.

Marcelo deu um beijo nos lábios de Ana enquanto Alfredo cumprimentou as garotas cordialmente. Ao pousar seus olhos em Leonor, sentiu o coração bater mais forte. A bela loura usava um vestidinho tubinho azul-escuro. Seus cabelos estavam amarrados em um coque alto e algumas madeixas estavam soltas. Seus olhos verdes expressavam vida, ela parecia a própria Brigitte Bardot, não só no estilo como na fisionomia. A jovem, ao ver o olhar embevecido do rapaz, tratou de chamá-lo à realidade:

– O que foi, está com algum problema?

– Não, é que...

– Vejo que já conheceu a minha garota! – interpelou Rodrigo que chegava ao local e com um gesto brusco puxou o rosto de Leonor e deu-lhe um forte beijo nos lábios.

– Marcelo acaba de fazer as apresentações.

– Meninas, desculpem, mas não posso deixar este pão sozinho. Logo alguma aventureira passa e o leva para longe de mim – brincou Lurdinha, pegando Alfredo pelo braço e tirando-o de perto do grupo. Um dos rapazes colocou uma música dos Beatles no toca-discos, e a jovem comentou:

– Vi como olhou para Leonor. Ela está com Rodrigo e se eu fosse você não arrumaria confusão com ele. Por essa razão tirei-o de perto deles.

– Desculpe, acho que sei cuidar de mim sozinho. Não vejo por que sua aflição. Por acaso acha que tenho medo dele?

– Deveria, pois ele é vingativo e tudo o que não queremos é discórdia.

Lurdinha deu uma piscada para Alfredo e o tirou para dançar. Ela era alta, esbelta, morena-clara, tinha olhos castanhos e usava um penteado igual ao de Leonor. Vestia-se diferente, estava com uma minissaia preta e uma blusa branca, justas no corpo, e botas de couro preta na altura dos joelhos. Seu jeito provocava a admiração dos rapazes.

– Fiquei sabendo que entrou para a luta contra o governo, é verdade?

– Não sei... Talvez sim, talvez não!

Lurdinha riu prazerosamente do gesto que o rapaz fez. Havia gostado dele, mas percebeu que seus olhos procuravam por Leonor enquanto dançavam.

– Não precisa ter segredos comigo, faço parte da aliança contra a ditadura. Estou até pensando em me juntar aos guerrilheiros, sonho com um mundo onde a mulher possa ser livre para fazer o que bem entender e até se tornar Presidente da República.

– Presidente da República, uma mulher? Você não acha que sonha muito alto?

– Não, um dia você verá isso acontecer. Afinal, é para sermos livres que estamos lutando contra esse governo, ou não?

Alfredo consentiu com a cabeça e, mudando o rumo da conversa, falou:

– Vou procurar por Marcelo e pedir para ele colocar outra música. Já volto!

Alfredo foi ao encontro de Marcelo e cochichou algo em seu ouvido. Em seguida, voltou para perto de Lurdinha, que dançava sozinha. Assim, pôs-se a dançar mais uma música dos Beatles que tocava. Quando a música acabou, Marcelo colocou a canção pedida pelo amigo. Os casais foram dançar a música lenta.

Enquanto Alfredo dançava com a nova amiga ao som de *You've lost that lovin feelin,* de Johnny Rivers, Antunes, que ficara sozinho, pegou uma vassoura e a entregou para Marcelo, que a entregou para Alfredo, que entregou para Rodrigo, que a contragosto deixou Leonor para ficar com a vassoura. O local estava à meia-luz; o clima e a música melosa fez Alfredo se chegar mais a Leonor, a ponto de sentir o cheiro de seus cabelos, o perfume gostoso que usava e o hálito refrescante do *drops* que tinha na boca. Se não fosse Antunes entregar a vassoura para ele, teria beijado a moça ardentemente, esquecendo-se que ela estava acompanhada.

– Eu já avisei para não se meter com Rodrigo. Se não fosse Antunes, esta hora estaria a maior confusão; vimos que sua boca quase colou nos lábios de Leonor! – comentou Lurdinha quando o rapaz voltou para dançar com ela.

– Sei que não deveria me envolver com sua amiga e vou respeitá-la, pode acreditar, é que não sei explicar, fiquei louco só em vê-la.

– Leonor não ama Rodrigo, apenas se sente bem ao seu lado. Espere o momento certo e ela será sua garota; enquanto isso não acontece, veja se não arruma encrenca, está bem?

Alfredo consentiu com a cabeça em sinal de positivo.

– Você é uma boa garota, devo deixá-la sozinha. Com certeza há rapazes nesta festa interessados em conhecê-la melhor, não quero atrapalhá-la.

– Você ainda não me conhece... Se eu quisesse ficar com alguém já estaria ao lado da pessoa, fique tranquilo.

Os dois continuaram dançando. Logo a música mudou e uma canção do Roberto se fez ouvir. Alfredo chamou Lurdinha para se sentarem, o que foi bem aceito pela moça. Ambos ficaram conversando até Marcelo parar a música e avisar:

– Já passa das dez da noite, pessoal, a festa acabou.

Os jovens reclamaram, mas sabiam que não poderiam continuar com a a festa, logo uma viatura da polícia chegaria ao local. Foi com pesar que o grupo se dispersou, ficando no local apenas Marcelo e Alfredo, que resolveu ajudar o amigo a arrumar a bagunça.

– Eu percebi que não tirou os olhos de minha irmã – comentou Marcelo arrumando os LPs em uma prateleira.

– A sua irmã é um *piteuzinho,* com todo o respeito, é claro. Se ela me quisesse, casaria hoje mesmo!

– É, ela está com Rodrigo e deve respeitar seus sentimentos. Leonor é bem avançada, mas não é dessas garotas que estão aderindo ao amor livre.

– Ora, Marcelo, assim você me ofende. Quando vi sua irmã senti uma sensação estranha, acho que a paixão me pegou de jeito!

Alfredo falava com doçura nos lábios, o que fez Marcelo acreditar nas suas palavras, mas não gostava de se intrometer na vida de ninguém, nem dos seus. Leonor era uma jovem ajuizada que sabia muito bem o que queria para a sua vida e não era ele quem iria lhe falar com quem deveria ou não se casar. Os jovens terminaram de arrumar a garagem e Alfredo se despediu do amigo e saiu. Viu Leonor conversando com Rodrigo dentro da Variant verde do rapaz. Abaixou a cabeça e, com o coração apertado, deixou o local e foi direto para casa.

CAPÍTULO 8

APROXIMAÇÃO PERIGOSA

Marina dava ordens a Cléber, quando um fornecedor apareceu. Ao vê-lo, ela esboçou um sorriso forçado e tratou de despachar o mensageiro. Carla havia sido transferida para o setor de Contabilidade da empresa, quando a moça que ocupava o cargo, pediu demissão. Marina se mostrou extremamente competente e Alfredo que já pensava em mandar Carla para outro setor, aproveitou, o que foi comemorado com alegria por Marina, que sentiu que seu caminho estava definitivamente livre.

– Bom dia, seu Guilherme, devo alertá-lo de que chegou cedo demais para a reunião e terá de esperar até a hora combinada.

– Sei que o dr. Alfredo é um homem ocupado e que possui uma agenda cheia; porém, vim mais cedo porque meu filho está doente e já faz dois dias que estou em São Paulo; preciso voltar para Curitiba. O menino está ardendo em febre e tenho de retornar ainda hoje para levá-lo ao médico.

Marina balançou a cabeça negativamente e, não contendo a indignação, questionou:

– Sua esposa não sabe se virar sozinha, não? Se seu filho está com febre ela deveria levá-lo ao pediatra ou ao pronto-socorro, e não esperar que o senhor vire o superpai e chegue a jato a Curitiba!

– Sim, mas não moramos no centro da cidade, e o ônibus passa longe de casa. O menino é pesado e ela não consegue carregá-lo no colo.

Marina respirou fundo, teve ímpetos de mandar o homem, a esposa e a criança plantar batatas, mas controlou-se.

Alfredo era benevolente com todos e com certeza acabaria sabendo do ocorrido. Sem esboçar nenhum comentário, ela pediu licença e foi até a sala do chefe onde, após ligeira batida na porta, entrou. Encontrou-o com o olhar perdido no espaço e foi direto ao assunto:

– Doutor Alfredo, Guilherme...

– Eu vou recebê-lo em dez minutos.

– Bem, eu disse a ele que não era hora da reunião, mas...

– Não se preocupe, dona Marina – interrompeu Alfredo, deixando-a sem graça. Ela já ia saindo quando ele chamou sua atenção:

– Eu estava há pouco me lembrando do dia em que conheci seu padrasto. Sabia que eu e Rodrigo quase fomos inimigos?

Marina não entendeu por que Alfredo resolveu tocar no passado e, sem saber o que responder, mordeu os lábios – gesto já conhecido por Alfredo, que sabia que todas as vezes que ela se via em alguma situação de embaraço repetia o gesto.

– Não se preocupe, sei que Rodrigo é discreto e não comentaria um fato tão sem importância com você. É que hoje estou meio saudosista. Mas não me leve a sério, estou ficando velho, deve ser isso!

Marina abriu um largo sorriso e saiu, voltando minutos depois ao lado do fornecedor. Depois de anunciá-lo, deixou o local. Ao sentar-se diante de sua mesa deixou seus pensamentos fluírem: "O que será que esse sem graça do Alfredo fez para Rodrigo que o deixou com esse ódio desvairado? Seja lá o que for vou descobrir, quem sabe assim consigo me livrar dele, sem ter de me envolver com esse pamonha, que sou obrigada a chamar de chefe".

Marina jogou a cabeça para trás deixando seus longos cabelos louros soltos atrás da cadeira e deu uma sonora gargalhada. Em seguida, concentrou-se em seu trabalho. No fim do dia foi para casa. Era uma quarta-feira, dia em que seu padrasto saía para jogar pôquer com os amigos. Dessa forma, poderia conversar sossegada com a mãe. Depois de uma hora, estacionou o veículo na garagem de casa e, ao entrar, encontrou Valéria assistindo à novela. Para chamar a atenção da mãe postou-se na frente do aparelho e colocou as mãos na cintura, falando de forma enérgica:

– Precisamos conversar, dona Valéria, antes que aquela coisa com quem a senhora dorme todas as noites chegue.

Valéria fez uma careta. Conhecia bem a filha e sabia que ela não sairia de sua frente. Pegou o controle remoto e desligou o aparelho. Esperou Marina sentar-se ao seu lado e olhando bem nos seus olhos comentou:

– Espero que o que tem para me falar seja urgente, pois sabe que adoro essa novela.

– Ah, mamãe! Que gosto mais de terceiro-mundo! Onde já se viu dizer que adora esses folhetins de quinta categoria! Mas fique tranquila, não é sobre televisão que quero falar.

Marina contou a mãe a conversa que teve com o patrão e Valéria a ouviu atentamente. Quando ela finalizou, a senhora comentou:

– Não sei nada sobre o passado de Rodrigo e de Alfredo, minha filha. O que sei já lhe contei. Foi o que ouvi no dia em que aquelas duas senhoras vieram aqui. Não tenho a menor ideia do que se passou. Se ao menos eu conseguisse o segredo do cofre!

– Segredo do cofre? O que tem nesse cofre? – perguntou Marina se aproximando mais da mãe.

– Eu não deveria, mas vou lhe contar... – Valéria olhou para os lados e baixando o tom de voz continuou: – Outro dia vi Rodrigo pegando uma espécie de caderno dentro do cofre. Ele o folheou, riu, deu um leve beijo na capa e tornou a guardá-lo.

– Por que não me disse isso antes? Se nesses escritos estiver contido todo o passado de Rodrigo e de Alfredo e se conseguirmos pegá-lo, teremos tanto um, como o outro em nossas mãos – disse Marina, levantando afoita e pegando a mãe pelo braço, rumo ao andar superior. – Vamos revirar esse quarto, Rodrigo deve ter guardado a combinação em algum lugar!

Valéria pôs-se a ajudá-la, indo direto à prateleira de livros. As duas passaram horas procurando em todos os cantos do quarto sem nada encontrar. Já era tarde quando, finalmente, a jovem vencida pelo cansaço ajeitou os cabelos e falou:

– Vamos parar por hoje. Logo seu marido voltará da esbórnia e não podemos deixá-lo desconfiado. Daqui para a frente procure observá-lo, quem sabe ele não abra novamente esse bendito cofre!

– Deixe comigo, ficarei atenta!

Marina abraçou e beijou a mãe repetidas vezes. Se ainda aguentava a tirania de Rodrigo era por ela. As duas voltaram à sala e Marina sentou-se para folhear uma revista, enquanto Valéria foi lhe fazer um lanche, que foi aceito com alegria pela jovem. Depois, ambas foram se deitar.

Marina não conseguiu dormir, ficou pensando no que faria caso conseguisse colocar as mãos no tal caderno.

***

Antunes terminava de preparar uma sopa de grão-de-bico quando a campainha tocou; ao olhar pelo olho mágico da porta, ele tratou de abri-la. Era Rodolfo, que, ao vê-lo de pijama, foi logo se justificando:

– Desculpe incomodá-lo, mas preciso conversar com você, senão vou ficar louco!

– Você nunca me incomoda. Somos amigos e entre amigos não há cerimônias. Estava mesmo querendo companhia, acabo de fazer uma sopinha deliciosa; já jantou?

– Ainda não, mas...

– Nem mais, nem menos, venha! – Antunes foi para a cozinha e depois de pegar dois pratos no armário entregou um para Rodolfo, que se serviu.

Durante a refeição, Antunes contou a Rodolfo como fora obrigado a aprender a cozinhar. A conversa transcorreu amistosa e quando terminaram Rodolfo fez questão de lavar os pratos e os talheres.

Antunes colocou água na chaleira para fazer um café e enquanto esperavam a água ferver, Rodolfo comentou:

– Encontrei Marina novamente esta semana, não sei o que me deu... tentei evitar... – Rodolfo coçou a cabeça, fazendo Antunes rir do seu jeito. Percebendo o desconforto do jovem, interrompeu-o:

– Você a beijou, certo?

Rodolfo balançou a cabeça afirmativamente com ar de garoto travesso. Antunes deu um leve tapinha no ombro do rapaz e prosseguiu:

– Sei que deve estar em conflito. Marina não é nenhuma candura, mas se a vida os está aproximando, deve haver algum motivo!

– Eu sei, e é exatamente isso que me incomoda. Eu e Marina não temos nada em comum, mas quando chego perto dela sinto as fibras do meu corpo tremerem.

– Você está apaixonado por essa moça. Por que não admite?

– Ora, Antunes, que tolice. Luíza desencarnou há menos de um ano, como posso me interessar por outra mulher, ainda mais Marina?

– E desde quando o amor tem hora para chegar? Luíza se foi, está vivendo outras experiências porque isso foi necessário para sua evolução pessoal. Você está aqui, vivo e cheio de amor para dar a outra mulher que toque fundo o seu coração. E se essa mulher for Marina, por que não se permitir? Quem sabe não é do amor verdadeiro de um homem que a compreenda e lhe dê carinho que ela está precisando para mudar suas atitudes?

– Não sei, sinto que ela gosta de mim também, mas tem algo que a impede de se aproximar. E sabemos muito bem que esse algo tem nome e sobrenome.

Antunes respirou profundamente; aquela história a cada dia que passava tornava-se mais complicada. Não querendo dar conselhos equivocados para o rapaz, fez uma prece e pediu aos bons espíritos para inspirá-lo a dar as respostas convenientes ao adiantamento moral do jovem. Logo sentiu a presença de Marcelo, que ligou seus pensamentos aos do amigo. Tomado por aquela energia positiva ele se pôs a falar:

– Todos temos o direito de errar e o dever de reparar tais erros. Se Marina está agindo sobre a influência de Rodrigo cabe a ela se libertar de seu algoz. Rodrigo é um irmão que necessita de muita prece e da bondade de todos a quem ele insiste prejudicar. Marina, por sua vez, foi criada em um ambiente hostil. Durante sua infância não teve quem lhe ensinasse o certo e o errado; age por impulso, porém está chegando o momento de ela usar seu livre-arbítrio e escolher qual caminho seguir.

Rodolfo ficou pensativo. Antunes viu Marcelo se aproximar do rapaz e elevar suas mãos para o alto fazendo cair sobre sua cabeça energias tranquilizadoras. Em seguida, deixou o local.

– Você está protegido por espíritos amigos que querem o bem de todos os envolvidos nessa história; isso é sinal de que a força do amor poderá vencer o ódio emanado por Rodrigo.

– Você tem razão, eu só gostaria de saber por que estou envolvido nessa situação? Esse não é um problema meu... Luíza se foi e, embora eu tenha um carinho especial por seus pais, não tenho nada com o passado deles. Não há nenhum elo que nos ligue!

– Aí é que você se engana! Não pode esquecer que Deus está em todas as coisas e lugares. Você sempre foi amigo da família de Alfredo, conheceu Luíza ainda na infância, namoraram, estavam para marcar o casamento quando ela viajou... Agora Marina entra em seu caminho sem você tê-la procurado.

Antunes fez uma pausa. Ao ver que Rodolfo não tivera nenhuma reação, prosseguiu:

– Não, Rodolfo. A vida a colocou em seu caminho e não foi por puro capricho; acredite, se Marina apareceu em sua vida, se Leonor acabou se reaproximando de sua família, é porque você tem uma ligação forte com eles e no momento certo tudo será esclarecido.

Rodolfo sorriu e deu um leve tapinha no ombro do amigo. Os dois ficaram conversando sobre outros assuntos até se despedirem, tarde da noite.

***

Marina chegou ao escritório cumprimentando a todos que via à sua frente. Como sempre, mostrava-se alegre e feliz e muito simpática com a moça da faxina e com os chefes de repartição. Mal colocou sua bolsa sobre a cadeira, o telefone tocou. Era Alfredo dizendo que acordara indisposto e que não trabalharia naquele dia. Pediu que a secretária reunisse todos os assuntos de urgência e levasse até sua casa. E foi com um gritinho de felicidade que a jovem colocou o fone no gancho. Cléber, que acabava de chegar ao local, ao ver a amiga explodindo de felicidade, questionou:

– O que aconteceu, ganhou na loteria sozinha?

– Não, melhor que isso. Alfredo está indisposto e teremos de ir à sua casa!

Cléber balançou a cabeça negativamente e, sem entender aonde a moça queria chegar, olhou com olhar de curiosidade para a amiga, que tratou de elucidá-lo:

– Eu nunca fui à casa de Alfredo. Gostaria de conhecer o lugar onde ele mora, apenas isso!

– Sei... – Cléber deu de ombros. Conhecia Marina, sabia que alguma vantagem ela levaria, mas não disse nada.

Ao vê-lo parado, ela lhe deu algumas ordens, que o rapaz acatou de pronto e meia hora depois já estavam no automóvel, que a jovem dirigia com um turbilhão de pensamentos em sua mente.

– Por que não me conta logo o que você quer com Alfredo? Somos amigos, eu posso ajudá-la! – questionou Cléber entre um farol e outro da avenida Ipiranga.

Marina olhou assustada para o jovem, confiava nele, mas nunca havia aberto seu coração.

– Vamos nos preocupar com o nosso trabalho. À noite sairemos para comer um lanche e conversaremos a esse respeito, tudo bem?

Cléber consentiu com a cabeça e calou-se. Quando chegaram em frente à mansão, Marina se identificou com o segurança e entrou no local, ficando maravilhada com o que viu. Cléber, que já havia entrado naquela casa, foi quem quebrou o silêncio:

– É um palacete lindo, pena que os moradores não tenham o principal: alegria. Aposto que trocariam todo este império para ter Luíza de volta.

– Não seja hipócrita, Cléber. Sabe que detesto gente assim, nada vai trazer a moça de volta e depois é muito melhor sofrer em uma mansão como essa, cheia de empregados, chorando dentro de uma banheira de hidromassagem e tomando champanhe importado do que numa casa de pau a pique com o estômago doendo de fome!

Cléber riu gostosamente. Embora não concordasse com a filosofia da amiga, tinha de admitir que seu senso de humor era excelente. Sem nada a dizer, os dois caminharam até a porta onde Rita os aguardava. A empregada, ao vê-los, cumprimentou-os cordialmente. Em seguida, conduziu-os até a sala e, após lhes oferecer algo para beber, deixou o local.

Marina olhava admirada para o salão, tudo naquela casa demonstrava a riqueza que os donos tinham. Ao ver um quadro na parede não se conteve; aproximou-se do objeto de arte e reconheceu imediatamente o dono daquelas pinceladas. Voltou-se para Cléber:

– Esta obra é de Portinari. Nunca vi uma tão de perto; estou encantada!

– Vejo que aprecia obras de arte, senhorita...

– Marina! – respondeu a jovem, um tanto quanto sem graça ao ver a bela senhora que se postara à sua frente com um singelo sorriso nos lábios. Estendendo a mão para a secretária, Leonor falou:

– Muito prazer, sou Leonor, esposa do seu chefe!

– Dr. Alfredo fala muito na senhora, mas não imaginei que fosse tão bonita!

Leonor abriu um sorriso. Marina a olhou com atenção, sentiu um carinho inexplicável pela senhora, que retribuiu o elogio, após medi-la disfarçadamente de cima a baixo.

– Você também é muito bonita, além de ter uma qualidade que não possuo mais: a juventude. Venham, vou levá-los ao quarto de meu marido.

Os dois a seguiram apreciando todos os detalhes da casa. Ao chegarem à imensa suíte, pediram licença e entraram. Alfredo estava deitado, sua aparência era um pouco pálida e abatida, mas ao ver a secretária tratou de se erguer na cama; após os cumprimentos, foi direto ao trabalho. As horas passaram rapidamente e Leonor entrou com uma bandeja nas mãos. Os três a olharam surpresos, pois estavam tão entretidos que nem perceberam as horas passarem.

– Desculpe interrompê-los. Você precisa se alimentar, Alfredo. E quanto a vocês dois, vão almoçar comigo na copa, não aceito desculpas!

Cléber trocou olhares com Marina e respondeu:

– Bem, se a senhora, esposa do patrão, está mandando, quem somos nós para desobedecer-lhe?

Os quatro riram prazerosamente, Marina pegou Cléber pelo braço e pediu licença, deixando o casal sozinho. Leonor, ao vê-los sair, voltou-se para o marido e colocando a bandeja na cama comentou:

– Quando vejo esses jovens tão cheios de vida, fico pensando em Luíza e em nosso passado. Se eu pudesse voltar aos meus vinte anos de idade mudaria muitas coisas em minha vida!

– Por que diz isso? Por acaso não está feliz com a vida que lhe dei? – perguntou Alfredo após tossir. Leonor, ao perceber que o marido ficara incomodado com o comentário, tratou de se retratar:

– Não se trata de nós, amor, mas da vida em si. Agora coma este caldo verde, que Rita fez especialmente para você!

Leonor deu um leve beijo na destra do marido e ao ver que ele conseguia se alimentar sem a sua ajuda pediu licença e foi até a copa onde os jovens a esperavam sentados à mesa. Rita, que esperava pela patroa para começar a servir a refeição, ao vê-la disse:

– Eu chamei os dois para virem à copa, senhora. Achei melhor eles a esperarem aqui!

– Obrigada, Rita! Vejo que Dolores está lhe ensinando bem o serviço – e, voltando-se para os jovens, elucidou: – Dolores é meu braço direito, uma amiga de longa data que mora conosco. É nossa governanta e cuida de tudo aqui em casa, pena que precisou se ausentar por alguns dias! Sua única irmã está muito enferma e ela foi visitá-la no Rio de Janeiro.

Marina passou levemente a língua nos lábios para umedecê-los. Aquela era sua chance de puxar uma conversa sobre o passado. Procurando pensar nas palavras certas respondeu:

– Eu adoraria conhecê-la, meu padrasto comentou a respeito de Dolores conosco e sua ajuda valiosa contra o regime militar.

– Sim, Dolores é uma mulher guerreira, no passado lutou por seus ideais, assim como eu e muitos que Rodrigo conhece.

Leonor serviu-se de uma colher de arroz, passando a bandeja para a jovem, que após colocar duas colheres em seu prato o entregou para Cléber, dizendo:

– Rodrigo tem o dr. Alfredo em alta estima; acho tão bonito uma amizade como a de vocês!

Marina abriu um sorriso de orelha a orelha. Cléber percebeu que o assunto incomodava a dona da casa e viu um brilho diferente passar pelos olhos da amiga ao fazer aquele comentário. Sem se envolver na conversa ficou apenas observando.

– Alfredo é grato a Rodrigo. Essa é uma longa história... outro dia falaremos sobre isso. Agora, fale-me um pouco sobre você. Sei que tem um currículo invejável, Alfredo costuma pagar muito bem a quem lhe presta serviços, mesmo assim, se desejar arrumar um emprego em uma multinacional com probabilidades de crescimento na carreira conseguirá uma vaga rapidamente.

– Não sou tão boa assim, dona Leonor, e depois como a senhora mesma disse, somos muito bem pagos pela empresa, sendo assim, sinto-me muito bem trabalhando para a sua família.

Leonor não respondeu, mudou de assunto e colocou Cléber na conversa. Os três fizeram a refeição em palestra animada. Leonor gostou da moça, mesmo sabendo que Rodrigo a infiltrara em sua empresa para prejudicá-la e, com especial amabilidade, convidou os dois a conhecerem o jardim da casa. Cléber ficou boquiaberto com o tamanho da piscina que circundava todo o local. A senhora, ao vê-lo admirado, comentou:

– Alfredo mandou construir essa piscina quando Luíza entrou na adolescência. Esta casa é herança de seus pais e ele só mudou a arquitetura externa do jardim por causa da filha. Aqui Luíza passou as últimas horas de sua existência na carne. Ainda não estamos preparados para voltar a usar este local de lazer.

– A senhora disse em existência na carne, por acaso é espírita? – perguntou Cléber querendo ser atencioso para com a senhora.

– Ainda não. Estou frequentando um centro kardecista de estudos e o dirigente do local é nosso amigo há muitos anos. Estou encontrando explicações para dúvidas que carrego comigo desde minha adolescência.

Marina sentiu a sorte a seu favor, achou que Leonor estava carente com a perda da filha e começava a se apegar em uma crença reencarnacionista, que para ela era coisa típica de pessoas ignorantes que buscavam consolo ilusório na vida após a morte. Mostrando interesse, comentou:

– Sabe que sempre quis conhecer um Centro Espírita? Gostaria de ter alguma prova de vida além-túmulo.

Cléber olhou de rabo de olho para a amiga, que fingindo não perceber o que aquele gesto do rapaz queria lhe dizer, fitou a dona da casa atentamente.

– Pois eu, no primeiro dia em que fui à reunião tive notícias de meu irmão desaparecido no regime militar. Caso queira, podemos combinar de irmos juntas um dia desses.

– Será um prazer, preciso conhecer essa doutrina!

Leonor abriu um sorriso. Em seguida, os três voltaram para junto de Alfredo, que tratou de terminar seus afazeres e liberar os jovens no fim da tarde. No caminho de volta, Cléber, não conseguindo esconder o que ia em sua mente, comentou:

– Percebi que está armando algo, não adianta esconder.

Marina suspirou profundamente e lhe respondeu, ao trocar a marcha do carro:

– Não vou esconder nada de você, tivemos um dia exaustivo. Amanhã na hora do almoço sairemos para conversar e prometo lhe esclarecer todas as suas dúvidas; afinal, sei que acabará me ajudando!

Cléber não disse nada. Logo a moça parou o veículo em frente à estação de metrô e o jovem desceu, após lhe dar um leve beijo na face.

CAPÍTULO 9

RESPONSABILIDADE

Leonor ouvia uma canção no rádio quando sua mãe bateu à porta. Erudita, ao entrar no quarto da filha, balançou a cabeça negativamente:

– Não sei onde anda com a cabeça, Leonor, estou há horas chamando-a e você não me escuta!

– Mamãe, estou voando em meus pensamentos.

Erudita passou os olhos sobre o aposento da filha e viu que o quarto estava de pernas para o ar e a menina folheava uma revista e ouvia música.

– Não sei o que será de sua vida; você não quer saber de nada, olha só para este lugar, está um caos! Precisa pensar no futuro! Neste ano terminará o ensino médio e até agora não pensou em arrumar um marido!

– Marido? A senhora não deve estar batendo bem dos pinos, mamãe!

– Marido, sim! Precisa parar de andar com essas moças aluadas que têm por amigas, pois se continuar ao lado desse tipo de gente não arrumará um bom partido!

Leonor, contrariada, largou a revista que folheava. Conhecia muito bem a mãe para saber que aquela ladainha iria se estender e não querendo prolongar o assunto respondeu:

– Tudo bem, façamos assim: eu termino meus estudos e entro para um convento. Viro uma carmelita descalça e não terá mais que se preocupar com o meu futuro.

Leonor levantou-se de súbito, rodou nos calcanhares e saiu, deixando Erudita falando com as paredes. Em poucos minutos estava na rua. A tarde estava ensolarada naquele começo de outono, o que a deixou um pouco mais animada. Andou algumas quadras até parar diante de um pequeno sobrado, onde, após bater palmas, viu Lurdinha aparecer na janela e autorizar sua entrada. Na porta principal, a amiga a esperava com um sorriso nos lábios.

– O que aconteceu, não marcamos de nos encontrar só à noite?

– Marcamos, mas a minha mãe começou a rezar uma missa para mim e fiquei sem ter para onde ir, por essa razão vim buscar abrigo na sua casa.

– O que dona Erudita quer agora?

– Que eu me case logo para que ela se veja livre de preocupações para comigo.

– Nossa, ela disse isso à queima-roupa?

– Claro que não né, amiga! Mas quis dizer exatamente isso.

– Não a leve tão a sério. Minha mãe também vive implicando comigo, imagina que chegou a dizer que só ando com quem não presta!

Lurdinha pegou na mão da amiga e a conduziu para o seu quarto, trancando a porta e colocando um disco dos Beatles no toca-discos. Logo o som de *Hey Jude* pôde ser ouvido no aposento. Lurdinha pegou uma vassoura e começou a dançar, imaginado que aquele objeto fosse o homem por quem estava apaixonada. Leonor ria do jeito da amiga.

As horas passaram rapidamente e quando Leonor chegou a casa encontrou a mãe entretida no fogão; sentiu um alívio e foi para o quarto sem ser incomodada.

***

Marcelo entrou em casa pouco depois da irmã e, atraído pelo cheiro gostoso do tempero da comida da mãe, foi para a cozinha. Ao encontrá-la com uma colher de pau mexendo a sopa de feijão, deu-lhe um sonoro beijo.

– Você e sua irmã são dois irresponsáveis... não sei mais o que fazer para demovê-los desse caminho de perdição!

– Do que está falando, mamãe?

– Estou falando da forma como vocês lidam com a vida. Sua irmã não quer saber de nada e ainda sai por aí com aqueles panos minúsculos que chama de saia! Desse jeito não conseguirá um casamento decente. E você está metido com essa política esquerdista! O pior é que seu pai aprova essas atitudes e eu fico sem voz ativa.

Erudita começou a chorar, seu coração de mãe andava apertado, ouvira falar que alguns jovens começavam a desaparecer misteriosamente e que o governo estava por trás desses sumiços. Alguns conhecidos chegavam a creditar que Costa e Silva havia construído um campo de concentração para torturar os jovens que se opunham ao governo.

Marcelo, comovido com o choro doído da mãe, abraçou-a demoradamente. Quando a largou, sentiu que ela já estava bem mais calma. Passando as mãos pela face rosada da mãe, limpou algumas lágrimas que insistiam em cair e disse:

– Soube que seu Augusto e sua esposa andaram conversando com a senhora e papai a respeito do governo. Conhecendo bem Augusto, posso imaginar o que ele lhes disse, mas não quero que fique preocupada, mesmo porque as pessoas gostam de inventar histórias fantasiosas.

Erudita não respondeu e Marcelo deixou o local e foi em direção ao quarto da irmã, encontrando-a à sua espera, pois iriam sair. O jovem contou-lhe sobre o estado emocional da mãe e ambos decidiram jantar com ela. Depois de mais de uma hora, rumaram para Santana, pois haviam marcado uma reunião com a turma a fim de discutirem os rumos que tomariam nos próximos meses. Quando chegaram ao local, encontraram vários jovens conversando, alguns bebendo cerveja ao lado de suas garotas.

Alfredo conversava amigavelmente em uma rodinha de rapazes e, ao vê-los, pediu licença e foi ao encontro deles. Deu um leve beijo na face de Leonor e abraçou Marcelo dizendo:

– Pensei que não viriam.

– E perder a reunião? Nem em sonho! Minha mãe hoje teve uma crise nervosa e tivemos de ficar para o jantar. Ela está preocupada com Leonor, que não quer saber de arrumar um marido.

– Diga para a sua mãe não se preocupar, que sua irmã não precisa arrumar marido, pois quando ela quiser se casar não faltarão pretendentes – brincou Alfredo, fazendo Marcelo rir e deixando a irmã desconcertada.

Logo apareceram outros amigos para cumprimentá-los, o que foi recebido com alívio pela jovem que percebera o interesse de Alfredo por ela. Quando Rodrigo entrou no local encontrou a namorada conversando com um grupo de moças, que como ela acreditavam na liberdade da mulher e começavam a sonhar com um movimento feminista, que mudaria o rumo da sociedade. Rodrigo, ao ouvir o teor da conversa, pegou Leonor pela cintura comentando:

– Não se preocupem, gatinhas, quando eu for presidente deste país, criarei uma lei que garantirá total apoio às mulheres para tudo o que elas quiserem fazer de sua vida.

As moças riram. Rodrigo levou a namorada para um canto isolado e a encheu de beijos.

Antunes chamou a atenção de todos, que se juntaram para ouvi-lo. O jovem, após suspirar profundamente, pôs-se a falar:

– Esta semana ficamos sabendo do sumiço de dois companheiros, o que nos deixou preocupados. Os militares não estão para brincadeira, por essa razão resolvemos intensificar nossa luta; não podemos deixar que eles calem nossa voz.

– Então vamos declarar guerra? – perguntou um dos jovens, fazendo Marcelo tomar a palavra para responder:

– Não estamos reunidos para declarar guerra a ninguém, mas sim para lutar com sabedoria pelos nossos interesses.

– Eu discordo! – interpelou Rodrigo, fazendo todos os olhares se voltarem para ele. – Não podemos lutar de forma pacífica, temos de dar nossa cara a tapa. Precisamos lutar, pois quem sabe faz a hora, não espera acontecer.

Todos concordaram. Contagiados com as palavras de Rodrigo, decidiram lutar mais ativamente e combinaram de ir às passeatas e participar das greves organizadas pelos sindicatos dos trabalhadores na Grande São Paulo.

Aos poucos, o grupo foi se dispersando. Rodrigo convidou sua turma para irem a um local mais tranquilo. Logo estavam em um campo isolado, que usavam para beber e conversar sem correrem o risco de ser incomodados pela polícia. Era um local de difícil acesso.

Antunes olhou para o céu estrelado e sentiu uma brisa gelada, que o fez estremecer, passar por seu corpo. Teve medo pelo que estaria por vir e com essa sensação balançou a cabeça negativamente com o intuito de afastar aqueles pensamentos negativos, pois não era homem de se impressionar.

Alfredo, ao vê-lo pensativo, chamou-o à realidade:

– Se não afastar o fantasma da insegurança que o cerca, é melhor desistir dessa luta.

– Por que diz isso? Por acaso pareço inseguro?

– Sim, seus olhos dizem que teme o futuro.

– Nosso ilustre amigo almofadinha está virando médium! – comentou Rodrigo, já um pouco alcoolizado.

Alfredo não se preocupou em responder, pegou a chave do carro e comentou:

– Está ficando tarde, preciso acordar cedo amanhã, quem vem comigo?

– Eu – respondeu Marcelo. E, voltando-se para a irmã, prosseguiu: – E você também vai. Não posso chegar em casa sem a sua presença, mamãe me mataria!

– Ela vai comigo, Marcelo. Vá na frente com seu amigo almofadinha que vamos em seguida.

Marcelo acompanhou Alfredo. Os dois fizeram o caminho de volta conversando animadamente. Ao chegar próximo à casa de Marcelo, o rapaz parou o veículo e ficaram conversando sobre o resultado da reunião enquanto esperavam pelo casal que chegou ao local mais de vinte minutos depois. Em seguida, ele deixou os irmãos na porta de casa e tomou seu rumo com um turbilhão de pensamentos.

***

As semanas passaram rapidamente. Antunes e seu grupo intensificaram a luta contra o regime militar distribuindo panfletos explicativos a respeito do que o governo fazia com a população. O mês de junho chegou com muitas manifestações de protestos pelo mundo afora. No Brasil não foi diferente. No Rio de Janeiro uma manifestação contra a prisão de um líder estudantil resultou na prisão de mais de trezentos estudantes. Aquele fora o estopim para o que viria a acontecer nos dias subsequentes.

– Dolores, não podemos deixar que nos façam de marionetes, precisamos ir às ruas e pedir o fim desse regime controlador!

– Eu sei, mas sinto medo, Frederico. Você é repórter e sabe como estão perseguindo os jornalistas!

Frederico abriu um sorriso, não perderia aquela passeata por nada. Sem que Dolores pudesse continuar argumentando pegou na sua mão. Era horário de almoço e os jovens estavam caminhando rumo à avenida Rio Branco, no centro da cidade, após serem expulsos do pátio do MEC com violência. O centro comercial estava fechado. Dos edifícios próximos, as pessoas que estavam trabalhando saíram nas janelas. Dolores olhava à sua volta, um grito surdo de "Abaixo a repressão" ecoava pelas ruas. Logo a cavalaria da Polícia Militar e os policiais do DOPS começaram a agredir estudantes e jornalistas. O tumulto se formou. Estudantes revoltados pegaram pedras e paus e tudo o que viram pela frente e enfrentaram a polícia. Dos prédios, cinzeiros e outros pequenos objetos eram lançados em cima dos policiais. As horas que se seguiram foram de sangue, dor e sofrimento, não só para a cidade do Rio de Janeiro, mas para toda a nação. Foi assim que Dolores viu o namorado ser atingido por uma bala e cair no chão. Ela ainda tentou se aproximar, mas foi impedida por jovens que, assustados, começaram a correr no sentido oposto ao dos policiais, que atiravam sem dó. Sem conectar suas ideias, ela acabou desmaiando e foi socorrida pelos próprios estudantes, que a pegaram pelos braços e a levaram a um lugar seguro. A avenida Rio Branco ficou mais de seis horas interditada. Na passeata foram presas mais de mil pessoas; centenas de feridos e inúmeras viaturas da polícia foram incendiadas... aquele era um sinal de que o povo estava insatisfeito com o rumo do país.

Dolores recobrou a consciência com espasmos nervosos. Estava dentro de um dos edifícios para onde alguns jovens feridos tinham sido levados. Lembrou-se de Frederico e pôs-se a chorar; um choro doído, pois perdera seu grande amor, o homem com quem desejara viver até o último dia de sua vida. Margarida, uma das jovens que estavam no local, ao vê-la chorosa, aproximou-se e, passando a mão em seu rosto, comentou:

– Não fique assim; foi só um dia ruim!

Dolores olhou nos olhos da moça que expressavam bondade e determinação e procurando sufocar o choro respondeu:

– Não estou chorando por mim, mas por Frederico, ele só estava fotografando, nem jornalista era ainda.

– Olhe, não seja pessimista, há muitos feridos, e seu namorado pode estar entre eles. Quem lhe garante que ele não sobreviveu?

– Eu vi! Ele levou um tiro à queima-roupa. Com certeza não resistiu. E agora, o que será de minha vida?

Margarida afastou-se e foi ao encontro de um rapaz que ajudava alguns feridos. Falou-lhe algo em seu ouvido e em seguida voltou em companhia dele, que abriu um leve sorriso e completou:

– Não somos vítimas da tirania do governo, minha amiga. Somos soldados em guerra. Se seu namorado faleceu mesmo e você quiser se juntar a nós será uma honra!

Dolores não respondeu, levantou-se e tentou ajeitar-se. Foi até o toalete indicado por Margarida e ao voltar sentiu-se mais revigorada. Precisava saber o paradeiro do namorado. Ao comentar com a nova amiga esta resolveu ajudá-la. As duas saíram do local e foram direto ao IML, onde havia vários jornalistas, muitos à procura de desaparecidos. Só conseguiu autorização para reconhecer o corpo do namorado na tarde do dia seguinte; isso porque Margarida entrou em contato com alguns amigos que carinhosamente as ajudaram. Foi naquele local, frio e sombrio, que Dolores deu seu último adeus a Frederico. Ao sair do IML sentiu o ódio brotar em seu peito.

"Por que o governo agiu com tanta brutalidade? O povo estava exercendo seus direitos, direito este que lhe fora confiscado, aniquilado. Quantos ainda teriam de morrer por lutarem por seus ideais? Não, aquilo não era justo." Foi com esses pensamentos que trincou os dentes e decidiu que daquele dia em diante lutaria com todas as suas forças para mudar aquela situação e ter de volta seus direitos de cidadã.

***

Alfredo acordou cedo, arrumou-se e se dirigiu à copa. Encontrou a mãe tomando uma xícara de café com leite. Ela estava alheia a tudo à sua volta. Ao pegar o jornal que estava na cadeira, ele sentiu o sangue gelar. Não tinha visto o noticiário na noite anterior e foi com espanto que leu toda a matéria a respeito da sexta-feira sangrenta. Ao fechar o jornal, levantou-se e sem tocar em seu desjejum, deixou o local, indo direto para a casa de Marcelo, onde Leonor o recebeu e o convidou para entrar. Após oferecer o sofá para o amigo se sentar, comentou:

– Marcelo ainda dorme, chegou em casa tarde da noite, estava com alguns amigos comentando o que aconteceu ontem no Rio de Janeiro.

– É exatamente sobre isso que vim conversar; fiquei sabendo hoje pelos jornais e estou muito preocupado com o nosso futuro.

– Preocupação não resolve, temos de ir às ruas para lutar contra os militares e mostrar para a população o que andam fazendo com a nossa pátria – respondeu Leonor sentando-se ao lado do amigo que, sem perceber, ficou estático diante dela.

– Bom dia, meu amigo, o que o traz aqui tão cedo? – bocejou Marcelo ao cumprimentar o amigo ainda da escada.

– Vim conversar um pouco com vocês. Estou chocado com o desfecho da passeata de ontem.

– Nós também! Cheguei a ligar para a sua casa, mas sua mãe disse que estava em viagem de negócios.

– Minha mãe é exagerada; fui até o interior do estado, pois meu pai está vendendo alguns alqueires que possui em Ribeirão Preto. Passei o dia por lá e só fiquei sabendo do que aconteceu hoje cedo.

Marcelo nada respondeu. A conversa que teve com João na noite anterior o deixou preocupado. Quando resolveu entrar para um grupo contra o governo não imaginou que a situação pudesse chegar àquele ponto. Muitos estudantes e jornalistas estavam sendo mortos e perseguidos, as prisões estavam acontecendo em massa e ele não queria ser o responsável por nada de ruim que pudesse acontecer com aqueles jovens do seu grupo. Ao expor seus sentimentos para João, este o recriminou dizendo que todos estavam cientes de seus atos e que a luta não era de um grupo específico, mas sim de uma nação representada pelos estudantes e guerrilheiros, que tinham total consciência da situação.

– Se eu fosse você, Alfredo, deixaria essa luta para lá e tomaria conta dos negócios de seu pai – comentou Marcelo ainda com a lembrança viva da conversa com João.

– Você enlouqueceu, meu irmão?

– Não, Leonor, esse conselho serve para você também. Não quero mais vê-la metida com política.

– Você não pode decidir o que devemos ou não fazer de nossa vida, meu amigo; se tentar fazer isso estará se igualando aos militares – retrucou Alfredo.

– Talvez você esteja certo, mas não quero que aconteça nada de ruim com nenhum de vocês.

– Sei que está com medo por nós, mas somos maiores de idade e sabemos exatamente os perigos que corremos; portanto, não me venha com esse discurso. Vim aqui para lhe dizer que quero intensificar minha ajuda ao grupo.

Marcelo não respondeu, seu coração pedia para deixar seus amigos fora daquela história, mas como Alfredo mesmo lhe disse, ele não poderia decidir por eles, o que o deixou um pouco mais tranquilo. Os dois passaram a conversar sobre o que acontecera e os planos que tinham em mente...

***

A um toque na tela, Baltazar deu fim à imagem dizendo:

– Por hoje é só. Vocês precisam refletir sobre tudo o que viram até este momento.

João olhou para Marcelo que, percebendo o que ia no íntimo do amigo, comentou:

– Hoje sei que fui pretensioso ao acreditar que seria responsável pelo que pudesse acontecer com os outros. Mera ilusão, cada ser é único, pensa e age por si só. Culparmo-nos pela vida alheia é o mesmo que acreditar que se tem poder sobre as atitudes das outras pessoas.

– Mas se você não tivesse convidado meu pai, provavelmente ele não se aliaria a nenhum grupo esquerdista.

– Já pensei exatamente dessa forma. Contudo, revendo os meus conceitos e observando a vida, posso lhe afirmar que nada acontece por acaso e que cada um é responsável pela sua vida. Veja, Rodrigo é obcecado pelo desejo de vingança contra Alfredo, Leonor e Dolores a ponto de criar uma criança com o intuito de usá-la para prejudicar seus inimigos. O que ele ainda não aprendeu é que cedo ou tarde terá de responder por suas atitudes perante as leis universais.

– Você fala em leis universais como se o universo fosse um grande tribunal de justiça. Não seria Deus o responsável por esse julgamento? – perguntou Luíza querendo entender aonde o nobre amigo queria chegar com aquela conversa.

– Não, Deus é pai amoroso. Fomos criados simples e ignorantes para evoluirmos com o passar do tempo. Quando falo em leis universais não estou me referindo a um tribunal onde anjos e demônios depõem contra ou a favor de uma pobre alma que acaba de desencanar, mas sim de uma energia de amor, energia que criou tudo à nossa volta, porque se Deus é amor, tudo o que ele criou é a pura manifestação desse sentimento. Quando fazemos mal para outras pessoas ou para a natureza, estamos transgredindo a lei do amor, que, rapidamente, ou não, de acordo com a nossa evolução espiritual, tratará de nos mostrar, por meio de provas da vida que estamos errados. Apenas quando mudamos nossa forma de agir é que aprendemos de fato a lição e entramos em sintonia com essa força maior; assim, tudo em nossa vida se torna mais leve. Quanto a Deus, Ele conhece nossa essência! Foi para isso que Cristo veio à Terra, para nos mostrar o caminho, que nada mais é que a lei do amor. "Amarás a Deus sobre todas as coisas e a seu próximo como a ti mesmo", foi a máxima apresentada por Cristo a seus seguidores. Essa é a lei do amor; se conseguirmos amar Deus a ponto de entregar nossa vida em Suas mãos e ver em nosso próximo um irmão tão necessitado de amor quanto nós, e só fizermos por ele o que desejamos a nós mesmos, estaremos mudando nossa essência e, pouco a pouco, como numa corrente positiva, conseguiremos mudar o mundo – interpelou Baltazar.

Marcelo, percebendo que ainda restavam dúvidas, tomou a palavra:

– Devemos levar em consideração que somos energia em movimento e que nossos pensamentos geram uma força poderosa. Ao cultivarmos ódio no coração e envolvermos o ser odiado em pensamento, entramos em sintonia com as energias da pessoa. Se ela não tiver uma atitude mental de fé em Deus e em sua capacidade interior, será atingida por essas emanações. Não podemos esquecer que a energia que emanamos aos outros sempre retorna para nós, num efeito bumerangue. Portanto, se seguirmos o conselho de Baltazar estaremos imunes a energias contrárias às do bem.

Baltazar, ao ver os três pensando em tudo o que fora falado, terminou a reunião com uma prece de agradecimento a Deus pela oportunidade dada àqueles que ali estavam tentando aprender a ser melhores.

CAPÍTULO 10

A VÍDA TEM SUAS RAZÕES

Cléber entrou no metrô pensativo. Marina passara a semana prometendo lhe contar seu segredo e o deixou apreensivo. Não gostava de se envolver em problemas alheios. Alfredo era um excelente patrão e não queria se indispor com ele, pois além de gostar dele tinha medo de perder o emprego. Com esses pensamentos viu as estações passarem rapidamente por suas vistas. Ao chegar à estação da Sé, desceu do veículo e se dirigiu para a escada rolante que dava acesso à linha que ia para o Jabaquara. Era noite de sexta-feira e muitos jovens utilizavam do transporte público para irem a barzinhos concentrados na área central da cidade. O veículo parou na estação Liberdade, e o jovem desceu. Marina havia combinado de encontrá-lo em um sushi--bar, naquele bairro de tradição japonesa. Ao chegar ao local, ele se sentou e pediu um refrigerante. A jovem não demorou a chegar.

– Você é pontual mesmo morando no fim do mundo! Como consegue essa façanha? – perguntou Marina, dando um leve beijo na face do jovem e sentando-se ao seu lado.

– Onde moro as pessoas também são educadas e já sabem o tempo que levarão de um bairro a outro da cidade. Assim fica fácil chegarmos a um local com pontualidade. Você é que precisa parar com essa mania de analisar as pessoas pela conta bancária.

– Não se trata disso. Já vi que está mal-humorado... é melhor mudarmos de assunto.

Marina abriu um sorriso e chamou o garçom, pedindo uma cerveja. Após ser servida, fixou seus olhos nos de Cléber.

– Sei que me acha insuportável, e talvez eu seja mesmo – afirmou. E, voltando sua atenção para o copo, tomou um gole do líquido e prosseguiu depois de suspirar profundamente e criar coragem: – Nasci aqui e ainda muito pequena fui morar no Chile, onde meu pai conseguiu exílio político. De lá, fomos para os Estados Unidos, mas não sei muito sobre esse tempo porque minha mãe detesta tocar no assunto. O que sei é que meu pai morreu e mamãe se apaixonou pelo traste do Rodrigo e acabou se casando com ele. A primeira lembrança que tenho da infância é de Rodrigo me batendo e maltratando minha mãe, que nunca me defendeu. Cresci sendo espezinhada por aquele escroto humano.

– Sei de muitas histórias de padrastos e madrastas que maltratam os enteados!

– Não é fácil – Marina tomou mais um gole da bebida e encheu novamente o copo, prosseguindo: – Não estou lhe contando isso para me fazer de coitadinha, pois sabe que detesto gente com esse perfil. Sei que não posso mudar o passado, mas posso mudar o presente e aí é que está o meu problema.

Marina fez breve pausa ao ver que Cléber a fitava com um olhar encorajador e continuou:

– Rodrigo tem uma mente doentia; ele me criou para ajudá-lo a se vingar de Alfredo. Foi para isso que voltamos a este país. Sei que vai me dizer que sou maior de idade, que não preciso me submeter às chantagens dele... mas não é tão fácil assim. Se eu não fizer exatamente o que ele quer, minha mãe sofrerá as consequências.

Cléber a fitou nos olhos e percebeu que ela estava sendo sincera; mas havia algo naquela história que não se encaixava. Procurando compreender melhor a situação, comentou:

– Essa sua história está muito mal contada. Por que alguém passaria vinte anos esperando uma criança crescer para depois prejudicar um desafeto? E sua mãe? Por que é tão submissa a ele a ponto de deixá-lo usá-la dessa forma?

– É exatamente para essas perguntas que tento achar as respostas. Rodrigo odeia Alfredo, mas nem minha mãe sabe o porquê. Por outro lado, sinto que ele a usa por algum motivo obscuro que ela não quer me contar; resultado: fico nas mãos dele, pois mesmo que eu queira me rebelar, contar tudo a Alfredo e seguir meu caminho, minha mãe sofrerá nas mãos dele, que já deixou bem claro que caso eu não faça o que ele quer, ela sofrerá ao seu lado. Entendeu agora a minha situação?

– Entendi, acho que a primeira coisa que deveria tentar descobrir é por que existe tanto ódio da parte de seu padrasto por Alfredo.

Marina abriu um sorriso. Cléber era astuto e logo pegara o fio da meada. Com ar de satisfação, ela respondeu:

– É exatamente por essa razão que estou tentando fazer amizade com dona Leonor. Se há algo de podre no passado deles, ela, por ser mulher e mais sensível, poderá se abrir comigo.

– Tem também a governanta, a dona Dolores. Sei que é amiga do casal há muitos anos; talvez saiba o que aconteceu, mas com essa você deve ficar esperta, pois desconfia até da sombra. Já falei com ela várias vezes, pois toda vez que o dr. Alfredo me pede para resolver algum problema doméstico é com ela que converso.

– E você tem alguma intimidade com essa senhora?

– Não. Mas sempre que vou à mansão ela me trata bem e tem sempre um pedaço de bolo e um café para me ofertar.

– Pena que não a conheci nesses dias que Alfredo esteve de cama, mas você vai me ajudar. Quando for à mansão e ela estiver por lá, tente puxar assunto sobre o passado. Eles lutaram contra a ditadura, invente que precisa fazer um trabalho a respeito do assunto para o colégio e lhe faça perguntas a respeito daquela época.

– Deixe comigo, saberei tirar as informações necessárias.

Marina levantou-se e deu um beijo na face do amigo, depois pediu mais uma cerveja para o garçom. Os dois começaram a fazer planos para descobrir a verdade. O tempo passou e Marina continuou bebendo. Quando decidiram ir embora a jovem estava completamente embriagada. Cléber, ao vê-la cambalear, balançou a cabeça negativamente e afirmou:

– Você exagerou na bebida. Agora teremos de esperar o efeito do álcool passar para que você possa dirigir.

– Não se preocupe, estou ótima. Vamos, eu o deixo no caminho.

Cléber tentou impedi-la de dirigir, em vão, e contrariado entrou no veículo. Marina dirigia lentamente, suas vistas estavam turvas. Dirigia o veículo a quarenta por hora quando tentou fazer uma curva para entrar em uma rua para fazer o retorno e não conseguiu. Acreditando conhecer outro caminho, rodou por muito tempo pela cidade e se perdeu. Logo uma forte chuva começou a cair sobre a cidade, obrigando a jovem a parar o veículo junto ao meio-fio. O rapaz sentiu certo alívio. Marina começou a rir achando a situação cômica. A chuva diminuiu, e ela tentou ligar o carro, que não funcionou. Soltando as mãos sobre o volante xingou:

– Droga de lata-velha. Tinha de parar de funcionar justo agora?

Marina rodou a chave novamente e nada de o carro funcionar. Irritada, saiu do veículo e foi seguida por Cléber. Abriu o capô, mas a noite estava escura e quase não se enxergava nada, a não ser por conta do da iluminação pública. A jovem olhou à sua volta e viu que estava próxima ao bairro do Morumbi. Por segundos desejou morar naquele local e em seu íntimo achou que mereceria morar naquele bairro nobre.

"Por que fui nascer filha de uma mulher submissa e de um pai que não prestou nem para ficar vivo e me criar?" Com esses pensamentos, olhou para o céu e cambaleou um pouco, e como quem quer obter uma resposta gritou:

– Por que, hein? Oh, você que está aí em cima... que mal que eu lhe fiz? Sei que não valho nada, mas precisava me ferrar desse jeito?

De repente, pôs-se a rir, fazendo Cléber gargalhar também. Os dois estavam tão absortos que não viram um belo automóvel parar próximo a eles e seu condutor descer do veículo se aproximando sorrateiramente.

– Olá...

Marina olhou para trás e, ao ver Rodolfo à sua frente, parou de rir e respondeu:

– Não me faltava mais nada! Por que você me persegue?

– Não a estou perseguindo... moro aqui perto, esqueceu?

– Ela eu não sei, mas eu fico muito feliz em reencontrá-lo, Rodolfo! – falou Cléber abrindo um sorriso e estendendo a mão para o rapaz, que o cumprimentou cordialmente.

Depois, o moço explicou o que havia acontecido com o veículo, e embora Rodolfo não entendesse quase nada sobre motor, aproximou-se, olhou o carburador, o óleo, e ambos estavam em ordem. Sem saber o que poderia ter acontecido disse:

– Acho melhor deixar o carro parado; isso pode ser motor de arranque. Não estou certo, mas já está tarde e parece que Marina não está em condição de dirigir. Foi Deus quem parou esse automóvel. Vocês poderiam machucar alguém no estado em que ela está; vamos para a minha casa. Lá vocês descansam e amanhã bem cedo peço para o meu motorista vir até aqui com o mecânico.

– Se fizer isso por nós ficarei eternamente agradecido – respondeu Cléber, pegando Marina pelo braço e ajudando-a a entrar no banco do passageiro. Em seguida, fechou a porta e sentou-se confortavelmente no banco de trás.

Rodolfo seguiu calado até sua casa. Ao entrar, conduziu-os ao quarto de hóspedes para que seus pais não escutassem barulho.

Cléber ajudou Marina a se deitar na cama e em seguida foi para o outro quarto. Agradeceu ao amigo e procurou dormir.

– Marina, acorde, vamos!

Marina abriu os olhos e ao ver Cléber à sua frente assustou-se. Logo uma forte dor de cabeça a acometeu. O rapaz, ao vê-la colocar a mão na testa, entregou-lhe um comprimido e um copo com água dizendo:

– Imaginei que fosse acordar assim. Tome este remédio, que vai se sentir melhor!

A moça pegou o comprimido, colocou na boca e engoliu, depois perguntou ainda sonolenta:

– Onde estamos, e o que faz em minha companhia?

– Devo lembrá-la de que ontem você exagerou na bebida. Seu carro quebrou e Rodolfo apareceu do nada e nos trouxe para sua casa.

Marina olhou à sua volta e logo a lembrança do que acontecera na noite anterior lhe veio à mente. Ao se dar conta de onde estava levantou-se de um salto e, passando a mão no vestido na tentativa inútil de desamarrotá-lo, falou:

– Não acredito no que está acontecendo. Tanta gente para eu encontrar e fui esbarrar logo no playboyzinho do Rodolfo! E o pior, ainda dormi em sua casa. Agora vamos embora antes que os donos da casa acordem.

– Lamento, mas já estão todos acordados. Seu automóvel já foi para a oficina e Rodolfo nos espera com seus pais para tomarmos o desjejum no jardim.

– O quê? Você está louco? Acha que vou aparecer assim para essa gente esnobe?

– Eles são pessoas maravilhosas. Agora vá ao banheiro e lave o rosto. Tem um maiô e uma saída de banho no toalete, que dona Clarice vai lhe emprestar, e não se preocupe que Rodolfo omitiu o fato de tê-la encontrada bêbada; só comentou a respeito do automóvel.

Cléber acordara cedo e passara horas conversando com Rodolfo, que lhe apresentou os pais. O jovem simpatizou de imediato com o casal. Marina não respondeu, foi ao toalete e jogou uma água no rosto, penteou os cabelos e, encontrando no local uma escova de dentes nova e um creme dental, tratou de fazer a higiene pessoal e em seguida vestiu o maiô, que lhe caiu muito bem. Colocando a saída de praia por cima, voltou ao quarto onde Cléber a esperava impaciente. Ao vê-la com o semblante um pouco melhor sorriu animado:

– Você está linda, nem parece que tomou um porre ontem. Agora, coloque um sorriso no rosto e vamos ao jardim.

Cléber pegou a amiga pela mão e a conduziu ao belo jardim onde Rodolfo e seus pais conversavam em volta de uma bela mesa cheia de frutas e guloseimas postas para o café da manhã. O dia estava lindo. Rodolfo, ao vê-los, levantou-se e apresentou a jovem a seus pais. Clarice lhe deu um leve beijo e procurando ser gentil brincou:

– Rodolfo nunca me falou que tinha uma amiga tão bonita!

– Obrigada, a senhora é muito gentil, abrigou dois desconhecidos em sua casa e agora ainda nos convida para um banquete à beira da piscina!

Clarice a mediu de cima a baixo; aqueles olhos, o jeito de falar, lembravam alguém de seu passado. "Mas quem?", perguntou a si mesma.

– Os amigos de meu filho são meus também. Sinta-se como se a casa fosse sua – respondeu Clarice procurando ser gentil. Depois de observá-la questionou:

– Sua fisionomia não me é estranha, seus pais são daqui mesmo?

– Sim, mas moramos muito tempo no exterior, tenho quase certeza de que não conhece meus pais.

Clarice respondeu com um leve sorriso. Rodolfo, mudando o rumo da conversa, comentou depois de tomar um gole de suco de laranja:

– Dimas levou seu carro para um mecânico de nossa confiança, que ficou de nos entregar o veículo funcionando no fim do dia, por essa razão pensei que pudéssemos aproveitar o sol e tomar um banho de piscina.

– Eu já aceitei, até liguei para uma vizinha de minha mãe e lhe expliquei o ocorrido. Dona Gertrudes prometeu avisá-la de que não chegarei cedo em casa, agora só falta avisar os seus pais – comentou Cléber com a amiga, que lançou um olhar reprovador que ele fingiu não perceber.

– Eu agradeço o convite, mas acho melhor me arrumar, pegar um táxi e ir para minha casa. Mais tarde meu padrasto pode ir até a oficina para pegar meu automóvel; não quero incomodá-los.

– Não é incomodo algum, minha jovem. Hoje é sábado, não trabalhamos e esta casa está precisando de gente bonita, como vocês, para dar vida ao local – respondeu Francisco.

Marina, diante da incisiva, aceitou o convite. Clarice a levou até a sala e lhe mostrou a mesa onde estava o telefone, saindo em seguida do local para deixar a jovem falar à vontade com a mãe. Valéria atendeu a ligação e escutou o relato da filha sobre o defeito do veículo e ficou tranquila. Já estava preocupada com seu sumiço.

Dez minutos depois, todos estavam de volta à mesa. Os cinco fizeram a refeição em animada palestra. Rodolfo convidou Cléber para dar um mergulho na piscina e lhe emprestou um calção de banho. Os jovens se divertiam enquanto Marina e Clarice conversavam sobre as belas lojas de vestuário feminino de Miami. Passava das duas da tarde quando o almoço foi servido. O clima alegre que se instalou no local fez Marina esquecer por completo da noite anterior. Francisco, ao terminar a refeição, pediu licença ao grupo e foi para o seu quarto tirar um cochilo. Clarice seguiu o marido, e Cléber, querendo deixar o casal conversando à vontade, foi para a sala de jogos jogar videogame. Rodolfo aproximou-se de Marina e com um tom de voz suave comentou:

– Você poderia vir todos os fins de semana nos visitar. Esta casa ficou mais alegre com a sua presença!

– Só com a minha? E Cléber?

– Cléber está se tornando um irmão de coração. Embora ainda seja um garoto, é ajuizado e maduro para sua idade, será sempre bem-vindo em minha casa, mas você...

Rodolfo parou de falar e se aproximou mais da jovem, dando-lhe um beijo, que Marina retribuiu com emoção. Em seguida, ele a abraçou e ambos ficaram juntos sem nada dizer. Cléber, ao aparecer na piscina e ver a cena, abriu um sorriso maroto e brincou:

– Ufa! Até que enfim vocês estão se entendendo! Pensei que o destino perderia diante da teimosia dos dois!

– Cléber! Não diga besteira. O que o destino tem a ver conosco?

– Ora, Marina, tudo. Você não vê que a vida está colocando Rodolfo em seu caminho sempre que você está em apuros? Foi assim no parque, ontem à noite... o que mais tem de acontecer para vocês dois começarem um namoro?

– Deixe de ser piegas, meu amigo.

– Cléber está certo; a vida está nos aproximando e ela tem suas razões. Só não sabemos quais, mas Deus sabe o que faz. Estou estudando sobre a espiritualidade e já aprendi que nada acontece por acaso, o universo sempre trabalha para o nosso melhor.

– Rodolfo, Antunes acabou de chegar. Está na sala de visitas à sua espera! – anunciou a empregada ao se aproximar.

O rapaz olhou para ela e pediu-lhe que o conduzisse até lá. Em poucos minutos, Antunes chegou. Ao se aproximar, deu um abraço no jovem, que lhe apresentou Marina e Cléber e depois disse:

– Estava falando a respeito da espiritualidade quando você chegou. Eu dizia à Marina que a vida sempre sabe o que faz.

– Você está certo, Deus é a força máxima do universo e quer que seus filhos caminhem para o melhor; portanto, tudo o que acontece em nossa vida tem essa finalidade, até mesmo acontecimentos negativos nos levam à evolução.

– Desculpem, mas não posso concordar com isso. Esses fundamentos religiosos que fazem o indivíduo aceitar de cabeça baixa tudo o que lhes acontece, sem questionamento, não é para mim – comentou Marina, fazendo Antunes lhe responder de pronto:

– Você é muito jovem, não consegue ainda analisar como a vida funciona. Estamos em um planeta de provas e expiações. E o que são essas provas? São as circunstâncias que a vida nos traz para ver se estamos preparados. Veja, você já deve ter passado por repetições de situações desagradáveis na vida, como por exemplo, não gostar de fofocas e sempre cruzar com alguém que tem esse costume enraizado em seu espírito. E por que isso acontece? Por que a vida sempre coloca à sua volta pessoas fofoqueiras e maledicentes?

Marina ficou pensativa diante do olhar inquisidor de Antunes, e Cléber respondeu:

– Uma vez li em algum lugar que a vida coloca pessoas à nossa volta que são nossos espelhos, seria isso?

– Digamos que neste caso sim. Semelhante atrai semelhante. Se você começa a se incomodar com a maledicência alheia é porque não deseja mais ter esses sentimentos em seu coração. É a vida lhe mostrando que pode mudar essas atitudes. Mas como fazer tal mudança? Afastando-nos dessas pessoas?

– Claro que não, se fizermos isso não estaremos aprendendo! – respondeu Cléber.

Antunes, ao ver que o jovem possuía uma inteligência aguçada, abriu um largo sorriso e prosseguiu:

– Exatamente, aprendendo a lidar com a maledicência conseguimos ver em nós mesmos esse defeito e mudá-lo. Portanto, aquela mesma colega de trabalho que passa o dia falando mal da vida alheia está lhe ensinando a não ser assim. E uma vez aprendida a lição o aluno passa na prova da vida.

Antunes calou-se. Marina ficou pensativa, e Cléber absorveu cada palavra que ele falou com emoção. Logo Francisco e Clarice se reuniram com o grupo, o que deixou a conversa ainda mais interessante. Cléber, querendo conhecer a filosofia de vida que Antunes seguia, enchia-o de perguntas, às quais ele respondia com satisfação. As horas passaram rapidamente. No fim do dia o mecânico levou o veículo e explicou a Marina o que causara o defeito no veículo. Rodolfo fez questão de pagar o conserto, deixando Marina encabulada.

Quando todos se despediram, as primeiras estrelas apontavam no céu. Rodolfo tentou beijar os lábios da jovem, porém ela lhe deu a face. Cléber, que viu a cena, ao entrar no veículo comentou:

– Não sei por que está tão resistente com Rodolfo, está na cara que foram feitos um para o outro.

– Não diga bobagens. Você sabe de todo o meu drama, enquanto não conseguir me livrar de Rodrigo não posso me envolver com ninguém.

– Estou pensando nas palavras de Antunes; por que será que está às voltas com seu padrasto? O que terá de aprender com essa situação?

– Não tenho a mínima ideia, meu amigo. Sabe que estou começando a achar que ele tem razão. Por que será que a vida está fazendo isso comigo? O que Deus quer que eu aprenda com essa história?

– Acho que só o tempo poderá lhe responder.

Marina passou a prestar mais atenção no caminho. Em poucos minutos, deixou o jovem na estação Paraíso do metrô e foi para a casa. Pensou em sua vida até adormecer, tarde da noite.

***

Leonor sentou-se no sofá da sala segurando uma xícara de chá. Depois de ingerir um gole do líquido quente, pensou em seu passado e nos muitos erros que havia cometido. Lembrou-se de sua gravidez e dos fatos que antecederam o nascimento de Luíza. Por segundos desejou ardentemente poder voltar no tempo e mudar o curso de sua vida.

"Por que não tivera forças para dizer não a Rodrigo?", questionava a si mesma, imaginando o que aconteceria caso não tivesse feito o que fez. Tudo teria sido diferente e sua vida poderia ter sido mais feliz ao lado do marido, sem a sombra da culpa e do remorso, mesclado ao medo de que um dia Rodrigo voltaria para chantageá-la.

– Alfredo tinha de ficar doente justo agora que resolvi lhe contar a verdade? O que o senhor quer de mim, meu Deus? Como vou contar a Alfredo toda a verdade se o seu estado de saúde ainda inspira cuidados?

– Dona Leonor, me chamou? – perguntou Rita ao se aproximar da sala.

– Não, meu anjo, estou falando sozinha!

A moça fez um gesto de quem não tinha entendido e Leonor respirou fundo. Dolores ainda estava às voltas com a irmã moribunda e Rita tentava se mostrar prestativa.

Procurando ser o mais clara possível, Leonor disse que não precisava de nada e sem querer mais ser importunada foi para o seu quarto. Alfredo havia voltado às suas atividades naquela manhã, após quinze dia de repouso absoluto, devido à pneumonia. Rapidamente e sem pensar em mais nada, ela se deitou, ficando alheia a tudo e a todos.

***

Rodrigo entrou em casa com passos duros. Valéria, ao vê-lo irritado, questionou:

– O que aconteceu para estar tão nervoso?

– Pergunte para a sua queridinha filha. Quem sabe ela lhe responda, ou melhor, nos responda, pois hoje não arredo o pé daqui enquanto aquela falsa, mentirosa, não me explicar os comentários que ando escutando por aí.

– Que comentários? Marina está se comportando muito bem. Aliás, até bem demais para o meu gosto.

Rodrigo aproximou-se de um pequeno armário de onde tirou uma garrafa de malte e enchendo um copo com o líquido tomou de um gole, fazendo o coração de Valéria disparar. Alguma coisa Marina havia aprontado e pelo estado em que seu marido estava não seria nada fácil protegê-la. As horas passaram arrastadas. Rodrigo, como disse, ficou sentado no sofá com a garrafa do lado. Quando Marina entrou em casa, ele se levantou de um salto. A jovem, ao ver o olhar de medo de sua mãe, logo desconfiou de algo, e sem se intimidar perguntou:

– O que aconteceu desta vez? Por acaso perdeu todo o dinheiro no pôquer e está precisando de uns trocados?

Valéria colocou as mãos na cabeça; teve vontade de dar uns tapas na jovem. Rodrigo sentiu o sangue ferver e pegou a moça pelo braço, jogando-a no sofá:

– Seria melhor para você que eu tivesse perdido tudo mesmo. O que quero saber é que história é essa que você está de namoro com Rodolfo Boaventura?

– Está com ciúme de sua filhinha, meu padrasto querido? – disse, levantando-se e se aproximando de Rodrigo. Olhando fixamente em seus olhos falou pausadamente: – Não estou namorando ninguém, passei o fim de semana na casa dos Boaventura por causa do meu carro. Aliás, se tivesse me dado um veículo de melhor qualidade eu não teria passado por tamanho aborrecimento. Agora, se me der licença vou para o meu quarto, trabalhei o dia inteiro e quero tomar um banho. Quanto a você, pare de beber, pois se continuar assim não estará vivo para ver Alfredo se dando mal, ok?

Marina rodou nos calcanhares e foi para o quarto, deixando Valéria boquiaberta com a forma como se colocou para Rodrigo, que foi para a rua, dizendo não ter hora para voltar, o que foi recebido com alívio pela esposa que, ao ver o carro deixar a garagem, correu para o quarto da filha para conversar.

CAPÍTULO 11

ANOS ATRÁS...

Os dias que se seguiram àquela sexta-feira sangrenta foram de apreensão em todo o país. O governo autorizara uma passeata na cidade do Rio de Janeiro para tirar a má impressão mundial que se formara com a última manifestação popular. E foi na Cinelândia que a concentração da passeata começou, com a presença de intelectuais, artistas, estudantes e padres. Logo uma multidão se juntou ao grupo, e mais de cem mil pessoas foram às ruas pedir o fim do regime militar e a volta do povo no poder. Isso era um indício claro de que a população estava insatisfeita com o rumo político e social da nação. Os meses que se seguiram foram de intensa participação dos estudantes em São Paulo, que, além de realizarem vários atos públicos, ainda entregavam panfletos no centro comercial da cidade informando a população do que acontecia em Brasília.

– Alfredo, fique de olho, se vir algum policial assovie, não podemos ser pegos!

Marcelo olhou para Alfredo, que consentiu com a cabeça. Em suas mãos, uma pilha de papel com um artigo relacionado ao governo. O dia estava ensolarado naquele começo de primavera. As pessoas andavam apressadas de um lado para o outro na movimentada rua Direita. Sem titubear, ele olhou mais uma vez para os lados e como não viu nenhum policial pôs-se a entregar os panfletos a todos que passavam. Alguns guardavam no bolso rapidamente, outros, mais medrosos, amassavam o papel e jogavam no chão, com as mãos trêmulas. Marcelo não desanimava. Assim, foi avançando rua adentro até chegar à Praça Patriarca e à rua São Bento. Alfredo o acompanhava apreensivo. Ao chegarem próximo ao Largo do Café, Alfredo avistou um grupo de policiais. Entre eles, reconheceu a figura altiva de Júlio, oficial do DOPS, que conversava animadamente com um deles. Pegou Marcelo pelo braço e o fez entrar em uma loja, dizendo:

– Os *milicos* estão logo mais à frente, aquele carrasco do Júlio está com eles.

– Júlio, mas o que faz por estas bandas? Eu ouvi dizer que ele deixou de trabalhar na área central.

– Pura ingenuidade, acaso acha que um abutre feito Júlio largaria o osso? Essa é a sua área. Aqui ele conhece todo mundo, sabe o nome de cada estudante do Largo São Francisco e é aqui que ele encontra carne fresca para levar para o porão e se satisfazer com seu sadismo.

Marcelo olhou para o comerciante que estava atrás do balcão, abriu um sorriso discreto e pediu para usar o banheiro. Ao entrar no local, procurou esconder seu material atrás da caixa da descarga que para sua sorte estava solta. Em seguida, deixou a loja, acompanhado de Alfredo. Júlio, ao vê-los passar, despediu-se dos policiais e passou a segui-los. Os dois amigos andavam despreocupadamente. Quando chegaram próximo ao viaduto Santa Efigênia, pararam em um barzinho onde cada um pediu um refresco. Enquanto o garçom providenciava o pedido, Júlio entrou no local e, apertando com força o ombro de Alfredo, afirmou:

– Não sabia que gostava de andar sem rumo por aí, meu rapaz!

– Ora, e por que não? Sabe que temos muitos imóveis nesta região. É natural que eu entre em um edifício ou outro com o intuito de cobrar aluguéis para o meu pai – respondeu Alfredo tentando ocultar o nervosismo.

Júlio, após medir Marcelo pediu um refrigerante ao atendente, que lhe entregou de pronto. Sem tirar os olhos de Marcelo, comentou:

– Vocês precisam nascer de novo para conseguir me enganar. Não sei o que estavam aprontando, mas minha intuição diz que não era coisa boa. Vou lhes dar um conselho, voltem para suas casas e passem a se preocupar só com as garotas. Esta cidade está se tornando perigosa para jovens de bem iguais a vocês!

– Não se preocupe, sabemos nos cuidar – respondeu Marcelo com o olhar fixo nos dele.

Júlio não respondeu e, após dar um tapinha nas costas de Marcelo, deixou o local.

Na rua, olhou para o céu, em seguida contornou o Largo São Bento em direção à ladeira Porto Geral, onde Osmar andava à paisana. Ao ver o colega de profissão disse:

– Acabo de encontrar o almofadinha do Alfredo com o Marcelo, tenho certeza de que estavam aprontando alguma, mas não consegui descobrir nada.

– E você os deixou ir?

– Claro, não temos provas concretas contra eles. Depois, precisamos ser cautelosos, Alfredo é filhinho de papai e vamos precisar pegá-lo em ato infracionário para prendê-lo, caso contrário poderemos nos dar mal; além do mais, tenho informação de que eles têm encontros secretos com comunistas revolucionários; vamos pegar todos juntos.

Osmar sorriu. Os dois passaram a conversar sobre outros assuntos, esquecendo-se momentaneamente dos rapazes que, ao se certificarem de que Júlio não os seguia, voltaram à loja. Marcelo pegou os panfletos que sobraram e sem demora ambos deixaram o centro da cidade. Em pouco tempo chegaram à casa de Marcelo. Ao entrarem na sala encontraram Leonor pintando as unhas dos pés. Ao vê-los, ela brincou:

– Parece que viram o lobo mau e não conseguiram salvar a vovozinha!

– Pior que isso – respondeu Alfredo, depois de rir prazerosamente do comentário feito pela moça – encontramos Júlio no centro e quase fomos pegos.

– Vocês precisam tomar cuidado, aquela raposa é esperta e está de olho em nós.

– Não se preocupem com ele, só vai nos pegar se alguém nos delatar, o que não acontecerá – respondeu Marcelo mais para acalmar a irmã do que a si mesmo.

Em seguida, chamou o amigo para ir à cozinha. Já passava do horário do almoço e como não viu comida no fogão, decidiu abrir a geladeira, pegar um queijo branco e uma jarra de suco. Colocou tudo em cima da mesa e serviu-se pedindo que Alfredo se sentasse ao seu lado e comesse também. Ao se despedirem, Alfredo fez questão de confirmar a presença do amigo e da irmã na festa que daria no dia seguinte, na mansão. Rosana havia viajado para o Guarujá com o intuito de descansar a mente, deixando a casa livre para o rapaz, que planejou levar todos os amigos para curtirem o fim de semana.

***

Caía a noite quando Alfredo entrou na cozinha e, ao ver Tereza arrumando caprichosamente uma bandeja de quitutes, deu um beijo forte na face dela, que se voltou dizendo:

– Não tente me agradar, menino. Só estou fazendo o meu trabalho; aqui sou empregada e sei o meu lugar. Na ausência de seus pais quem manda é você, mas sua mãe ficará sabendo dessa festinha.

– Você nunca foi fofoqueira, Tereza. Não se preocupe, faça seu trabalho e quando mamãe voltar do Guarujá conte a ela o que aconteceu e coloque toda a culpa em mim.

A velha senhora não respondeu. O rapaz pegou um pedaço de torta e saiu. Em pouco tempo os amigos começaram a chegar. Os jovens se reuniram na sala da casa. Na vitrola tocava uma música romântica. Leonor chegou acompanhada de Rodrigo. Alfredo foi cumprimentá-los e em seguida Marcelo entrou, dando um abraço no amigo. Lurdinha chegou sozinha e ao avistar Leonor foi ao seu encontro. Quando outros amigos chegaram ao local, os jovens já estavam dançando. Tereza entrava e saía da sala, tratando de não deixar as bandejas de salgados vazias. Marcelo dançava com uma jovem quando viu Lurdinha isolada; esperou a música acabar e foi ter com ela, que estava linda: usava um vestido tubinho amarelo que lhe caía muito bem; os cabelos negros estavam presos em um coque baixo e tinha um colar de pérolas no pescoço; pela primeira vez a via com outros olhos. Com um tom de voz doce, aproximou-se dizendo:

– Por que não está com suas amigas?

A moça deu de ombros, olhou nos olhos brilhantes do jovem e sentiu um frio na espinha. Havia muito desejava conversar sozinha com ele, que sempre estava às voltas com belas garotas. Naquele momento, olhou-o demoradamente contemplando os olhos castanhos do rapaz, sua boca carnuda, sua pele morena e lisa. Aquele homem que era ator principal em seus devaneios de mulher estava ali, livre. Sem controlar seus desejos mais íntimos, ela pegou em sua mão, aproximou seu rosto do dele e beijou-lhe os lábios. O jovem, pego de surpresa, retribuiu. Quando se separaram, Marcelo suspirou profundamente:

– Nossa! Nunca pensei que fosse tão liberal! É a primeira garota que me beija dessa forma.

– Sabe que luto pela liberdade da mulher, pelos direitos iguais, e como tal não posso deixar de agir conforme meus sentimentos.

– Você está certa. Sempre sonhei em encontrar uma mulher que não estivesse só interessada em casar e ter filhos. Sou um homem moderno, acho que a mulher tem todo o direito de trabalhar e assumir responsabilidades tanto quanto o homem.

Lurdinha não respondeu. Amava aquele homem com toda a força de sua alma e não o deixaria escapar, assim o beijou novamente.

Leonor ao olhar para o canto e ver seu irmão beijando sua melhor amiga, voltou-se para Rodrigo e disse:

– Lurdinha sempre arrastou um bonde pelo meu irmão, acho que eles ficarão juntos.

– Deixe seu irmão de lado e venha comigo!

Rodrigo pegou a garota pela mão e a levou para o jardim. A noite quente e enluarada fez seus desejos aflorarem. Ao olhar para os olhos claros de Leonor, sua boca carnuda, seu cheiro suave e estonteante o fez perder o controle. Ele a agarrou com força e a beijou ardentemente. Ela, sentindo-se sufocada com aquela intimidade voluptuosa de Rodrigo, empurrou-o com força:

– Você está muito saidinho, acho melhor controlar seus instintos.

– Ei, qual é, gata? Agora vai se fazer de difícil para mim? Sabe que sou louco por você!

Leonor o fitou nos olhos; cada dia que passava, ela se sentia mais atraída por Alfredo. Não querendo mais aquele relacionamento, disse olhando bem nos olhos dele:

– Eu não quero mais namorar você, Rodrigo!

– O quê? – questionou o jovem, não acreditando no que acabava de ouvir.

– É isso mesmo, não o quero mais. Preciso de um tempo!

Rodrigo mordeu os lábios e agarrou a moça pelos braços, chacoalhando-a.

– Você não vai me deixar! Está me ouvindo?

– Solte meu braço, você está me machucando, Rodrigo!

Leonor olhou para os lados e percebeu que não havia ninguém naquele pedaço escuro do jardim. Rodrigo, descontrolado, tentou beijá-la, mas Leonor cerrou os lábios, o que o deixou mais irritado.

– Você vai ser minha de qualquer jeito! – vociferou Rodrigo, jogando a jovem no chão e, subindo em cima dela, abaixou o zíper da calça. De repente, levou um pontapé de Alfredo, que o tirou de cima da moça à força.

Rodrigo levantou-se e procurou se recompor. Pensou em dar um murro em Alfredo, mas controlou-se, pois não era homem de agir por impulso. Reconheceu que naquele momento o melhor era tirar o seu time de campo. Sem dizer uma palavra, retirou-se da festa.

Alfredo ajudou Leonor a se levantar. A jovem lhe pediu para não contar nada a ninguém e lhe disse que havia terminado seu romance com Rodrigo, o que o fez o sorrir internamente.

Quando os dois voltaram para a festa ninguém desconfiou de nada. Todos estavam entretidos com a música, e a reunião seguiu com alegria. Faltavam poucos minutos para a meia-noite quando Alfredo desligou o som e pouco a pouco seus convidados foram se retirando, deixando a bagunça para o jovem e para Tereza, que só foram dormir depois de deixarem a casa arrumada a prumo, como Rosana gostava.

***

Rodrigo entrou em casa cuspindo fogo. Ao entrar em seu quarto jogou-se na cama. Alfredo pagaria caro por ter se intrometido em sua vida. Leonor o amava e voltaria correndo para seus braços. A esses pensamentos, tentou sorrir. Lembrou-se da festa e da bela casa de Alfredo, o almofadinha tinha tudo, mas não era páreo para ele; precisava arrumar um jeito de se livrar dele. Com muita dificuldade, conseguiu pegar no sono. Ao acordar assustou-se, passava das dez da manhã e tinha de ajudar o pai na barraca de frutas. Rapidamente foi ao lavatório, jogou uma água no rosto, penteou os cabelos, vestiu a primeira roupa que encontrou no armário e saiu. O domingo estava cinzento e o trânsito tranquilo. Não demorou para chegar ao mercado municipal, onde seu Manoel, ao vê-lo, fez cara feia e resmungou:

– Não sabe que de domingo sua mãe vai à igreja e depois fica em casa para preparar nosso almoço, e que eu fico sozinho nesta barraca? Você só vem aqui uma vez por semana e ainda chega a esta hora?

– Desculpe, pai, é que demorei para dormir esta madrugada e...

– Nem mais um pio; se for para tentar me ludibriar é melhor ficar quieto, mas não se esqueça de que é daqui que tiro o dinheiro para pagar seus estudos, que não são baratos – interpelou Manoel tirando o avental azul e o jogando a um canto da banca. Depois ordenou: – Agora, vê se trabalha um pouco, vou conversar com meu patrício para eu não estrangular você aqui mesmo e perder a freguesia.

Manoel deu meia-volta e deixou o local. Rodrigo, ao se ver a sós, começou a reviver as cenas da noite anterior. Por que Alfredo tinha tudo, e ele, que era muito mais bonito e inteligente, precisava ganhar a vida ajudando o pai em uma barraca de frutas? E agora até Leonor o rejeitava; na certa Alfredo a estava assediando. Claro, como não pensara nisso antes? Desde que o maldito almofadinha colocara os olhos em sua menina, sentira que ele a desejava. Leonor na certa também percebera e, ao conhecer a mansão em que o mancebo morava, resolveu abandoná-lo para namorá-lo. Sem falar em Marcelo, que com toda a certeza dera conselhos a irmã para trocá-lo por Alfredo. Os dois eram unha e carne, e o desgraçado uniria o útil ao agradável: entregaria sua irmã para o amigo rico e aproveitaria de sua situação financeira em beneficio próprio.

"Isso não vai ficar assim, eles vão me pagar; se pensam que vão rir à minha custa, estão muito enganados" – disse a si mesmo ao pegar um mamão maduro e esmagá-lo com a mão. Uma senhora que estava na barraca, ao ver o olhar furioso do jovem, tratou de pegar suas frutas, pagar e sair, deixando-o sozinho.

Leonor acordou sobressaltada; sonhou que Rodrigo a apertava com força e com os olhos vermelhos de tanto ódio jurava vingança. Marcelo, que ouviu o grito da irmã de seu quarto, correu para socorrê-la. Entrando no aposento, encontrou-a suando frio e perguntou atônito:

– O que aconteceu ?

– Tive um pesadelo; desculpe se o acordei.

– Esse pesadelo foi decorrente do que aconteceu na noite passada na casa de Alfredo?

– Rodrigo bebeu demais e tentou avançar um sinal que não autorizei; nós brigamos e eu terminei com ele. Se não fosse Alfredo, não sei o que teria acontecido. Agora sonhei que Rodrigo estava furioso e jurava vingança.

Marcelo balançou a cabeça em sinal de negativo e com um leve sorriso, que deixava sua face ainda mais bonita, comentou:

– Vocês mulheres são incríveis, impressionam-se com pouco. Rodrigo é meio casca grossa, mas não é vingativo, lógico que ficará chateado e magoado com o término do namoro, qualquer um ficaria. Agora, deite-se e durma!

Marcelo deu um beijo na testa da irmã e esperou que ela adormecesse...

***

Marcelo olhava a cena na tela de Baltazar com o olhar distante. Aquela fora uma das últimas noites que conseguiu dormir tranquilo enquanto encarnado. Baltazar fez uma pausa e comentou:

– Como podemos observar, a vida é uma sucessão de fatos positivos e negativos, de acordo com a atitude de cada indivíduo. Às vezes nos esquecemos que para cada ação há uma reação, não só no sentido espiritual. Muitos veem essa regra quando analisam as causas e efeitos de determinada encarnação e se esquecem de que no dia a dia todos, mesmo que inconscientemente, usam essa regra. É por esse motivo que precisamos rever nossas atitudes a ponto de não agirmos por impulso, principalmente quando nossa ação for atingir de forma direta a vida de outra pessoa.

– Concordo, mas é difícil prever a reação de alguém, às vezes acabamos magoando o nosso próximo sem querer.

– Você está certa, Conceição. Mas vou insistir no que conversamos dias atrás para lembrarmos do mandamento de Cristo, que nos pediu para amarmos a Deus sobre todas as coisas e ao próximo como a nós mesmos. Portanto, antes de falarmos ou tomarmos qualquer atitude com relação ao nosso semelhante, precisamos nos colocar na posição daquele indivíduo e perguntar ao nosso coração se aquilo que vamos fazer a outrem será recebido de forma construtiva! Às vezes, uma palavra mal proferida cria feridas profundas no coração de quem as recebe. É certo que cada indivíduo deve aprender a não se magoar ou se ofender com palavras e atitudes dos outros, mas sim compreender que cada ser é único e está em um grau diferente na escala evolutiva; mas evitar palavras mal proferidas ainda é a melhor opção.

– Eu sei muito bem o que é isso. Acabei vítima daquele canalha do Rodrigo sem ter-lhe feito nada! – comentou João.

Baltazar, voltando sua atenção para o amigo respondeu:

– A vida é sábia, meu caro, se você desencarnou de forma tão brutal é porque precisava passar por tal experiência. Rodrigo errou, mas não o fez sozinho. Estamos na escola da vida para aprender com as Leis Divinas a eliminar de nosso espírito todo sentimento contrário à caridade, que nada mais é que a expressão perfeita do amor. Precisamos começar a compreender e a nos colocar exatamente na posição do outro. Quando conseguirmos fazer isso, perceberemos que dentro da unicidade daquele irmão, há pensamentos errôneos que só o tempo será capaz de mudar. Teremos a plena convicção de que também temos dificuldades e limites e que se abençoarmos tais atitudes negativas de outrem, estaremos automaticamente nos perdoando. Devemos pedir: "Perdoai as nossas dívidas, assim como nós perdoamos aos nossos devedores".

Baltazar calou-se e com essas palavras da oração que Cristo nos ensinou, despediu-se do grupo, que foi assistir a uma peça teatral em um dos anfiteatros daquela linda colônia.

CAPÍTULO 12

A VIDA É FEITA DE ESCOLHAS

As semanas passavam rapidamente sem que Rodrigo pudesse concretizar seu plano de vingança. Marina achou melhor adiar, devido ao estado de saúde de Alfredo. Era começo de dezembro e Rodrigo queria dar seu golpe derradeiro no Natal. A cidade começava a se preparar para os festejos de fim de ano; nas principais avenidas os enfeites natalinos ganhavam destaque; os vários centros comerciais criavam enfeites exuberantes com o intuito de atrair a clientela para as compras da época. No escritório de Alfredo o clima era de festa; Marina ajudava alguns colegas a montarem a árvore de Natal na recepção quando Cléber entrou no escritório. Ao vê-la às voltas com os enfeites, forçou uma tosse seca para chamar sua atenção.

– Dona Marina, tive um problema na entrega de um dos malotes, será que poderia lhe falar em particular?

Marina largou em uma cadeira o pisca-pisca que segurava e em silêncio foi até a sua sala. Alfredo havia saído mais cedo e lá poderiam conversar sem serem incomodados. Depois de encostar a porta, aproximou-se do amigo dizendo em tom baixo:

– Não me diga que descobriu algo interessante?

– Acabo de encontrar Antunes, o dirigente espírita que conhecemos na casa de Rodolfo meses atrás.

Marina ficou pensativa, gostara das ideias de Antunes, mas estava com problemas demais para pensar em estudar a vida dos mortos, como ela mesma disse ao amigo na época, e fechando a mão em punho comentou:

– Como fui tola, deveria ter aceitado o convite desse homem para frequentar seu terreiro de macumba, na certa ele teria algo importante a me dizer sobre o passado deles; afinal, lutou ao lado de Alfredo e conhece todos daquela época.

– Pois é, deveria mesmo, teria nos poupado tempo. Até agora sua mãe não conseguiu abrir o cofre. Dona Dolores ainda não voltou da casa da irmã, pois parece que a velhinha não quer morrer de jeito nenhum. Rodolfo, que poderia nos ajudar se você não fosse tão teimosa, nunca mais vimos. E vale lembrar que Antunes tem um Centro Espírita e não um terreiro!

– Cléber, deixe de ser chato. Parece até um padre rezando aqueles sermões intermináveis, que faz todo mundo dormir. Vamos ao que interessa, o que esse homem disse de interessante?

– Antunes me parou na rua aqui perto, acho que estava esperando uma oportunidade de me ver, pois me abordou e me convidou para tomar um refresco; perguntou por você e eu percebi que ele queria saber se éramos realmente amigos. Confirmei para ele e após se sentir seguro ele disse que tem algo importante para lhe falar e que se aceitar ir à sessão em sua casa na próxima terça feira, poderá ajudá-la.

Marina tirou a presilha do cabelo e o jogou para trás, num gesto que lhe era peculiar quando ficava nervosa. Precisava pensar no assunto e só depois decidir o que fazer. Pegou no ombro de Cléber e respondeu:

– Você não disse nada a ele sobre o nosso segredo, né? Eu confio em você!

– Por acaso acha que sou um traidor? Nunca faria isso com você, sabe que a considero como minha irmã!

– Tá, tá, tá, não precisa ficar rasgando seda. Quanto ao convite vou pensar um pouco; se eu decidir vou levá-lo comigo, é claro.

– Então, qualquer coisa me avise.

Cléber abriu a porta e saiu. Os dois voltaram à recepção e terminaram de ajudar a montar a árvore, que deu um clima caseiro às paredes frias daquele escritório.

***

Leonor entrou afoita na casa de Clarice. A amiga, ao vê-la com o semblante preocupado, deu-lhe um abraço e a fez se sentar no sofá, o que foi aceito sem resistência. Leonor, colocou sua mão na da outra e afirmou:

– Espero que não tenha nenhuma notícia ruim para me dar. Quando me ligou me pedindo para vir urgente, meu coração disparou; o pior é que não tenho nem Dolores para me apoiar em uma hora dessas.

– Acalme-se. Antunes me ligou dizendo que havia feito progressos. Pedi para ele vir lanchar conosco, por essa razão a convidei também. Acho que logo ele chegará, até lá, tente não ficar nervosa. Afinal, devemos pensar sempre no melhor da vida e não no pior.

– Você está certa, eu é que sou pessimista. Ultimamente não tenho tido muita sorte, ou melhor, a vida está cobrando as minhas atitudes do passado e não estou tendo coragem suficiente para enfrentar a cobrança.

– Ah, querida, se a vida está lhe cobrando a correção de um erro é porque você está preparada para repará-lo, caso contrário não seria cobrada. Às vezes vemos tantas maldades neste mundo que chegamos a duvidar de que há uma lei no universo. Deus é amor e bondade, não seria sarcástico a ponto de fazer seus filhos sofrerem. A vida não pune ninguém, só reeduca.

– Tem razão, estou estudando bastante a Doutrina Espírita e a cada dia me sinto mais fortalecida, ainda resisto em alguns pontos, pois sei que quando Alfredo descobrir toda a verdade vai me odiar.

– Você está olhando o lado negativo de seu problema. Por que não pensa que Alfredo conseguirá perdoá-la e que viverão felizes ainda nesta encarnação, sem segredos, mágoas ou qualquer outro sentimento negativo? Você errou e está aprendendo com seu erro, e isso será levado em conta por seu marido, tenho certeza.

– Eu não tenho essa certeza e é por esse motivo que estou protelando tanto para contar-lhe a verdade. Sem falar que ele esteve muito doente, agora que melhorou. As festas de fim de ano estão chegando e Alfredo sempre amou o Natal, mas este será o primeiro que passaremos sem a nossa Luíza. Já fiz uma promessa a mim mesma, assim que começar o ano falarei com ele, vou abrir meu coração e seguirei o meu caminho. Talvez até mude de estado e passe o resto de meus dias sofrendo e tendo a solidão como companheira inseparável.

Leonor deixou uma discreta lágrima cair. Clarice resolveu se calar, achou melhor deixar a amiga se recompor. Pouco mais de meia hora depois, Francisco e Rodolfo entraram em casa. Mal cumprimentaram Leonor, e a empregada chegou na companhia de Antunes, que cumprimentou a todos com seu abraço reconfortante. Os homem da casa pediram licença e foram cada um para o seu quarto, deixando Antunes conversando com as senhoras. Quando voltaram, encontraram os três falando do rumo que o país estava tomando depois da vitória de Fernando Collor de Melo para presidente e do receio de todos pelo que o novo governo encontraria pela frente e pelas medidas que seriam tomadas para controlar a inflação. Francisco entrou na conversa com prazer, aquele era o seu assunto favorito e quando a empregada chegou anunciando que o lanche seria servido na sala de jantar, todos se dirigiram ao local e fizeram a refeição em palestra animada. Ao voltarem à sala, Antunes finalmente resolveu entrar no assunto que o levara àquela casa.

– Hoje consegui falar com Cléber, amigo de Marina, e pedi a ele que a leve ao Centro Espírita na próxima semana, assim como aquele abnegado amigo espiritual me pediu.

– E você acha que ela vai aceitar o convite? – perguntou Francisco.

– Marina não é má pessoa, só está confusa. Tenho certeza de que atendera ao chamado de Antunes – respondeu Rodolfo.

– Você a defende porque está interessado na jovem, fala com o coração.

– Não, Leonor, você está enganada! Rodolfo está aprendendo os segredos da vida e como tal sabe que se um espírito esclarecido está empenhado em ajudar e marcou tal encontro é porque poderá aconselhá-la – interpelou Antunes, fazendo Leonor se sentir constrangida.

– Desculpe! É difícil acreditar que tem algum espírito bom querendo ajudar.

– E por que não? Você é filha de Deus, tem todo o direito de errar e de ser protegida pelos espíritos esclarecidos. Até os mais endurecidos dos espíritos são assistidos pelos que habitam e trabalham na luz. Não se esqueça da parábola da adúltera, em que Cristo ao ser questionado sobre o adultério da mulher não a defendeu simplesmente, disse aos que queriam apedrejá-la que quem não tivesse pecado que lhe atirasse a primeira pedra, pois ele sabia que ali todos eram pecadores e que com essas palavras não ousariam apedrejar a pobre mulher. E quem são os espíritos que trabalham na luz hoje, senão seres que já erraram e aprenderam com os seus erros? Sabe por que ainda não teve coragem de abrir seu coração para Alfredo? Porque não se perdoou e só conseguirá esclarecer o passado quando de fato conseguir olhar para aquela garota loura, que usava o cabelo estilo Brigitte Bardot e dizer para ela que você a perdoa, porque ela fez o melhor que podia de acordo com suas experiências. Hoje você a perdoa porque mudou, descobriu que mentir, enganar e ludibriar não são os caminhos corretos para se obter o amor de um homem, pois a verdade é sempre mais leve do que a mentira.

Leonor engoliu em seco. Antunes estava certo. Olhou para os amigos, apenas Antunes conhecia a verdade, os outros se disponibilizaram a ajudá-la sem saber o segredo que tanto lhe machucava a alma. Depois de respirar profundamente, respondeu:

– Você está certo, preciso perdoar a Leonor do passado para que eu possa viver em paz – e, pegando na mão de Clarice, olhou profundamente em seus olhos e objetou:

– Vocês são meus amigos e gostaria de abrir meu coração.

– Não precisa nos dizer nada, somos seus amigos, independente dos erros que cometeu no passado; afinal, como Antunes disse, não somos ninguém para julgá-la, todos temos erros e acertos ao logo da vida e se tivermos a presunção de acreditar que nesta encarnação somos perfeitos, o crivo que nos cobre os olhos de encarnações passadas nos lembrará de que erramos outrora.

– Sei disso, mesmo assim quero falar!

Todos olharam para Antunes, que os fitou nos olhos pedindo que a escutassem.

Com o coração apertado, ela contou sua história de vida, sem ocultar nenhum detalhe. Quando acabou, sentiu como se um peso saísse de seu coração. Clarice a abraçou carinhosamente e Rodolfo juntou-se ao abraço. Francisco, com pena da amiga, também a abraçou e Antunes fechou aquele círculo de amizade e carinho os abraçando e pedindo a Deus e aos bons espíritos que iluminassem o caminho de todos os que estavam naquela casa.

Os dias passaram rapidamente. Na terça-feira, dia da reunião, o escritório estava em polvorosa. Alfredo havia marcado a última reunião do ano com os gerentes e Cléber não conseguiu falar com Marina durante todo o dia, pois a jovem não conseguiu nem sair para o almoço. No fim da tarde ela já arrumava sua bolsa para ir embora quando o jovem entrou no escritório, após terminar de fazer o seu trabalho de rua. Ela, ao vê-lo, falou:

– Pensei que tivesse evaporado só para não ir comigo à tal reunião.

– E você acha que perderia uma ocasião dessa? Passei a semana inteira imaginado as intenções de Antunes para nos fazer um convite tão... digamos, especial!

– Esqueci que a sua curiosidade é maior que você!

Marina terminou de pegar suas coisas e enfiou tudo dentro da bolsa. O dia fora extremante cansativo; o calor infernal daquele fim de primavera fez com que seu corpo pedisse uma boa ducha. Depois de pegar o jovem pelo braço, empurrando-o para a saída, comentou:

– Vamos para minha casa. Preciso de um bom banho, temos bastante tempo ainda.

– Para sua casa? Mas e o seu pai, será que não vai querer me operar a sangue frio?

Marina não resistiu. Cléber tinha um senso de humor bastante apurado e esse era um dos motivos pelo qual se identificara com ele. Já à espera do elevador respondeu:

– Aquele ordinário não é meu pai. Depois, quase nunca o vejo em casa e mesmo se estiver por lá, não há mal nenhum em receber um amigo. Por tudo isso, não se preocupe, Rodrigo não vai querer operá-lo, não sem anestesia, pois seus gritos chamariam a atenção dos vizinhos, e não faz parte de sua personalidade se expor a tal ponto!

Marina calou-se. O elevador chegou e por sorte não estava cheio. Em poucos minutos, estavam a caminho de sua casa. Cléber, embora sentisse um frio na barriga, não disse nada. Quando chegaram, Marina subiu para o quarto e deixou Valéria fazendo sala para o rapaz, que conversava animadamente com ela. Quando Rodrigo entrou no local, mediu-o de cima a baixo. O rapaz meio desconcertado levantou-se e Valéria tratou de apresentá-lo. Rodrigo abriu um sorriso falso e estendeu-lhe a mão:

– É um prazer conhecê-lo, meu jovem. Os amigos de minha filha são meus também, fique à vontade!

Rodrigo sentou-se e Cléber fez o mesmo. Valéria, ao ver Rodrigo tão à vontade com o jovem, pediu licença e foi à cozinha, deixando-os a sós. Ele, ao ver a esposa se afastar, olhou para a ponta da escada e se certificando de que Marina não os estava ouvindo, disse em tom que demonstrou desinteresse:

– Minha filha é um tanto arisca, você deve ser um bom rapaz para conseguir ter amizade com ela.

– Marina é uma amiga maravilhosa, dr. Rodrigo. Tenho por ela uma estima de irmão.

– Ora, meu rapaz, por favor, me chame só de Rodrigo. Se usar o doutor ou o senhor na frente ficarei ofendido.

Rodrigo levantou-se, foi até a estante, pegou uma garrafa de conhaque, colocou em dois copos e voltou para junto do rapaz, entregando-lhe um copo.

– Sou do tempo em que bebida forte só deve ser ingerida após as cinco horas da tarde. Contudo, sei que vocês, jovens, não ligam para essas formalidades!

– Obrigado! – respondeu Cléber que ao ver o senhor tomar o líquido de um gole só, encostou os lábios no copo fingindo beber. Rodrigo logo percebeu que o rapaz não era chegado a bebida e, querendo conhecer um pouco mais sobre a vida dele, perguntou:

– Você mora por estas redondezas?

– Não, senhor. Moro em um bairro da zona leste, o senhor conhece aquelas bandas?

– Eu passei muito tempo fora e no meu tempo a zona leste não era muito bem conceituada na sociedade. Depois, em minha juventude, precisávamos escolher à risca para onde íamos, pois se os policiais nos pegassem em lugares ermos, estaríamos encrencados.

Marina desceu os lances da escada e, ao ver o amigo em companhia do padrasto, cumprimentou Rodrigo secamente. Voltando-se para o jovem comentou:

– Vejo que já conheceu meu querido pai, aposto que ele o conquistou com sua simpatia!

Rodrigo trocou olhares com a jovem e Cléber, percebendo a ironia da amiga, respondeu:

– Seu pai é gente boa, fiquei feliz por conhecê-lo!

– Você terá outras oportunidades para conhecê-lo melhor. Agora, vamos à cozinha, preciso comer algo, pois meu estômago está doendo!

Cléber levantou-se e Marina o deixou ir na frente. Ao virar o pescoço para traz, colocou o dedo na boca, provocando Rodrigo, que riu prazerosamente do gesto da moça.

Na cozinha, Valéria serviu um lanche leve para os dois a pedido de Marina que, embora não contara a mãe sobre seu compromisso, pediu para ela fazer algo leve.

Ao saírem, Cléber agradeceu à senhora e fez questão de se despedir de Rodrigo, que o convidou para voltar outras vezes. No carro, o jovem objetou:

– Se eu não soubesse o que se passa em sua casa diria que Rodrigo é um homem formidável, culto e distinto.

– É aparência! Rodrigo é um verme em pele de ovelha.

– Verme não, Marina. O correto é lobo em pele de ovelha – corrigiu Cléber.

– No caso dele é verme mesmo. Você não tomou o *drink* que ele lhe ofereceu ou tomou?

– Claro que não. Sabe que não sou dado a bebidas; fingi dar um gole, mas só encostei os lábios.

Marina fixou sua atenção no trânsito. Quando chegou diante do endereço que Cléber lhe deu, observou o movimento de carros que paravam no local. A maioria estacionava próximo à casa de Antunes.

Depois de conseguir uma vaga, os dois desceram do veículo. Ao chegarem, foram recepcionados com o belo sorriso de Antunes, que lhes apontou as cadeiras onde deveriam se sentar. Às oito horas em ponto as luzes se apagaram, ficando apenas uma luz azul no canto. Todos relaxados, logo uma voz feminina fez sentida prece pedindo aos espíritos de luz que os ajudassem com os trabalhos daquela noite. Em seguida, Carla abriu um exemplar de *O Evangelho Segundo o Espiritismo*[1] e começou a ler um trecho.

Antunes esperou a moça terminar a leitura e fez uma bela explanação. Marina e Cléber olhavam tudo atentamente. Quando o senhor se calou, alguns espíritos sofredores começaram a se manifestar nos médiuns. Antunes os tratava com carinho e, quando precisava, chegava a ser enérgico com os mais endurecidos. Marina olhou à sua volta e viu Leonor, Rodolfo e a família. Limitou-se a dar um leve e discreto sorriso. Voltou sua atenção ao centro do local, onde Antunes conversava com um espírito que deixara a Terra com ódio de seu sócio, pois descobrira, após o seu desencarne, que ele roubara os lucros da empresa. Por esse motivo tivera de abrir falência, acabando por desencarnar de um ataque cardíaco fulminante.

Antunes lhe falou que o perdão aliviaria seu coração e assim poderia viver em uma colônia e aprender com os espíritos superiores. O homem não aceitou os conselhos, e o médium calou-se. Foi quando outro médium esboçou um profundo suspiro e deu início a seu pronunciamento:

– Boa noite a todos os irmãos aqui presentes, que a paz de nosso senhor Jesus Cristo, esteja no coração de todos.

---

1 KARDEC, Allan. *O Evangelho Segundo o Espiritismo*.

Alguns responderam à saudação. Marina, curiosa para saber o que aquele homem tinha para dizer, inclinou-se para a frente e esforçou-se para ouvir o médium que, após um minuto de pausa, prosseguiu:

– Nesta noite, assistimos neste humilde lar de devotamento cristão relatos de espíritos endurecidos que teimam em permanecer na ignorância que lhes atrapalha a evolução e o adiantamento moral. Gostaria que todos parassem para analisar suas atitudes e percebessem em que se assemelham a tais espíritos, que usam da mentira, vaidade e da justificativa de um rancor adquirido ao longo do tempo para obsidiar e prejudicar seus irmãos em Cristo. Gostaria de falar em particular com alguns corações que se encontram em nossa assistência e pedir-lhes que avaliem suas atitudes e escolham o caminho do bem. Ainda há tempo de mudar as sementes de suas plantações, lembrando que a plantação é livre, mas a colheita é obrigatória.

Marina engoliu em seco. Tinha certeza de que aquele homem endereçava a ela aquelas palavras. Naquela sala, além de Cléber, ninguém sabia de suas intenções, e foi com impaciência que esperou o espírito se despedir.

Em seguida, Antunes fez uma prece agradecendo a presença dos bons espíritos. As luzes foram acesas e as pessoas foram aos poucos se retirando. Marina olhou para o banco onde estava Rodolfo. Seus familiares já haviam se levantado e estavam à espera de Antunes, que conversava com um casal. Clarice, ao vê-la, abriu um sorriso. Cléber, ao ver Rodolfo, cutucou-a:

– Seu príncipe encantado está indo embora, não vai falar com ele?

– Hoje não! Estou confusa demais.

Marina ainda pôde vê-lo sair do salão ao lado dos seus. Em seguida, foi a vez de Leonor se despedir do velho amigo. Em pouco mais de meia hora só ela e Cléber continuavam no salão. Antunes aproximou-se e disse:

– Espero que tenham compreendido o significado de nosso trabalho e que tenham se identificado com nossa doutrina abençoada.

– Estou maravilhado, Antunes. Quero frequentar todas as reuniões daqui para a frente – respondeu Cléber.

Marina, ao perceber que o jovem iria esticar o assunto, interrompeu-o:

– Tenho certeza de que Antunes ficará feliz em vê-lo em sua casa, mas preciso trocar uma palavrinha com ele em particular.

Cléber pediu licença e saiu. Marina, ao se ver sozinha com o senhor, foi direto ao ponto:

– Sei que aquele espírito falava para mim. Quero que leve um recado a ele, diga-lhe que se está tão preocupado com o que vou plantar, que me arrume boas sementes, pois estou cansada da vida que levo. Falar é fácil, ninguém está no meu lugar para saber o que sinto. Não tenho condições de escapar do meu destino.

– Será? A vida é feita de escolhas, escolhemos durante todo o tempo. Se você não consegue se livrar de algumas situações conflitantes é por pura preguiça. Desculpe, mas não posso aceitar sua justificativa, saiba que escuto isso todos os dias. A maioria das pessoas tem sempre uma desculpa para continuar no erro e sempre se coloca na condição de vítima, o que também não é verdade, ninguém é vítima de nada, somos todos responsáveis exclusivamente pelas boas e más colheitas.

Marina abriu a boca e Antunes, colocando o dedo indicador nos lábios, prosseguiu:

– Não diga nada, apenas pense em tudo o que viu e ouviu. Sei que vai me dizer que não teve culpa de ter arrumado um padrasto feito Rodrigo e mais um monte de justificativas, mas não quero que perca mais tempo com isso. Saiba que todos estamos empenhados em ajudá-la, caso escolha o caminho do amor e da caridade.

Marina estendeu a mão para Antunes e saiu sem dizer nada. Aquele homem lhe falou como se soubesse de seus dramas mais íntimos.

Cléber, percebendo o estado de espírito da amiga, ficou calado até se despedir da jovem, que o deixou na estação de metrô e seguiu seu caminho.

Ao entrar em casa, ela foi direto para o quarto. Deitou-se na cama e pôs-se a pensar na vida, até que horas mais tarde finalmente adormeceu.

***

A semana passou rapidamente. Marina terminava de redigir um memorando para os gerentes da fábrica quando Leonor entrou no escritório. A jovem estava tão distraída que não viu a senhora que se postou à sua frente.

Não querendo atrapalhá-la, Leonor esperou pacientemente. Quando Marina levantou o olhar e a viu, assustou-se, pondo a mão no coração. Tratou logo de se justificar:

– Desculpe, dona Leonor, não a vi!

– Eu é que tenho de lhe pedir desculpas. Pedi para a recepcionista não me anunciar e não imaginei que a encontraria tão entretida no trabalho.

– A senhora sabe como é, o ano está acabando, a semana que vem vamos entrar de férias coletivas... preciso correr com o trabalho.

Marina fez uma pausa para respirar e em seguida completou:

– O dr. Alfredo já saiu, se tivesse chegado vinte minutos antes o encontraria.

– Não vim à procura de meu marido, mas sim de você!

Marina sentiu o sangue gelar. Tentando ocultar a tormenta em seu espírito, questionou:

– Em que posso ajudá-la?

Leonor sentou-se na cadeira em frente à jovem, que empalideceu. Não querendo assustá-la mais, disse em tom amigável:

– Bem, se puder dispor de alguns minutos, gostaria de tomar um chá com você. Tem uma cafeteria no Arouche, que é recém-inaugurada, é uma gracinha. Que tal irmos até lá? Se não for incomodá-la, é claro.

– Incômodo algum; espere só eu terminar esta carta e já saímos.

Marina voltou sua atenção para o teclado e em poucos minutos terminou seu serviço. Já desligava o computador quando Cléber entrou na sala feito um furacão e falou:

– Você não sabe da última, fiquei sabendo que...

– Cléber, hoje não! – apressou-se Marina a interrompê-lo.

O jovem, ao ver a senhora sentada, assustou-se. Leonor comentou:

– Vejo que a amizade dos dois continua se fortalecendo. Como tem passado, meu rapaz?

– Bem, e a senhora?

– Indo, conforme Deus manda!

Cléber abriu um sorriso sem graça, deu uma desculpa, e depois se despediu.

As duas saíram da sala e em poucos minutos estavam na rua, que estava mais movimentada do que o habitual. Andaram algumas quadras até chegarem à Praça da República, onde cortaram caminho, chegando à rua do Arouche. Ao entrarem na cafeteria, fizeram seus pedidos. Leonor, depois de ver a jovem sentar-se confortavelmente, falou:

– Não deve estar achando estranho o meu convite, pois sabe exatamente qual é o assunto que tenho com você.

– Desculpe, dona Leonor, mas se for mais clara eu agradeço. Não sei em que posso ajudá-la.

Leonor esperou o garçom servi-las e ao vê-lo se afastar respondeu:

– Você é uma moça inteligente. Sabe que perdi minha filha há menos de um ano e quando a vi senti em meu coração uma sensação agradável. É como se Deus a colocasse em meu caminho para suprir um pouco a falta que Luíza me faz, mas você se mostrou um tanto quanto avessa à amizade. Às vezes fico pensando em como é bom ser jovem; talvez, se eu pudesse voltar a ter a sua idade com a experiência que tenho hoje, faria muitas coisas diferentes; não cometeria alguns erros cometidos por medo e inexperiência; mas a vida é implacável e não adianta chorar pelo leite derramado. O problema é quando o leite não evapora e você se vê na obrigação de limpar toda a sujeira, e é por isso que estou conversando com você. Sei que Rodrigo a está usando para ajudá-lo a manter esse leite no chão.

Marina a fitou e por segundos sentiu pena daquela senhora. Nos últimos dias repensara suas atitudes e descobrira que não queria mais compactuar com as armações de Rodrigo. Não querendo se expor, comentou:

– Tenho uma leve ideia do que a senhora está tentando me dizer, mas não sei como ajudá-la.

– Contando-me os planos de Rodrigo.

– Se eu soubesse, com certeza já teria me livrado dele!

Marina esboçou um fundo suspiro. Estava cansada de tantos segredos. Leonor teria de ser clara com ela caso quisesse qualquer informação. Com esses pensamentos, foi direto ao ponto:

– Olhe, dona Leonor, não sei nada do passado de vocês. O que sei é que Rodrigo os odeia e deseja vingar-se. Agora, por favor, seja clara, do contrário terminamos aqui nossa conversa!

Leonor olhou para os lados. Viu sinceridade nos olhos da jovem e sem pestanejar contou-lhe tudo o que acontecera no passado. Marina a ouviu atentamente, sem perder nenhuma palavra. A senhora, vez ou outra, fazia uma pausa para enxugar algumas lágrimas que insistiam em cair por sua face. Quando finalmente terminou, a jovem comentou:

– Nossa, que história triste! Desculpe, mas é difícil acreditar que alguém pudesse ter uma ideia tão mirabolante! Coitado do dr. Alfredo!

– Agora você entende por que estou neste estado, desesperada, por ajuda? Tenho medo de contar ao meu marido o que fizemos. Alfredo é um homem íntegro, lutou por seus ideais sem prejudicar ninguém, e enquanto esteve preso, acreditou em meu amor e em minha lealdade... Quero saber se você já viu Rodrigo de posse de algum diário antigo de capa vermelha.

– Eu não. Minha mãe comentou que o viu beijando um caderno, que ele guarda a sete chaves em seu cofre.

– Deve ser uma cópia do diário que ele enviou para a minha pobre Luíza!

Marina balançou a cabeça, algumas peças daquele jogo haviam se encaixado, mas ainda havia muitas outras soltas. Sem saber o que dizer a jovem comentou:

– Tudo o que sei é que o déspota do Rodrigo está esperando o momento certo para dar o bote. O que não consigo entender é que se ele está com esse material, por que precisa tanto de mim para realizar sua vingança?

– Não faço a mínima ideia. O que sei é que daquele calhorda podemos esperar tudo.

Leonor olhou nos olhos da jovem e segurou sua mão dizendo:

– Eu lhe peço para ficar atenta. Se souber de qualquer informação, por favor, avise-me!

– Fique tranquila, a partir de hoje seremos aliadas.

Leonor não respondeu, passou delicadamente sua mão pela face da jovem que sorriu, sentindo naquele momento que conquistara uma amiga.

A senhora pediu a conta e, na rua, as duas se despediram. Ali, naquele momento, a vida juntava espíritos amigos, que haviam combinado de se encontrar na encarnação atual para se ajudar mutuamente.

CAPÍTULO 13

MUDANÇA DE PLANOS

Vem, vamos embora
Que esperar não é saber
Quem sabe faz a hora,
Não espera acontecer...

Há soldados armados
Amados ou não
Quase todos perdidos
De armas na mão
Nos quartéis lhes ensinam
Uma antiga lição
De morrer pela pátria
E viver sem razão...[2]

---

2 *Pra não dizer que não falei de flores*, canção de Geraldo Vandré. A composição se tornou o hino de resistência do movimento civil e estudantil que fazia oposição à ditadura militar durante o governo militar. O refrão "Vem, vamos embora / Que esperar não é saber / Quem sabe faz a hora, / Não espera acontecer", foi interpretado como uma chamada à luta armada contra os ditadores (N.E.).

Leonor cantava dentro do Maverick que Alfredo pegara de seu pai. Além dos dois estavam no veículo Marcelo, Antunes e Rodrigo, que dias antes conversara com Alfredo se dizendo arrependido de ter tentado violentar Leonor. Disse que não a queria mais e os dois acabaram se entendendo. Assim, a amizade prosseguiu. E o grupo ia pela estrada empoeirada do atalho que resolveram pegar para chegar em Ibiúna, no interior do estado de São Paulo.

– Pisa fundo, Alfredo, essa banheira do seu pai pode ir mais rápido!

– Eu sei, mas essa estrada não é boa e qualquer descuido poderá nos custar a vida.

– Até parece que se preocupa com isso – comentou Antunes.

– E se preocupa com isso, meu amigo? Queremos chegar logo a essa convenção, temos de escolher um novo líder estudantil. Os tempos estão difíceis, e uma liderança de frente poderá ser muito útil – respondeu Marcelo.

– Concordo. A propósito, já sabe em quem vai votar?

– Claro que sim, mas não quero dizer o meu voto para não influenciá-los.

Alfredo sorriu, a conversa dos rapazes no banco traseiro continuou. Alfredo viu um fusca amarelo vindo na direção oposta e piscando os faróis para que ele parasse o veículo. Eram dois jovens conhecidos que, ao reconhecê-los, pararam o automóvel e desceram.

– O que foi Alfredo? – perguntou Marcelo ao ver os rapazes aproximando-se.

Alfredo tirou o cinto de segurança e respondeu:

– Não sei, vamos descobrir.

Os quatro rapazes desceram do veículo e Leonor ficou sentada, ouvindo música. Alfredo, ao cumprimentá-los e vê-los pálidos, questionou:

– Vocês estão com uma cara estranha; o que aconteceu? Por acaso cancelaram a reunião sem aviso prévio?

– Não, vocês estão indo para Ibiúna?

– Sim – respondeu Rodrigo, já se irritando com os rapazes que pareciam aéreos.

– Pelo visto estão atrasados, e essa foi a sorte de vocês. Os militares ficaram sabendo do evento e prenderam todo mundo. Conseguimos escapar por milagre.

O jovem contou-lhes com detalhes como conseguiram sair do local sem serem vistos pela polícia. Os rapazes ouviram atentamente. Em seguida, Alfredo agradeceu aos jovens que se despediram do grupo. Ao voltarem para o carro, Marcelo contou à irmã o que aconteceu e finalizou:

– Estamos enrascados; se o que nos contaram for verdade, parte de nosso grupo foi preso e logo chegarão até nós. Precisamos voltar para São Paulo e fugir...

– Fugir? Você está louco? Mamãe vai nos matar!

– Desculpe, maninha, mas não temos saída: ou fugimos, ou seremos presos. Com certeza alguém não suportará as torturas e nos entregará.

– E para onde vamos? – perguntou Alfredo, que já dava meia-volta com o veículo.

Marcelo, após trocar olhares com Antunes, respondeu:

– Deixem isso comigo. Tratem de voar até São Paulo. Vamos para nossa casa pegar alguns pertences e dinheiro; depois, caímos no mundo.

Alfredo não respondeu. Dinheiro para ele era o menor dos problemas, havia se dedicado à causa dos estudantes e sabia que se não conseguissem acabar com o regime militar, este acabaria com eles, e foi pensando assim que pisou no acelerador dando graças a Deus por estar em um veículo possante. Algumas horas depois, estacionou o automóvel na porta de sua casa, após deixar os amigos em suas respectivas residências. Ao entrar, encontrou a mãe sentada diante da TV.

– Você não disse que passaria o dia no Guarujá? – questionou a mãe.

Alfredo olhou para a mãe, não podia parar para conversar, assim lhe deu as costas e subiu ao seu quarto. Rosana, não se fazendo de rogada, seguiu-o e, ao vê-lo pegando uma mala grande, perguntou:

– O que está acontecendo, Alfredo? Sou sua mãe e exijo que me responda.

– Estou saindo da cidade. Preciso ficar um tempo longe ou serei preso!

– Preso? No que está metido? Eu cansei de lhe pedir para não se meter com esses delinquentes que se opõem ao governo. Somos ricos e não precisamos nos opor a nada, mas você não me escuta... agora, terá de fugir! O que você fez? Seu pai é influente, tem amizade com alguns coronéis, ele pode ajudá-lo!

Alfredo colocou a roupa na mala e em seguida voltou-se para a mãe, fitou-a bem e respondeu:

– Não quero compactuar com esse governo déspota, que oprime o povo para manter-se no poder. De que adianta estar protegido nesta casa, tendo toda a riqueza do mundo, se não posso me expressar, dizer publicamente o que penso e sinto?

Rosana o deixou, foi até o seu quarto, abriu o cofre e pegou todo o dinheiro que o marido deixara em casa para despesas extras, que poderiam acontecer em sua ausência, e voltou ao aposento do filho entregando lhe o monte de dinheiro. Tentando conter o choro, comentou:

– Vai precisar de dinheiro. Isso é tudo o que temos em casa no momento. Caso precise de mais dê um jeito de me avisar.

Alfredo abraçou a mãe. Seu futuro era incerto e naquele momento chegou a acreditar que aquela seria a última vez que a via, mas tentou controlar-se e, sem demonstrar sua fraqueza, deixou a casa. Foi para o bairro do Limão, pegou a namorada e Marcelo. Rodrigo e Antunes combinaram de encontrá-los em um posto de gasolina com Lurdinha, que ficara sabendo do ocorrido e fora à casa de Antunes, que a inteirou do plano de fuga.

Caía a noite quando o grupo deixou a cidade de São Paulo. Horas depois, chegaram a um sítio isolado no Vale do Ribeira próximo à cidade de Iguape, onde João os esperava. Leonor desceu do veículo e sentiu o cheiro gostoso de mato que a leve brisa trazia. O silêncio do lugar a deixara melancólica, se não fosse a presença de Lurdinha, teria caído em um choro desesperador. As moças entraram na casa, o local era grande, mas muito simples, a casa tinha as paredes rústicas e não havia energia elétrica. Enquanto os rapazes conversavam, as moças foram para um dos quartos, onde colocaram suas malas. Naquela noite ninguém conseguiu dormir; todos estavam imersos em seus próprios pensamentos. Passava do meio-dia quando Leonor acordou. Por segundos, acreditou que o que lhe acontecera no dia anterior fora um sonho, mas ao ver a rústica parede do quarto à sua frente voltou à realidade e ainda sonolenta foi até a cozinha onde Lurdinha passava um café no coador de pano.

– Os rapazes saíram há pouco; foram até a cidade comprar mantimentos – comentou Lurdinha.

– Espero que se lembrem de comprar produtos de higiene pessoal, pois na pressa não trouxe quase nada.

– Eu fiz uma lista do que precisamos, não se preocupe.

Lurdinha abriu um sorriso, estava com o semblante tranquilo. Leonor, não entendendo a aparente calma da amiga, sentou-se em uma cadeira e comentou:

– Quem a vê assim tão serena, pensa que estamos neste buraco a passeio.

– Não estamos a passeio! Para ficar aqui tive de deixar minha família e meus estudos, só que não vou fazer disso o meu calvário. Se eu fosse você começava a pensar da mesma forma, pois estamos em lugar seguro. Aqui não seremos pegos!

Leonor não respondeu, todos haviam sacrificado seus estudos e alguns até o trabalho, além de terem deixado suas famílias aflitas. Ela não era a única a sofrer naquele lugar, e como a própria amiga acabara de lhe dizer não poderia fazer daquela estada um calvário. Quando o café ficou pronto, Lurdinha pegou um copo e colocou um pouco do líquido quente na xícara para a amiga, que, ao tomar a bebida, sentiu-se mais animada. Os rapazes chegaram em companhia de uma jovem, as moças entreolharam-se. João, procurando elucidá-las, apresentou:

– Dolores, estas são Lurdinha e Leonor. Tenho certeza de que serão grandes amigas. Ela passou alguns meses aprendendo a atirar, sabe como ninguém pegar em uma arma e abrir fogo caso seja necessário, então estarão protegidos, não posso ficar aqui por muito tempo, no fim da tarde vou embora e só nos veremos em caso extremo.

Dolores tentou sorrir, Leonor a mediu demoradamente, a mulher mais parecia um sargento. Usava uma calça comprida marrom e uma blusa de gola preta. Os cabelos negros estavam amarrados para trás, sem nenhum cuidado.

– Espero que nossa passagem por aqui seja breve – comentou Leonor, sem tirar os olhos da mulher. João respondeu:

– Não sabemos quanto tempo terão de ficar neste sítio, mas enquanto estiverem aqui receberão ordens de Dolores. Ela está apta a nos ajudar; portanto, meninas, sejam boazinhas com nossa companheira, certo?

As duas balançaram a cabeça em sinal de positivo. Em seguida, Dolores foi até o quarto com as garotas. No fim da tarde João os deixou, com a promessa de voltar assim que tivessem boas notícias.

Os meses que se seguiram foram difíceis para o grupo, que não estava acostumado a viver de forma simples no meio do mato. Durante o dia os homens saíam para pescar e as mulheres cuidavam da casa. No local havia dois quartos que foram separados um para cada sexo. As moças passavam a noite conversando, Leonor e Lurdinha falavam de vestidos e das atrizes de cinema; Dolores, mais calada, limitava-se a olhá-las e vez ou outra dava alguma opinião a respeito de algum assunto do qual dominava um pouco. Com o passar do tempo, as três se tornaram amigas inseparáveis.

A noite ia alta quando os rapazes acenderam a fogueira. O céu estrelado e a lua cheia no céu límpido daquela cidade deixava o cenário ainda mais encantador. Leonor arrumava-se no quarto à luz de lampião e enquanto arrumava o cabelo para fazer o coque de que tanto gostava e que Dolores a proibira de usar no dia a dia, comentou com Lurdinha:

– Espero que Dolores não implique com o meu cabelo hoje; afinal, é dia de festa e nenhum sitiante nos enxergará neste breu.

– Dolores não falará nada. Estamos neste sítio há meses e precisamos nos distrair.

As duas terminaram de se arrumar e foram ao jardim. Antunes cantava uma canção conhecida por todos e tocava violão. Leonor sentou-se ao lado de Alfredo, que lhe deu um beijo carinhoso nos lábios. Lurdinha abraçou Marcelo e Dolores ficou ao lado de Antunes. Rodrigo chegou logo em seguida com uma garrafa nas mãos a entregou para Alfredo dizendo:

– Consegui esta bebida com um sitiante; experimente, é uma cachaça curtida com algumas ervas da região.

Alfredo tirou a tampa e bebeu o líquido no gargalo; passou para Leonor que também ingeriu boa dose da bebida. Aos poucos, todos tomaram do líquido, menos Dolores, que não colocava um gole de álcool na boca. Os jovens ficaram conversando até tarde. Vez ou outra Alfredo e Leonor davam um gole no líquido. No fim da noite estavam todos alcoolizados a ponto de Alfredo pedir licença e ir para o seu quarto. Marcelo pegou Lurdinha pelos braços e a levou para um pequeno quarto separado da casa. Antunes, também embriagado, foi até a varanda e jogou-se em uma rede, onde rapidamente pegou no sono. Ficaram apenas Rodrigo, Leonor e Dolores em volta da fogueira.

Dolores sentiu sua cabeça rodar. Rodrigo havia insistido para que ela desse um gole na bebida, que não lhe caiu bem. Logo um forte enjoo a acometeu e, procurando não dizer nada, pediu licença e os deixou sozinhos. Rodrigo, ao ver Leonor pensativa em volta da fogueira ofereceu-lhe mais um pouco da bebida, que a jovem tomou de um gole. Em seguida, ambos passaram a conversar sobre a vida que levavam na capital e a saudade que sentiam de suas casas e de seus familiares. A madrugada ia alta quando finalmente os jovens resolveram entrar. Leonor, ao se levantar sentiu ligeira tontura e foi amparada pelo rapaz, que passou a mão em sua cintura e a levou para dentro da casa fazendo-a se sentar no sofá. Ao vê-la delirando, passou sua mão sobre a face delicada da jovem e beijou-a com ardor. Leonor tentou recusar, mas acabou permitindo. Sentia-se sem forças e deixou Rodrigo a conduzir ao chão. O rapaz voltou a beijá-la e Leonor, sem conseguir atinar as ideias, entregou-se.

Dolores remexeu-se na cama, sua cabeça rodava; porém ela precisava levantar-se. Preocupava-se com a amiga que ficara sozinha com Rodrigo. Por que foi aceitar aquela bebida das mãos dele? Na certa ele colocara alguma droga. Assim, levantou-se, foi até o banheiro e jogou uma água no rosto. Ao entrar na sala encontrou Rodrigo dormindo ao lado de Leonor; ambos seminus.

"Se esse patife pensa que vai se dar bem, está muito enganado", disse a si mesma, ao balançar a cabeça negativamente. Em seguida, foi ao quarto de Alfredo e o encontrou dormindo pesadamente. Com cuidado e dificuldade conseguiu despi-lo. Voltou à sala, acordou Leonor e a conduziu até o quarto do namorado. Deixou-a deitada ao lado dele, fechou a porta e, sorrateiramente, deitou-se com Rodrigo, abraçando-o.

O dia já havia clareado quando Rodrigo acordou. Ao olhar para o lado e ver Dolores nua, tomou um susto. A moça, que fingia dormir, ao ouvir o barulho que ele fez, virou-se e com os olhos fechados disse:

– Deite-se, Rodrigo. Ainda é cedo, fique mais um pouco comigo!

Rodrigo levantou-se. Ela, ao perceber o gesto brusco do rapaz, abriu os olhos e falou:

– O que foi? Acordou mal-humorado depois da noite maravilhosa que tivemos? Pensei que estaria feliz.

– Noite maravilhosa? Você está louca? Não foi com você que dormi!

– Ah! Rodrigo. Vai me dizer que não se lembra de nada? Sabe que sou adepta do amor livre. Você até chegou a citar o nome de Leonor, fiquei chateada, mas espere um pouco... – Dolores passou a mão na testa e voltando-se para ele perguntou: – Você não está achando que dormiu com Leonor, está? Se estiver pensando nisso, ficarei magoada!

Dolores fez beicinho. Rodrigo não lhe respondeu, deixou-a e foi ao toalete, onde tomou um banho demorado. Sua cabeça estava confusa, tinha certeza de que se deitara com Leonor, mas como Dolores acordara ao seu lado? Leonor tomou uma dose cavalar da bebida. O sitiante que lhe vendeu, dera sua palavra de que um pouco daquele licor faria quem o ingerisse perder as estribeiras. Rodrigo trincou os dentes. Na certa, Dolores falara a Leonor que sentia algum interesse por ele e ela, aproveitando-se do momento, deixou-se ser beijada. Em seguida, deu um jeito de trocar de lugar com amiga e foi se deitar com Alfredo. Claro, a casa estava um breu só, e ele com certeza não saberia distinguir uma da outra. Como fora idiota acreditando que Leonor se deitaria com ele.

"Aquela interesseira me paga, aliás todos eles, isso não vai ficar assim!"

Com essas palavras, deixou a casa. Precisava pensar em um modo de vingar-se de todos. Assim, caminhou até uma cachoeira e ficou por lá até definir um plano de vingança.

No dia seguinte, Dolores, depois de terminar de lavar a louça do almoço, foi ao quarto, pegou seu diário e se dirigiu para os fundos do sítio, onde se sentou embaixo de um abacateiro e pôs-se a escrever. Leonor, ao ver a amiga absorta, foi ao seu encontro e perguntou:

– Gostaria de saber o que tanto você escreve nesse caderno.

– Caderno não, diário! Eu adquiri o hábito de escrever tudo o que se passa comigo e ao meu redor, se não fizer isso, acabarei louca. Essa é a forma que encontrei de colocar para fora meus sentimentos.

Leonor olhou para o infinito, precisava confirmar suas suspeitas e sutilmente comentou:

– Será que nesse seu diário tem alguma coisa a meu respeito?

– Tem, mas não se preocupe, sou discreta e o guardo em um local seguro. Além disso, homem não gosta de fuçar nessas coisas, eles acreditam que nada do universo feminino vem a ser de suma importância.

Leonor mordeu os lábios e decidiu ir direto ao assunto, perguntando a amiga o que realmente acontecera.

Dolores lhe contou com detalhes o que viu e o que decidiu fazer, deixando-a embaraçada, mas agradecida pela presença de espírito da protetora. As duas prometeram guardar segredo e na mente delas imaginaram que ninguém nunca ficaria sabendo o que acontecera naquela noite em que Leonor se entregara a Rodrigo, motivada por uma bebida alucinógena que a fez perder os sentidos.

***

– Elas só se esqueceram de que a mentira tem perna curta! – comentou Luíza entre lágrimas, pois aquelas cenas abriram a ferida de seu coração fazendo-a se lembrar do dia em que recebeu o diário e leu o que estava escrito nele.

– E que a vida sabe o que faz e nada fica encoberto aos olhos de Deus. No momento certo, a vida se encarrega de cobrar o que lhe é devido. Você não deve julgá-las, e não se esqueça de que essa história ainda não acabou – respondeu Baltazar.

Luíza, não se fazendo de rogada retrucou:

– O senhor diz isso porque não desencarnou de desgosto. Meu coração fraco não aguentou a verdade de saber que era filha de Leonor com Rodrigo e que o coitado do Alfredo me criou acreditando que era meu pai.

– Saiba que nada acontece por acaso e que tudo tem uma explicação. Não devemos julgar os atos de ninguém sejam eles bons ou ruins. Cada um sabe exatamente o que está fazendo de sua vida, mesmo que de forma consciente não tenha ciência disso. Se tivemos autorização para repassar o passado para vocês é porque os espíritos superiores acreditam que será proveitoso a todos que aqui estão. Portanto, espere até toda a história terminar e você verá que está tudo na mais perfeita ordem.

Marcelo trocou olhares com Conceição, que abaixou a cabeça ao ouvir as palavras de Baltazar. João limitou-se a olhar com pena para a jovem.

Baltazar, percebendo que os amigos precisavam de um tempo para refletir decidiu:

– Por hoje não há mais nada para vermos. Quando estiverem refeitos emocionalmente, continuaremos nossa salutar história.

Ninguém ousou contestá-lo e foi com certo alívio que cada um se retirou.

CAPÍTULO 14

NOVAS OPORTUNIDADES

Leonor entrou em casa decidida a abrir seu coração ao marido. Aquela situação havia chegado ao extremo e ela não aguentava mais esconder o segredo que havia muito a atormentava. Ao entrar na sala encontrou Alfredo com o jornal na mão. Ele, ao vê-la, fechou o caderno de economia e retrucou:

– Agora deu para sair todas as tardes! Ora está às voltas com o tal Centro Espírita, ora sabe-se lá onde...

– Eu estava com Marina sua secretária – respondeu Leonor de supetão olhando nos olhos do marido que, sem entender, questionou:

– Desde quando você e Marina frequentam os mesmos ambientes? Não me diga que ela resolveu copiar Carla e frequentar a casa de Antunes também?

– Não seja cínico, Alfredo. Esse papel não lhe cai bem!

Leonor sentou-se ao lado dele. Desde que Luíza desencarnara ele andava daquele jeito, nunca mais a procurara na cama, quase não se falavam, e quando o faziam era por educação. A frieza daquele homem que tanto amava, misturada às incertezas da discreta chantagem, que só a simples lembrança de Rodrigo lhe causava, fê-la ir direto ao assunto:

– Alfredo, precisamos conversar a respeito de nosso passado. Aconteceram alguns fatos em nossa vida, dos quais você precisa ter conhecimento.

Leonor fez uma pausa para ver a expressão do rosto do marido, que não se alterou em nenhum momento.

– Você está se tornando saudosista, querida, é só isso. Nosso passado está morto e enterrado. Eu errei, você errou e a maioria dos jovens que lutou contra aqueles malditos militares errou. Não estou dizendo isso por causa de nossos ideais, pois continuo com eles, mas por nossas atitudes, muitas vezes precipitadas e intempestivas. Não quero saber de nada. Se você guardou algum segredo mantenha-o guardado. Será melhor para nós dois.

Alfredo levantou-se sem dar tempo para que ela retrucasse e deixou o local. Leonor, ao ver o marido sair, começou a chorar, ficando naquele estado de apatia que só não se prolongou noite adentro porque ouviu um barulho de carro no jardim. Era Dolores, que chegara do Rio de Janeiro de surpresa. Leonor, ao ver a amiga querida, correu para abraçá-la. As duas ficaram por um longo tempo abraçadas. Dolores foi direto para a cozinha ao lado da amiga e passou um café. A governanta, ao vê-la com os olhos vermelhos de tanto chorar, comentou:

– Aposto que andou se desentendendo com Alfredo.

– Sim, mas desta vez foi pior. Sentei-me há pouco com ele para lhe contar toda a verdade e ele não quis me ouvir, disse que todos erramos e que nada vai mudar o que está feito.

– Alfredo é um homem prático e nunca foi dado a mexericos. Talvez se Rodrigo aparecer para lhe contar seu segredo ele nem o escute. Acho que estamos preocupadas à toa, o melhor é esquecermos essa história e entregá-la nas mãos de Deus e dos bons espíritos.

– É o que terei de fazer. Estou de mãos e pés atados, mas Rodrigo conseguirá seu intuito, aquela raposa entregará uma cópia do diário, assim como fez a Luíza; e, claro, Alfredo lerá o que está escrito nele e depois irá atrás de Rodrigo, que vai lhe contar o que não está escrito no caderno.

Leonor voltou a chorar. Dolores, sem saber o que dizer à amiga, abraçou-a até vê-la mais calma.

***

Rodolfo arrumou-se e ao dar uma última olhada no espelho sorriu, pois gostou do que viu. Com um sorriso maroto, passou pela sala onde os pais conversavam animadamente. Clarice, ao ver o filho elegante e perfumado, abriu um sorriso e brincou:

– Do jeito que está galante e bonito, vejo que a noite será animada.

– Que nada, mamãe. Vou sair para jantar com alguns amigos, nada de especial.

– E você pensa que nos engana? – interpelou Francisco, trocando olhares com Clarice, que retrucou:

– Vamos fingir que acreditamos nesse tal jantar com amigos, meu amor. Se ele não quer nos contar aonde e com quem vai sair, não podemos obrigá-lo.

Rodolfo riu prazerosamente. Deu um leve beijo na face da mãe e outro na destra do pai, que lhe desejaram boa sorte. Em seguida, deixou o local. Na rua, suspirou profundamente ao lembrar-se da conversa que tivera com Cléber dias atrás, quando o rapaz o procurou oferecendo sua ajuda para que ele conquistasse Marina.

Rodolfo abriu seu coração ao jovem e juntos eles armaram um plano para um encontro entre os dois de forma a parecer casual.

Foi com alegria que Cléber chegou a um restaurante elegante em Moema.

– Não sei o que deu em você para querer vir a um restaurante tão fino. Sou uma mulher de classe, mas deixaremos todo o nosso salário do mês em um só jantar!

– Deixe de bobagens, minha amiga. Já lhe falei que vou pagar por esse luxo. Recebi meu décimo-terceiro e quero gastá-lo em um bom restaurante.

Marina balançou a cabeça negativamente. Claro que iria ajudá-lo a pagar a conta. Com esses pensamentos, ela estacionou o automóvel em frente ao local indicado pelo jovem. Ao descer, entregou a chave ao manobrista e entrou no restaurante ao lado do amigo. Foram recebidos pelo *maître*. Cléber, ao ver o homem à sua frente comentou:

– Fiz uma reserva em nome de Cléber dos Santos.

O homem o mediu de cima a baixo e com pouco caso olhou para a lista de reserva. Ao ver que o nome do rapaz não constava em seu caderno, respondeu com indiferença:

– Desculpe, meu amigo, mas acho que fez alguma confusão, na certa reservou uma bela mesa em outro restaurante qualquer e não no nosso!

Cléber olhou para a amiga desconcertado; em seguida, espiou para dentro do salão na tentativa de encontrar Rodolfo como haviam combinado. Assim, ele apareceria e oferecia sua mesa e tudo ficaria resolvido. O jovem, tentando ganhar tempo, retrucou:

– Dê mais uma olhada, tenho certeza de que reservei uma mesa neste restaurante para hoje à noite!

– Eu já lhe disse, não há nenhuma reserva em nome de Cléber da Silva.

– Não é da Silva é dos Santos, mas, pensando bem, acho que não está querendo nos deixar entrar porque não tenho sobrenome importante; e isso é preconceito. Ou o senhor arruma agora uma mesa ou verá do que sou capaz.

Marina jogou seus cabelos longos para trás em sinal de nervosismo. Cléber começou a suar frio e já estava se arrependendo de ter marcado aquele encontro com Rodolfo, quando o jovem aproximou-se e disse:

– Algum problema, Sílvio?

– Não, doutor, é que essas pessoas estão insistindo em entrar no restaurante e não fizeram reserva.

– Claro que eles têm reserva, são meus convidados. Eu esqueci de lhe avisar, quando entrei. Desculpe.

Sílvio abriu um sorriso desconcertado e Marina trocou um olhar fuzilador com o amigo, que cumprimentou Rodolfo amigavelmente. Assim, os três se sentaram à mesa do jovem. A moça, ao ajeitar-se na cadeira, olhou nos olhos de Rodolfo e afirmou:

– Quando quiser me convidar para sair faça-o pessoalmente, não use Cléber, ou acha que vou acreditar nessa historinha que vocês inventaram?

– Eu confesso, combinei de trazer você até aqui. Só não foi armação a grosseria do maître – respondeu o rapaz levantando-se com um sorriso. – Agora, se me derem licença vou deixá-los sozinhos, pois vocês têm muito o que conversar.

Cléber saiu rapidamente. Rodolfo, ao se ver sozinho com a jovem, pegou em sua mão dizendo docemente:

– Esse rapaz gosta muito de você. Não fique chateada com ele, eu pedi para trazê-la até aqui porque percebi que está me evitando.

– Não se trata disso, apenas estou com muitos problemas pessoais e não quero arrumar mais complicações para a minha vida – Marina respondeu de cabeça baixa.

Rodolfo segurou sua mão com força:

– Você não acha que está sendo egoísta? Estou apaixonado, sei quase tudo a respeito de seu problema com Rodrigo e a família de Alfredo. Estou disposto a ajudá-la, vamos encontrar uma forma de resolvermos esses problemas.

Marina suspirou profundamente, sentia-se esgotada; não queria mais continuar ajudando Rodrigo, mas não tinha alternativa. Rodrigo nunca a deixaria em paz, caso falhasse. Agora, vendo Rodolfo ali na sua frente, com olhar amoroso e lhe oferecendo ajuda, não aguentou; seu coração tumultuado ficou apertado e sem se preocupar com os possíveis olhares, deixou algumas lágrimas rolarem por sua face. Rodolfo a esperou se acalmar, chamou o garçom, pediu um copo com água e a conta. Quando este voltou com a água ele a fez beber, pagou a conta e a conduziu para fora.

Marina deixou-se levar pelo rapaz, que a colocou dentro de seu automóvel.

A noite ia alta quando chegaram a um edifício na avenida Paulista. Rodolfo a levou para o último andar de um prédio comercial, onde seu pai mantinha o escritório da família. Ao entrarem no local, ricamente ornamentado, Marina sentiu-se melhor. Olhou da janela a cidade a seus pés; a vista era linda. Rodolfo foi até a copa, pegou uma garrafa de champanhe que estava dentro de um frigobar e duas taças. Voltando para junto da jovem, pegou-a pela mão e a conduziu até o terraço. Rodolfo abriu os braços sentindo a brisa gelada batendo em seu rosto, olhou para a jovem e completou:

– Olhe para este lugar; veja a maravilha que a mente do homem criou; estamos em um local privilegiado, criado por engenheiros que confiaram em sua capacidade; os responsáveis por esta obra e por todos os arranha-céus que podemos ver daqui sentiram o poder da criação que todos temos. Saiba que com Deus e um pouco de força de vontade não há limites para a mente humana que trabalha no bem. Portanto, seus problemas são pequenos diante da vida que tudo sabe e tudo vê. Basta confiar na Providência Divina que tudo vai se resolver.

Marina sorriu. Rodolfo aproximou-se e beijou-lhe carinhosamente os lábios. Encostando o seu corpo no dela, sentiu a paixão brotar em seu peito.

Em seguida, estourou a champanhe e entregou-lhe uma taça, dizendo com a voz embargada pela emoção:

– Você será minha esposa e não há ninguém neste mundo que conseguirá nos separar.

– Eu gostaria de ter a mesma fé que você!

– E terá!

Rodolfo a pegou no colo e a colocou em um confortável sofá. Os dois ficaram ali, enamorados, sentindo que suas almas se reencontravam.

***

Marina entrou no escritório exalando sensualidade. Usava uma saia de voal creme e uma camisa social feminina, que deixava seu colo à mostra. Era manhã de segunda-feira e enquanto a maioria de seus colegas de trabalho conversavam animadamente sobre o fim de semana, a jovem foi para a sua sala. Encontrou Cléber sentado em sua cadeira. Ele, ao vê-la, levantou-se de pronto e a mediu de cima a baixo, dizendo:

– Não preciso nem lhe perguntar como foi seu encontro com Rodolfo, pois seus olhos já dizem tudo.

– Meu amigo, não tenho palavras para agradecer-lhe. Eu e Rodolfo finalmente nos entendemos e sinto-me a mulher mais feliz deste mundo. – Marina abriu um sorriso, aproximou-se do amigo e, dando-lhe um abraço apertado, continuou entre lágrimas de felicidade: – E devo a você esta alegria, nunca esquecerei o que fez por mim. Prova disto é que quero que seja meu padrinho de casamento.

– Casamento? Deixe de bobagem, a família de Rodolfo é da alta sociedade. O que um simples mensageiro como eu faria no altar de uma igreja ao lado dessas pessoas?

Marina o olhou demoradamente, aquele rapaz estava cheio de preconceitos sociais, semelhantes aos que ela mesma mantinha em sua mente até alguns dias atrás. Mas naquele momento ela não era mais a mesma mulher. Rodolfo já a estava ensinando que não existia diferença entre pobres e ricos e que todos estamos no mesmo planeta para aprendermos a lidar justamente com essas diferenças, que um dia deixarão de existir. Assim, ela passou levemente a mão no rosto do rapaz e completou:

– Você não é inferior a ninguém, nunca deixe que lhe digam o contrário. É um amigo querido que tenho em meu coração e como prova desse afeto desejo que esteja no altar quando eu entrar na igreja, lindo por dentro e por fora como sempre.

Cléber deu mais um abraço na jovem, sem perceber que Alfredo entrara na sala e ficara a observá-los. Após pigarrear, ele comentou:

– Não sei porque essa rasgação de seda em plena segunda-feira, mas gostaria que deixassem essas manifestações de afeto para depois do expediente... – E, ao olhar sério para a jovem ordenou: – Dona Marina, quero a senhorita na minha sala em dois minutos.

Cléber, ao vê-lo entrar em sua sala e fechar a porta, comentou:

– Não sei que bicho o mordeu, pois é raro ver o dr. Alfredo nervoso desse jeito. Acho melhor você ir ver o que ele quer.

Marina consentiu com cabeça ao se despedir do amigo, que foi cuidar de seus trabalho. Bateu levemente na porta do chefe e entrou. Alfredo foi direto ao assunto:

– Sei que seu padrasto a infiltrou neste escritório por algum motivo escuso e que a senhorita não sabe quais são seus intuitos e por essa razão não vou considerar seu silêncio como uma ofensa. Também está se engraçando com o ex-noivo de Luíza e se aproximou de minha esposa; agora está frequentando o Centro Espírita de Antunes.

Alfredo fez uma pausa para respirar, depois prosseguiu fingindo não perceber o ar de espanto da jovem:

– Nada disso me perturba, e antes que tire conclusões precipitadas não foi Leonor quem me contou. O que me espanta é que vocês me subestimaram, e não se subestima um homem de negócios que já passou por poucas e boas na vida.

Marina sentiu suas pernas bambearem; nunca imaginou que Alfredo pudesse supor o que acontecia à sua volta, pois desde a primeira vez que o viu achou-o um fraco, um homem sem atitude, que só conseguiu manter seu patrimônio por ter herdado tudo de mão beijada. Alfredo, ao vê-la estupefata, levantou-se, pegou um copo com água e lhe entregou:

– Vejo que a surpreendi. A vida é assim, minha querida, o mundo é de quem não dorme no ponto e não sou quem sou à toa.

– Desculpe, dr. Alfredo eu não queria magoá-lo. Estou fazendo apenas o que Rodrigo me pediu porque ele ameaça a mim e minha mãe, mas estou tentando mudar o curso de minha vida, só não sei como.

– Pois eu sei. Rodrigo guarda um segredo do passado de minha esposa, que acredita que eu não conheço. Leonor até tentou me contar sobre o passado dias atrás, mas eu não quis ouvi-la, porque, acredite, nada vai mudar o amor que sinto por ela. Leonor vive aflita e quero terminar de uma vez por todas com essa história. Se me ajudar, prometo livrá-la de Rodrigo.

Alfredo contou a Marina o que queria, e a jovem, após ouvi-lo, concordou em ajudá-lo, uma vez que ele lhe prometeu que tudo seria resolvido com diálogo, sem que ninguém saísse ferido.

O que ela não havia aprendido ainda é que quem semeia vento acaba colhendo tempestade se não mudar a semeadura antes da colheita, que é obrigatória.

Com o coração batendo descompassado, ela voltou à antessala e sem conseguir trabalhar foi até a copa onde tomou um café, que lhe deu um pouco de ânimo. Em seguida, entrou no lavabo, lavou o rosto, respirou fundo e finalmente conseguiu sentar-se em sua cadeira para mais um dia de trabalho.

Caía a noite quando finalmente Marina entrou em casa e, ao ver Rodrigo sentado e folheando um livro, aproximou-se:

– Seu amigo vai passar o Natal sozinho. Dona Leonor vai para a casa da família no Guarujá com Dolores, pois não está em condições psicológicas para celebrar a data.

Rodrigo abriu um sorriso malicioso, fechou o livro e respondeu:

– Ótima notícia! Então Alfredo terá um presente de Natal inesquecível.

– Que bom! Não vejo a hora de me livrar dele e de você. Quando lhe dei essa notícia estava justamente esperando uma resposta do gênero.

– Fique tranquila, se fizer exatamente o que vou lhe falar nunca mais terá de ver a minha cara.

Rodrigo fez um gesto com a mão para a moça se sentar ao seu lado no sofá e contou-lhe detalhadamente o que queria. Ela concordou com tudo o que o padrasto disse e em seguida pediu licença e se dirigiu para o seu quarto. Deitou-se na cama e ficou olhando para o teto. As emoções dos últimos dias vieram forte em sua mente: primeiro, a conversa franca com Leonor; depois, o encontro mágico com Rodolfo; e, por último, a aliança com Alfredo e o alívio por saber que em poucos dias estaria livre para ser feliz ao lado do homem que amava com toda a força de sua alma.

***

Antunes deitou-se na cama. Depois de fazer suas preces pedindo a Deus por todos os seus conhecidos e frequentadores do Centro Espírita, adormeceu. Em poucos minutos, sentiu seu espírito sair do corpo de forma consciente. Viu o cordão prateado que ligava o seu perispírito ao corpo material, que dormia pesadamente. Marcelo, que o ajudara no desdobramento, ao vê-lo consciente aproximou-se, dando-lhe um abraço apertado:

– Precisamos conversar, venha!

O espírito amigo o enlaçou em seus braços e os dois volitaram pela cidade. Antunes via maravilhado as luzes dos prédios no centro de São Paulo ficando cada vez menores à medida que os dois se afastavam da crosta terrestre. Em poucos minutos, chegaram a um jardim florido, um lindo campo de crisântemos num tom amarelo, que parecia ganhar vida com a leve brisa que passava pelas flores. Marcelo esclareceu:

– Tive permissão para trazê-lo aqui porque o assunto é de extrema urgência. Alfredo planeja resolver suas pendências com Rodrigo. É chegada a hora da verdade e preciso de sua ajuda.

– Estou à sua disposição. Sabe que todos os envolvidos moram em meu coração e assim como você sinto-me responsável pelo que aconteceu no passado, pois se não fôssemos tão levianos teríamos evitado muitos aborrecimentos.

– Não pense assim, fizemos o que achamos certo e não podemos entrar nessa energia de culpa. Precisamos trabalhar o perdão em nós e em todos os nossos amigos, pois se eles não aprenderem a perdoar carregarão dívidas com a vida, que só a bênção de futuras encarnações poderá amenizar, o que seria um desperdício, uma vez que todos do nosso grupo reencarnamos com o objetivo de ajudar o país a melhorar como nação.

Durante o encontro e as explicações, Antunes ficou pensativo, pedia a Deus para dar lhe forças para seguir seu caminho em prol da humanidade.

Marcelo, lendo seus pensamentos, comentou:

– Você está fazendo o seu melhor e isso é o que importa. Quanto aos nossos amigos, só lhe peço para estar preparado. No momento oportuno estarei por perto para ajudá-los, confie na Providência Divina, que não nos abandonará.

– Sei disso... E João, como está?

– Bem, estamos revendo os fatos passados. Ele e Luíza estão refletindo sobre tudo o que nos aconteceu e tenho certeza de que o amor falará mais alto. A vida sabe dar novas oportunidades de crescimento espiritual.

Depois de certo tempo, Marcelo mais uma vez enlaçou o amigo em seus braços e o levou de volta ao seu quarto, cuidando para que seu regresso ao corpo carnal fosse tranquilo. Assim, ficou velando o sono do amigo pelo resto da noite.

Horas depois, Antunes acordou lembrando-se claramente do encontro que tivera com o amigo e de suas palavras e agradeceu a Deus pela oportunidade.

CAPÍTULO 15

O ÓDIO APRISIONA

O sol brilhava quando Rodrigo voltou da cidade. Ao ver o grupo de amigos sentados em volta da mesa fazendo o desjejum, sentou-se, pegou um copo e colocou um pouco de café. Disse preocupado:

– As notícias que trago não são nada boas, Médici está calando a imprensa, perseguindo jornalistas e estudantes como nenhum outro. Soube de fonte segura que a ordem dada aos policias do DOI-CODI é eliminar todos os opositores esquerdistas.

– Acalme-se, Rodrigo, está nos assustando – disse Lurdinha ao olhar para Marcelo.

Alfredo, procurando acalmar os ânimos, interpelou:

– Lurdinha está certa, precisamos manter a calma. Não somos guerrilheiros, meu pai é influente, acho melhor nos entregarmos à polícia.

– Você está louco? Por acaso acredita em Papai Noel? Desculpe, mas devo lembrá-lo de que não estamos neste sítio no fim do mundo à toa. Quem nos colocou aqui foi João, que faz parte da guerrilha armada e os oficiais devem saber disso. Não sossegarão enquanto não entregarmos João e todos os guerrilheiros que conhecemos. E caso tenha esquecido, o Costa e Silva no fim do ano passado colocou em vigor o decreto 'AI5' que pôs fim ao *habeas-corpus*. Se nos pegarem, será nosso fim! – respondeu Rodrigo, levantando-se da mesa para colocar o copo em cima da pia.

Marcelo, que até então estava quieto, disse calmamente:

– Eu vou me entregar; enquanto isso vocês fogem para fora do país.

Os jovens se entreolharam. Rodrigo, procurando ocultar a alegria que sentira com aquele comentário, quebrou o silêncio:

– Então estamos certo. Tenho amigos que com uma boa quantia em dinheiro conseguem nos arrumar passaportes e documentos falsos.

– Não, Marcelo não pode se entregar! Vamos fugir todos juntos – comentou Leonor, colocando a mão no rosto para chorar.

Alfredo a abraçou com ternura e voltou-se para Rodrigo dizendo:

– Eu consigo a quantia que for necessária para todos sairmos do país. É só dizer de quanto precisamos.

– Bem, preciso ir a São Paulo...

– Faça isso ainda hoje. Mas tome cuidado para que ninguém o veja e o siga – interpelou Alfredo passando delicadamente a mão no rosto da namorada com o intuito de consolá-la.

Os jovens ficaram calados. Rodrigo se arrumou e no fim da tarde deixou o sítio, prometendo voltar em breve. Dolores, que conversava com Leonor e Lurdinha, ao vê-lo sair com seu automóvel comentou:

– Não confio nesse crápula.

– Eu também não. Mas não temos saída, ou confiamos nele, ou acabamos presos – respondeu Leonor, que sentiu um leve enjoo.

Dolores, ao vê-la pálida, levantou e pôs a mão em sua testa. Leonor estava gelada e sem que a amiga pudesse questioná-la começou a vomitar. Lurdinha ajudou Dolores a abaixar a cabeça da jovem, que colocou para fora tudo o que tinha no estômago. Em seguida, as duas a levaram para o quarto e a fizeram se deitar. Leonor, sentindo-se um pouco melhor, comentou:

– Não fiquem preocupadas; estou bem, já está passando!

Dolores sentou-se a seu lado e, passando a mão em seu rosto, perguntou:

– Há quanto tempo está desregrada?

– Ora, Dolores, que pergunta. Estamos passando por momentos difíceis e é natural que meu ciclo menstrual esteja desregulado há mais de um mês!

– Acho que está querendo tapar o sol com a peneira. Você está grávida, minha amiga. Conheço mulher grávida de longe, seu corpo está mudando, seus seios estão mais fartos, e esse enjoo repentino é gravidez na certa.

– Não pode ser, não neste momento. Sem falar que se eu estiver realmente grávida...

Leonor colou a mão na boca e pôs-se a chorar. "Isso não está acontecendo comigo, não é justo", pensou.

Dolores sabendo o que se passava no íntimo da amiga, comentou docemente:

– Ser mãe é uma bênção. Não se preocupe, tudo acabara bem, prometo. Agora, descanse. – E com um gesto de cabeça para Lurdinha, afastou-se da jovem e foi seguida pela amiga.

***

O sol brilhava com força quando Rodrigo chegou ao Largo São Francisco. Olhou à sua volta tentando reconhecer as pessoas que passavam pelo local. Ao ver Júlio e Osmar conversando disfarçadamente diante de uma loja, aproximou-se e os cumprimentou cordialmente. Júlio, após observar as atitudes do jovem, falou:

– Espero que tenha boas notícias para nós, do contrário estará em maus lençóis!

– Você está muito nervoso, desse jeito não dá para conversar. Venha, vamos a um lugar mais tranquilo; afinal, não podemos ser vistos juntos.

Os três andaram algumas quadras até pararem em uma cafeteria, onde procuraram uma mesa discreta para se sentarem. Depois de fazerem os pedidos para o garçom, Júlio falou:

– Diga logo o que queremos saber! Não temos o dia todo a perder.

– Quando nos encontramos meses atrás eu lhe prometi a cabeça de João e dos outros em uma tigela de prata, pois bem, vou começar lhe entregando um peixe pequeno: Alfredo Alcântara. O que acha?

Os dois investigadores entreolharam-se e Osmar respondeu:

– Alfredo é filhinho de papai, embora tenhamos confissões de amigos da turma de vocês, que foram presos em Ibiúna, de que ele participa ativamente de um grupo comunista.

– Olha, como disse não dá para entregar todos de uma vez. João e Marcelo são espertos, terão de pegar Alfredo, pois ele está arrumando uma forma de fugir do país levando os outros com ele. Pegue-o antes dos outros.

Júlio sorriu para Osmar, que concordou com Rodrigo depois de combinarem como e onde Alfredo seria pego. Rodrigo deixou o local feliz por estar conseguindo realizar seus planos.

O dia mal amanhecia quando Rodrigo abriu a porteira do sítio e estacionou seu automóvel que com o barulho acordou todos. Alfredo, ao se certificar de que era Rodrigo e que estava sozinho, aproximou-se dizendo:

– Que bom que voltou, estávamos preocupados.

– Trago-lhes boas notícias, está tudo certo. Encontrei o meu amigo, que prometeu fazer toda a documentação necessária para sairmos do país.

– E quanto custará toda essa documentação?

Rodrigo respondeu explicando minuciosamente todo o trabalho que seria feito. Alfredo, embora tivesse achado o valor exorbitante, prometeu arrumar a quantia no dia combinado. Naquela mesma tarde, ele foi à cidade e ligou para a mãe, que concordou em lhe dar o dinheiro. Achou que era melhor ele fugir do país e prometeu arrumar-lhe a quantia necessária em cinco dias. Ao voltar ao esconderijo, o rapaz contou a todos a boa notícia. Leonor, que já contara a ele que estava grávida, comentou:

– Não sei se conseguirei sair do país. Às vezes, acho que vou morrer de tanto enjoo.

– Deixe de bobagens o enjoo logo passará. Eu trouxe tinta de cabelos para você. É castanho-escuro, pois terá de deixar de ser loura por enquanto. Para Dolores e Lurdinha água oxigenada para clarearem um pouco os cabelos.

– Ótimo, Alfredo! Tingiremos os cabelos hoje mesmo e amanhã cedo vamos à cidade tirar fotografia – respondeu Dolores, pegando a sacola com os produtos da mão do rapaz.

As três foram para o banheiro. Leonor tingiu os cabelos mesmo sabendo que a tinta poderia fazer mal ao bebê. Em poucas horas, as três se transformaram. Dolores cortou os cabelos de Leonor na altura da nuca. Lurdinha ficou com um cabelo cor de caramelo e Dolores tingiu de louro-claro. Ao voltarem à sala, os rapazes assoviaram.

***

No dia combinado, Alfredo beijou Leonor demoradamente e foi entre lágrimas que deixou o sítio ao lado de Rodrigo. Os dois chegaram à capital de madrugada e foram direto para a casa de Alfredo, onde Rosana os esperava acordada. Ao ver o filho, deu-lhe um abraço apertado e disse com a voz embargada pela emoção:

– Eu lhe pedi para não se misturar com esses arruaceiros! Agora o que vai ser da sua vida fugindo do país dessa forma?

– Calma, mãe. Está tudo certo, assim que eu estiver longe do Brasil, vou avisá-la. Tenho uma notícia que vai deixá-la feliz. A senhora vai ser avó!

Rosana se segurou na cadeira para não cair. Alfredo lhe dava aquela notícia como se ela fosse soltar fogos de artifícios. Aquela conversa não estava acontecendo, nunca poderia imaginar que seu filho, que fora criado com todo o amor do mundo, pudesse se tornar um foragido e ainda por cima pai de uma criança cuja mãe deveria ser tão impetuosa quanto ele. Com esses pensamentos, ela sentou-se no sofá, pôs a mão no coração e chorou copiosamente. Alfredo agachou-se e colocando a mão em seu queixo a fez olhar para ele.

– Leonor é uma mulher incrível, assim que esse maldito governo cair, voltaremos ao Brasil e poderá conhecê-la. Tenho certeza de que com o tempo vão se tornar grandes amigas. Mas quero que me prometa que caso me aconteça algo, a senhora vai recebê-la de braços abertos aqui em casa e tratá-la como filha!

– Eu prometo! – respondeu a senhora entre lágrimas.

O sol despontava no horizonte quando Tereza acordou e ao ver Alfredo na sala o abraçou com ternura. Em seguida, disse entre lágrimas:

– Eu sei que não o verei mais nesta vida, pois quando puder pôr de novo os pés nesta casa não estarei no mundo dos vivos, mas não se esqueça de que o seu pior inimigo será o rancor; portanto, não deixe que o ódio tome conta de seu coração, meu filho!

– Por que está dizendo isso? Por acaso previu algo para o meu futuro? – perguntou o jovem em tom de brincadeira.

A senhora olhou para Rodrigo, que instintivamente abaixou a cabeça e respondeu:

– O caminho que escolheu será de pedra, mas não se esqueça de que mesmo entre as pedras a vida pode florescer.

Tereza foi para a cozinha e deixou os três conversando na sala. Quando voltou ao cômodo, foi para avisá-los de que o desjejum seria servido. Os três foram para a copa e fizeram a refeição em silêncio. Ao terminarem, Alfredo despediu-se da mãe e da empregada, deixando-as chorando pelo resto do dia.

Passava das nove horas da manhã quando Alfredo estacionou seu veículo em uma rua do bairro do Bom Retiro. Ele e Rodrigo andaram algumas quadras até pararem diante de um sobrado.

– Espere-me aqui, Alfredo! Esse meu camarada não gosta que estranhos o vejam, sigo sozinho!

Alfredo consentiu com a cabeça e entregou-lhe o pacote de dinheiro. Rodrigo, depois de olhar para os lados, escondeu-o dentro de sua jaqueta e entrou no local, deixando Alfredo apreensivo do lado de fora. Os minutos passaram arrastados. De repente, ao olhar a rua, Alfredo percebeu uma movimentação estranha de carros que pararam próximos a ele. Ao olhar para dentro de um veículo reconheceu Júlio, o policial. Com o coração aos saltos começou a andar, primeiro, lentamente, depois começou a correr. Júlio e os outros agiram rapidamente e, ao alcançarem o rapaz, jogaram-no no chão.

– Não adianta mais fugir. Você está preso, Alfredo Alcântara, sob a acusação de crime contra o estado e envolvimento com a guerrilha armada.

Ele não respondeu e foi algemado e levado à sede do DOI-CODI, no bairro do Paraíso onde, depois de ser fichado, foi colocado em uma cela, ficando à mercê dos militares que tinham métodos de tortura que ele sabia muito bem que eram difíceis de suportar.

Rodrigo conversava com um senhor de meia-idade, quando um garoto entrou na casa afoito.

– Os policiais já levaram o seu amigo.

Rodrigo trocou olhares com o senhor que, a um sinal com os olhos, fez o menino sair do local. Ao se ver sozinho com o rapaz, ele afirmou:

– Tome cuidado, se seus amigos descobrirem que você os enganou para ficar com essa pequena fortuna, estará em maus lençóis.

– Deixe comigo, tio. Eles nunca saberão. Estou agindo sem cometer nenhuma falha, vou guardar esse dinheiro em local seguro e antes que eles tenham tempo para imaginar que eu os enganei, estarão todos presos, menos Leonor. Essa eu vou querer por perto, pois os planos que tenho para ela são outros.

O senhor riu e em seguida Rodrigo deu-lhe um abraço e saiu, rumo ao Sul do estado.

***

Leonor sentiu uma pontada na barriga. Dolores, ao vê-la esboçando leves gemidos, falou energicamente:

– Sente-se, Leonor. Tente se acalmar, pois se continuar assim a criança vai sair pela boca.

– Como vou manter a calma? Já é madrugada e nada daqueles dois aparecerem!

– Dolores está certa, minha irmã, vamos manter a calma.

Marcelo tentou consolar a moça, em vão. Leonor estava com maus pressentimentos. Naquela angústia, eles passaram a madrugada inteira à espera de notícias. Com o raiar do dia, o grupo ouviu uma batida na porta principal e logo reconheceram a voz de Rodrigo que, ao ver Marcelo abrindo a porta, abraçou-o com força dizendo entre lágrimas:

– Ah! Meu amigo, foi horrível eles nos seguiram, acho que estavam de tocaia, vigiando a mansão de Alfredo.

– Acalme-se, homem de Deus; explique direito essa história!

Rodrigo sentou-se em uma cadeira e ao ver Leonor chorar, olhou para ela e concluiu:

– Eu não pude fazer nada, tive de fugir e eles conseguiram pegar Alfredo.

Rodrigo contou a mentira que criara em sua mente, enquanto voltava ao sítio. Foi tão convincente que ninguém percebeu um traço que fosse de falta de sinceridade. Com lágrimas nos olhos, ele finalizou:

– A única notícia boa que tenho é que consegui entregar as nossas fotos e o dinheiro para o meu amigo, que me prometeu entregar toda a documentação em dez dias.

– Dez dias é muito tempo! Se eles torturarem Alfredo e ele contar onde estamos, amanhã já estaremos presos.

– Alfredo nunca vai falar onde estamos. Ele tem brio, Lurdinha. Não precisamos nos preocupar com isso. Meu consolo é que seu pai é homem influente, soube que é amigo de um dos marechais que está no comando do país; portanto, os investigadores do DOPS não ousarão fazer-lhe mal – comentou Marcelo, que com suas palavras conseguiu acalmar as mulheres do grupo.

Antunes, depois de coçar a barba que deixara crescer, ponderou:

– O melhor que temos a fazer é seguir o nosso plano de fuga. Não quero assustar ninguém, mas todos nós sabemos que Médici não está para brincadeira. Os policias estão cada dia mais violentos com quem ousa desafiá-los. Alfredo teve sorte de ter sido pego em São Paulo, e como Marcelo acabou de falar está protegido. Mas nós não estamos!

Os jovens se entreolharam. Sabiam do risco que estavam correndo. Dolores acabou com a conversa mandando todos dormirem, pois sabia que teriam longos dias pela frente.

***

Luíza olhou com pena para Marcelo. Em seu egoísmo desencarnou preocupada com sua dor quando a dor daquele que lhe estendera as mãos parecia-lhe muito maior. O abnegado espírito, ao ler seus pensamentos, abriu um lindo sorriso e disse:

– Você está certa com relação ao seu egoísmo, mas não se envergonhe em nutrir tal sentimento. Ainda levará muito tempo para os espíritos errantes como eu e você expurgarmos todo o sentimento egoísta de nossa essência, pois este é o último dos sentimentos negativos a ser vencido e o mais difícil também.

Luíza não respondeu. Seu coração estava apertado, sentia em seu íntimo que as próximas revelações mexeriam ainda mais com seu espírito.

– A vida é feita de experiências que determinarão o caminho que cada indivíduo seguirá em sua encarnação atual – esclareceu Baltazar. Em seguida, continuou: – O que muitos encarnados esquecem é que de acordo com a escolha de cada um, a vida molda o futuro. Se apontarmos o dedo para o próximo e ficarmos olhando para seus defeitos e dizendo o que é certo ou errado de acordo com nossa mente, que se baseia em crenças pessoais que podem nos levar a errar por puro egoísmo, acabaremos por colher tal resultado desastroso. É exatamente nosso egoísmo que, muitas vezes, nos impede de enxergar os nossos erros. Foi assim com cada um de nós que estamos reunidos nesta sala e, acreditem, é assim infelizmente com quase todos os espíritos errantes que tentam prosseguir em sua jornada evolutiva no planeta Terra.

– Por que diz planeta Terra? – perguntou João. – Existem outros que têm vida? Lembro-me de que um pouco antes de desencarnar vi cenas do homem pisando na Lua e cheguei a pensar que aquelas imagens foram uma montagem imposta pelos Estados Unidos aos países como o Brasil, para que o povo acreditasse na soberania da nação norte-americana.

– Puro engano. Saiba que existe vida na maioria dos planetas, mas este é um assunto para outro momento. Se quiser, poderá estudar esse assunto em uma de nossas escolas.

João gostou da ideia, pois quando encarnado olhava para as estrelas e ficava imaginado se havia vida nelas.

Baltazar, vendo que o foco da reunião estava mudando falou:

– A vida é para ser vivida, não importa onde, seja na carne ou fora dela.

Conceição olhou para o amigo e abaixou a cabeça. Ele, percebendo que aquele dia havia sido proveitoso, fez sentida prece a Deus e agradeceu a oportunidade daquela reunião proveitosa a todos, liberando o grupo.

O crepúsculo desceu sobre a Terra e quando eles saíram do anfiteatro e pararam para observar o pôr do sol, Marcelo os convidou para assistirem a uma peça teatral. Um grupo de espíritos amigos de uma colônia afastada da crosta encenaria naquela noite um espetáculo que falava sobre a diferença do amor que liberta e do ódio que aprisiona. Foi com emoção que todos assistiram ao espetáculo antes de voltarem aos seus dormitórios para o merecido descanso.

***

– Baltazar, gostaria de um minuto de sua atenção antes de nos reunirmos.

– Diga, irmã, em que eu posso lhe ser útil? – questionou Baltazar, já sabendo o que Conceição queria.

– Sabe que há muitos anos espero o momento de rever meu passado e pedir perdão pelos meus erros. Agora que o momento está por vir sinto medo.

– Medo do que, minha amiga? De ser julgada e condenada por aqueles a quem prejudicou? Você, por acaso, já conseguiu se perdoar? Já olhou para dentro de si mesma e conseguiu pedir perdão para a sua alma? Se ainda não fez isso, faça o mais breve possível, pois não adianta pedir perdão aos outros se ainda guarda no coração a culpa pelos erros cometidos.

– Eu e Marcelo já conversamos a esse respeito e ainda me sinto culpada por tudo o que está acontecendo conosco. Se eu não tivesse me vendido a Rodrigo, Luíza não sofreria tanto.

Baltazar aproximou-se da senhora, encostou sua mão em seu ombro, e comentou docemente:

– Luíza está aprendendo muito nos últimos meses. Não se esqueça de que devemos nos perdoar e não cometer os mesmos erros. Deus, em sua benevolência, também é capaz de compreender a fraqueza de seus filhos, tanto que deixou uma lei universal que comanda o universo, na qual seu próprio filho foi colocado na cruz pelos pecados dos seus irmãos. Deus conhece nossa essência e por essa razão nos proporciona novas oportunidades.

– Você está certo. Espero um dia ter a bênção de uma nova encarnação na Terra para provar a mim mesma que posso ser melhor a ponto de não errar; e caso venha a cometer outros erros, vou me perdoar e perdoar a quem me ofendeu também.

– Tudo no tempo oportuno, minha amiga...

Conceição levantou-se e, ao ver Baltazar perdido em seus próprios pensamentos, agradeceu-lhe e sentou-se em uma cadeira à espera dos outros que não demoraram para chegar.

CAPÍTULO 16

ACERTO DE CONTAS

Era fim de tarde quando todos do escritório de Alfredo se reuniram para comemorar o Natal e trocar os presentes de amigo secreto, que já virara tradição. Alguns colegas ajeitavam as mesas cheias de comida e bebida. Em um canto havia vários pacotes de embrulhos de cores e tamanhos diversos. Em poucos minutos, todos estavam confraternizando. Um dos rapazes colocou um disco para tocar e todos riam animadamente.

Alfredo observava a alegria de seus funcionários sentado em uma poltrona. Marina demonstrava claramente sua apreensão. Cléber, ao vê-la em estado aflitivo, aproximou-se e em tom baixo falou:

– Você precisa entrar na brincadeira, daqui a pouco todos perceberão o clima pesado que você e Alfredo estão emanando.

– Está certo, vou tentar sorrir, mas está difícil. Não consigo relaxar com o que está por vir!

– Vai dar tudo certo, estarei rezando por você.

Marina não respondeu, apenas abraçou o amigo de leve. Linda, uma das funcionárias, resolveu começar a brincadeira da troca de presentes. Foi até o local onde os embrulhos estavam postos, pegou o seu e chamou a atenção de todos para começarem a troca de presentes. Pouco a pouco os amigos que eram ocultos começaram a aparecer.

Carla, ao receber o embrulho, abriu-o e agradeceu ao colega. Pegou o seu e, após pigarrear, comentou:

– Bem... Minha amiga secreta é uma pessoa de bom coração, que cheguei a julgar por suas atitudes um tanto quanto intempestivas. Devo confessar que quando o dr. Alfredo me transferiu para o setor contábil fiquei chateada, acreditei que Marina havia tomado o meu lugar. Esqueci que a vida é sábia e age para o nosso bem e, por mais que acreditemos que o universo está contra nós, Deus sempre sabe o que faz. Foi neste setor, com o coração cheio de mágoas, que encontrei o amor da minha vida e estou muito feliz.

Os colegas se entreolharam. Os mais engraçadinhos voltaram a atenção para Guilherme. Ele entrara no escritório ainda adolescente e aos poucos foi subindo na empresa. Formou-se em Contabilidade e já era um dos contadores de confiança de Alfredo. Muitos brincaram com ele, e Carla esperou a brincadeira acabar e prosseguiu:

– É isso mesmo. Não é segredo para ninguém que eu e Guilherme estamos de noivado marcado. E agora, vou falar... minha amiga secreta é Marina!

A moça levantou-se enxugando discreta lágrima, que só Cléber viu cair por sua face. Depois de dar um abraço sincero na moça, repetiu o ritual e entregou seu presente para outro colega. Quando o nome de Alfredo foi citado pela senhora da faxina, ele recebeu o presente, abraçou-a e em seguida entregou o seu para Cléber.

Alegando enxaqueca, deixou os funcionários terminando a brincadeira e saiu.

Alfredo entrou em seu automóvel rapidamente. Às vezes se questionava o porquê de Leonor ter sido tão leviana. Ele sempre acreditou no seu amor e na sua fidelidade! Foi preso tentando ajudá-la e a todos de seu grupo a escapar da prisão. Achou que a amizade de Rodrigo com ele fosse sincera. E o que ganhou em troca? Foi muito humilhado. Até Marcelo, a quem tinha em alta estima sumiu quando soube o que a irmã havia aprontado.

Estava decidido que naquela noite acabaria com todos os segredos que envolviam o seu passado da mesma forma como na época da luta contra as forças armadas. Reuniria todos os envolvidos em sua casa.

Foi com esses pensamentos que entrou em casa. Leonor, que conversava com Dolores sobre o que fazer para a ceia natalina do dia seguinte, ao vê-lo entrar afoito levantou-se, indo em sua direção. Tentou lhe dar um beijo na face, mas ele a afastou, dizendo:

– Você quis remexer em nosso passado e eu não aceitei, pois não havia chegado a hora. Hoje conversaremos e colocaremos tudo em pratos limpos.

Leonor trocou olhares com Dolores como se estivesse suplicando sua ajuda. A senhora decidiu intervir a favor da amiga e interpelou:

– Não sei o que Rodrigo lhe falou, mas saiba que toda história tem duas versões!

Alfredo balançou a cabeça negativamente antes de responder:

– E quem disse que estou preocupado com versões? Rodrigo ainda não me falou nada e não sou homem de levar em consideração as palavras de um traidor. O que quero é resolver de uma vez por todas os assuntos ligados ao passado e depois seguir o meu caminho, se é que isso será possível depois desta noite. Quanto a você, não adianta querer defender sua amiga, sei que também tem culpa no cartório.

Alfredo contou em breve palavras o que queria que elas fizessem e as duas prometeram ajudá-lo, sem entender o que ele planejava.

***

– Marina, você tem certeza de que é isso o que quer fazer?

– Não tenho alternativa. Essa história tem de acabar. Alfredo deu sua palavra de que ninguém sairá ferido, só tenho de fazer o que combinamos.

– Não sei não, estou com maus pressentimentos!

– Deixe de ser bobo, Cléber. Faça o que lhe pedi e pronto. No mais, reze!

Marina dirigia enquanto conversa com o amigo. Ao chegar próximo à casa de Rodolfo, parou o veículo para Cléber descer. O rapaz, ao sair do carro, desejou-lhe boa sorte. Esperou a jovem dar partida no veículo e caminhou até a porta da casa de Rodolfo, onde um segurança, ao vê-lo se aproximar do portão, foi ao seu encontro. O jovem se identificou, e o guarda-noturno voltou para a sua guarita. Após ligar para o telefone interno da mansão, ele recebeu autorização para deixar o jovem entrar. Foi Rodolfo quem o recebeu impacientemente na porta principal da residência.

– O que aconteceu?

– Desculpe o mau jeito, é que Marina não pôde se comunicar com você pelo telefone e pediu para eu vir lhe explicar pessoalmente o que está acontecendo.

Rodolfo mandou-o entrar.

Ao se aproximar da sala, o moço viu Clarice e Francisco sentados, cumprimentou-os cordialmente e, em seguida, virou-se para Rodolfo que, percebendo seu embaraço, comentou:

– Aqui em casa todos sabemos o drama da família Alcântara; portanto, diga logo o que aconteceu!

Cléber passou o recado de Marina, e os três pediram mais detalhes. O rapaz falou o que sabia, e Clarice esperou o moço finalizar para comentar com o filho:

– É chegado o momento que Leonor temia. Não há mais nada a fazer a não ser elevarmos nossos pensamentos a Deus pedindo aos bons espíritos que os guiem para que tudo corra bem.

– A senhora está certa, não podemos interferir nos desígnios divinos. É melhor que tudo termine logo e que cada um possa recomeçar sua vida, mas preciso falar com Antunes, ele poderá nos ajudar com suas preces.

– Você tem razão, fale pessoalmente com Antunes. Ele saberá o que fazer! – comentou Francisco.

Cléber, ao ver o rapaz pegar as chaves do carro, despediu-se e seguiu com Rodolfo.

Antunes conversava animadamente com alguns médiuns do Centro Espírita que tinham ido até sua casa para lhe dar um abraço de Natal, uma vez que a casa havia entrado em recesso de quinze dias.

Carla, que deixou a festinha do escritório e foi direto para a casa do amigo com o namorado, comentou a certa altura da conversa:

– Você me parece estranho, preocupado. O que foi? Por acaso essa nossa surpresa o fez cancelar algum compromisso?

– Tem razão, Carla, nem perguntamos para Antunes se ele havia marcado algo para esta noite – comentou uma senhora.

Antunes, não querendo passar uma má impressão aos amigos, respondeu:

– Não é nada com vocês. Sabem que não tenho vida noturna ativa, minha vida é de casa para o Centro Espírita desde que me aposentei. Só estou pensativo... tenho uma sensação de que... – Antunes se calou ao ver a figura de Marcelo materializar-se à sua frente com o semblante tranquilo.

– Você veio para me avisar do que vai acontecer esta noite, estou certo? – Antunes perguntou mentalmente.

– Sim! A vida mais uma vez mostrará sua força. Nossos amigos passarão por momentos de apreensão, uma vez que todo o passado será posto em pratos limpos. Quem ainda estiver mantendo sentimentos negativos no coração sofrerá com as revelações que fatalmente serão feitas.

– Acha que devo ir à casa de Alfredo? Faço parte desse passado, embora nada sabia a respeito da vida deles, gostaria de ajudá-los.

– Isso quem deve decidir é você. De qualquer forma, vim para pedir que todos elevem seus pensamentos na casa de Leonor e Alfredo, pois todos precisarão de emanações de boas energias.

Ao dizer essas palavras, Marcelo desapareceu. Carla, ao vê-lo com o olhar distante, comentou com os outros:

– Antunes deve estar conversando com algum espírito amigo. Sempre que fica com esse olhar fixo em um ponto do espaço é sinal de mensagem do astral.

– Você está certa! – respondeu Antunes, ao voltar a si.

Ia contar-lhes o que lhe aconteceu quando a campainha soou. Carla foi abrir a porta e ao ver Rodolfo e Cléber deu passagem aos jovens, que entraram afoitos. Antunes, ao ver Rodolfo, comentou:

– Marina foi ao encontro de seu destino, um espírito amigo acaba de me passar a informação.

– Estou desesperado, temo que algo de ruim aconteça a Marina e...

Rodolfo colocou as mãos nos olhos. Seus sentimentos pela namorada eram verdadeiros. Ele queria estar no lugar dela. Sem conter o pranto, ele se desesperou. Antunes, depois de afagar-lhe os cabelos, pediu a seu mentor que emanasse energias restauradoras.

– Ninguém pode fugir de seu destino nem passar pelas provas de outra pessoa. Marina, embora tenha se arrependido de seus erros e os está tentando corrigir, deixou-se envolver por Rodrigo e não sairá ilesa dessa situação.

– E você me diz isso assim, com essa tranquilidade?

– Como já lhe disse várias vezes, a plantação é livre, mas a colheita é obrigatória. A menos que consigamos mudar a má plantação, antes que a colheita venha. A vida deu várias oportunidades para Marina rever suas atitudes. E sabe o que ela fez? Falamos muito de Rodrigo, mas se ela e Valéria tivessem tido forças para se livrarem das garras dele, estariam vivendo uma vida feliz, talvez longe daqui.

– Desculpe, eu não quero me intrometer, é que enquanto falava uma dúvida instalou-se em minha mente.

– Pode perguntar, Carla. Você e todos que aqui estão são abnegados trabalhadores do bem e compartilham de nossa aflição neste caso específico.

Carla olhou para todos os presentes. Ao vê-los à espera de sua pergunta, respirou fundo e, enchendo o pulmão de ar, falou:

– Suponhamos que Marina e a mãe não tivessem cedido às chantagens de Rodrigo e que neste momento estivessem fora do país vivendo sua vida. Quem garante que elas estariam imunes ao que vai acontecer hoje?

– Ninguém pode garantir isso. Se elas tivessem de saber a respeito dessa situação, de uma forma ou de outra saberiam. Deus age na vida de cada um de seus filhos a favor do bem; a diferença está exatamente em como aprender, pois ninguém precisa passar por uma encarnação de dor e sofrimento para obter o reino dos céus, podemos escolher com o nosso livre-arbítrio como enfrentaremos as provas da vida. Se as enfrentarmos com fé e alegria, emanando e vibrando amor, aprenderemos a mesma lição sem sofrermos tanto. É essa a diferença que a maioria dos encarnados, principalmente aqueles que pensam que é preciso sofrer para expurgar os pecados e ganhar a morada do altíssimo, não percebem. Existem milhões de pessoas sofrendo por não entender que não é preciso sofrer para ser bom, honesto e ter uma encarnação proveitosa. Eu, em minha experiência como dirigente espírita, já ouvi centenas de relatos de recém-desencarnados que acreditaram que sofrendo herdariam o reino dos céus e acabaram acordando nas zonas umbralinas, porque só sofreram, não aprenderam a lição. O que nos torna pessoas melhores são as nossas mudanças de atitudes.

Carla ficou calada e, como ninguém respondeu, Antunes prosseguiu, mudando o rumo da conversa:

– Eu gostaria de pedir aos que puderem ficar nesta casa, que entrem em harmonia com Deus neste momento e imaginem uma luz branca entrando na casa de Leonor e penetrando em cada cômodo. Vibrem amor por todos os que estão naquele lar. Enquanto isso, vou até a mansão, pois é isso que meu coração está pedindo.

– Eu o levo! – respondeu Rodolfo.

Antunes, após consentir com a cabeça, saiu com o rapaz deixando Cléber e os outros em silenciosa prece.

***

Rodrigo entrou em seu quarto, olhou para os lados, e ao ver que Valéria não estava por perto tirou do bolso um pedaço de papel. Aproximou-se da parede, onde um belo quadro ocultava um cofre, e ao tirar a pintura do lugar e colocar os números do segredo o abriu, tirando de dentro um revólver calibre 38 que comprara meses atrás. Estava tão concentrado que deixou o papel com a combinação do cofre cair no chão. Ao passar pela sala encontrou Valéria assistindo ao jornal, alheia à sua presença. Ele, para chamar a atenção da esposa, postou-se à sua frente dizendo:

– Hoje termina o seu sofrimento. Se Marina fizer tudo direitinho será a última vez que vai me ver.

Valéria sentiu seu coração gelar e desligando a TV comentou:

– Olhe o que vai fazer; só consenti que usasse Marina porque não me deixou outra escolha. Agora lembre-se de que me prometeu agir de forma limpa, sem machucar ninguém.

– Fique tranquila, sabe que não sou assassino, mas sim vingador, ajo com inteligência, jogo com meus oponentes como quem joga xadrez. Estou prestes a dar um xeque-mate!

Rodrigo riu prazerosamente e deixou o local. Valéria, ao se ver sozinha, ficou apreensiva e sem conseguir pensar em mais nada. Foi para o quarto e ao abrir a porta e acender a luz encontrou o pedaço de papel com os números escritos. Ao perceber do que se tratava, rapidamente tirou o quadro da parede e abriu a porta do cofre. Com as mãos trêmulas pegou um caderno e sentou-se na cama. Folheou-o rapidamente, depois se lembrou da conversa que tivera com Marina a respeito do diário que Leonor pedira para ela tentar encontrar. A esse pensamento estremeceu. Aos poucos as peças foram se encaixando e, sem querer perder mais tempo, trocou de roupa, foi até a cozinha, pegou uma faca de corte e colocou em sua bolsa. Pensou: "Aquele miserável passou anos me enganando, mas se ele pensa que vai conseguir realizar seus planos, está muito enganado, eu o mato antes!".

Assim, ela deixou a casa. Havia um ponto de táxi a algumas quadras de sua casa e ela, entrando afoita no primeiro veículo que encontrou, pediu ao motorista que a levasse até o Morumbi, pois Marina havia lhe dado o endereço de Alfredo dias antes.

***

Marina parou o automóvel diante da casa de Alfredo. Ao descer do veículo, suspirou profundamente. Seu coração batia acelerado.

Alfredo deixara o portão aberto após dispensar todos os funcionários da casa. Ela entrou, passou pelo vasto jardim pouco iluminado, e entrou sem fazer barulho. Encontrou o chefe à sua espera. Ao vê-la, ele comentou:

– Vamos fazer como combinado e esperar que nosso peixe morda a isca! – a jovem consentiu com a cabeça. Ao perceber sua palidez, ele tentou tranquilizá-la: – Não vou deixar que nada de mal lhe aconteça, apenas quero mostrar para Rodrigo que ele não é tão esperto quanto acredita ser, esclarecer e enterrar de uma vez por todas nosso passado sombrio.

– No senhor eu confio, meu medo é da reação de Rodrigo. Ele é vingativo e ficará furioso quando descobrir que foi enganado!

– Não se preocupe, sei o que estou fazendo. Se minhas desconfianças se confirmarem, ele não terá condições psicológicas para sequer pensar em nos fazer mal.

Marina abriu um fraco sorriso. Nos últimos dias, com a ajuda de Rodolfo, que procurou explicar para a namorada tudo o que havia aprendido sobre espiritualidade, passou a enxergar a vida sob outra óptica. Percebeu alguns de seus erros e prometeu a si mesma que iria repará-los, mudando sua forma de ser e de tratar o seu próximo. Sem esboçar reação, ela seguiu Alfredo até o andar superior da mansão e ficou esperando a chegada do padrasto.

Rodolfo bateu a mão no volante do carro em sinal de nervosismo. O trânsito estava parado, muitos paulistanos estavam pegando as principais estradas para deixarem a cidade no feriado de Natal.

Antunes também estava parado no congestionamento. Ao ver que não conseguia sair do lugar comentou, tentando tirar da cabeça do rapaz as preocupações:

– Nessa época do ano é quase impossível andar de carro em São Paulo, mas não se preocupe, pois a Providência Divina trabalha a nosso favor e conseguiremos chegar à casa de Alfredo na hora certa, Rodolfo.

– Você tem razão. Depois, quem me garante que conseguiremos entrar na mansão? Mas quero estar por perto nem que seja no meio da rua, caso Marina precise de ajuda.

– Ajudará mais se mantiver a mente tranquila e a fé em Deus!

Rodolfo não respondeu. Em outro ponto da cidade, Valéria reclamava dos carros que rumavam em direção à Baixada Santista.

Rodrigo dirigia enquanto cenas do passado lhe vinham à mente. Lembrou-se do dia em que Dolores acordou a seu lado e do ódio que sentiu de Leonor e de Alfredo, o almofadinha, filhinho de papai, que lhe roubou o amor da jovem por ser um homem rico, ao contrário dele, que era um simples filho de comerciante.

"Não posso deixar que eles sejam felizes. Alfredo acha que tem tudo, mas vai descobrir que não tem nada e ainda carregará o maior remorso de sua vida", disse a si mesmo com total descontrole emocional. Assim, estacionou o veículo na calçada oposta à da casa de Alfredo e olhou para a mansão. De onde estava, via uma fraca luz acesa em um dos aposentos do andar superior. A essa constatação sorriu, Marina estava fazendo bem a sua parte e logo ele entraria para dar o golpe derradeiro no inimigo. Quando Leonor e Dolores voltassem do Guarujá a tragédia já estaria consumada e não lhes restaria mais nada a fazer a não ser chorar lágrimas de sangue pelo dia em que o fizeram de palhaço. Caminhou lentamente até a porta da entrada e ao ver o portão aberto pensou: "Alfredo deve ter dispensado os empregados".

Com cautela, abriu a porta e entrou devagar; passou pelo vasto jardim e ao entrar na casa procurou se localizar. A iluminação estava fraca, mas ele não queria acender a luz. Ouviu alguns sons vindos do andar superior e resolveu se guiar por eles. Subiu os lances de escada, passou por um longo corredor e se aproximou dos aposentos principais da casa. Olhou pela fresta da porta e viu que Marina conversava animadamente com Alfredo, deitada em sua cama. Sem delongas, abriu a porta, tirou a arma da cintura e aproximou-se dos dois dizendo:

– Então é assim que o maridinho fiel passa as noites longe da esposa? – E, voltando-se para Marina, elogiou: – Você fez um bom trabalho! Quanto ao senhor, aprume-se, a menos que queira ir para o inferno desgrenhado! – ordenou Rodrigo ao vê-lo sem camisa, acreditando que os dois haviam tido relações íntimas.

Marina trocou olhares com Alfredo, eles não imaginavam que Rodrigo apareceria com uma arma. Alfredo lhe enviou um olhar encorajador e esperou a jovem se levantar e ele fez o mesmo. Pegando uma camiseta que estava na cama, vestiu-a e pediu:

– Abaixe essa arma. Vamos conversar na sala como pessoas civilizadas.

Rodrigo aproximou-se de Marina e a pegou por trás. Colocando a arma em sua cabeça, falou:

– Por mim tudo bem. Ela vai na minha frente, pois se fizer alguma gracinha estouro seus miolos.

Alfredo consentiu e desceu os degraus devagar, seguido por Marina e Rodrigo.

– Chegamos Antunes. E agora, o que faremos? – perguntou Rodolfo fazendo o senhor fechar os olhos. Com o pensamento elevado, ele chamou por Marcelo, que disse:

– Deixe Rodolfo aqui e entre na casa, mas lembre-se de que o passado ficou para trás e nada do que for dito ou falado poderá abalar a sua fé. Você precisará emanar energia de amor a todos os envolvidos, sem se abater com o que está por vir.

– Fique aqui, qualquer movimentação mais brusca você entra!

Rodolfo não respondeu, queria a todo custo entrar naquela casa e tirar sua amada de lá, mas confiava em Antunes, sabia que eles estavam sendo protegidos pela luz. Confiando no plano astral, consentiu com a cabeça e desejou boa sorte ao amigo, que deixou o automóvel rumo ao acerto de contas com o passado.

O jovem fechou os olhos e começou a rezar. Os minutos passavam arrastados. Foi quando viu um automóvel de luxo parar na esquina da casa e uma senhora elegantemente vestida coberta com um lenço na cabeça, entrar pela porta do fundo da casa. Não a reconheceu. Pensou em sair e chamá-la, mas conteve-se. Aquela situação a cada minuto ficava mais estranha. O melhor a fazer era ficar atento.

Estava atento quando viu um táxi parar diante da casa e uma senhora descer do veículo, pagando o motorista e dispensando-o. Ela aproximou-se do portão e entrou no local. A essa visão, o rapaz comentou a si mesmo estupefato: "Não sei o que está acontecendo, mas está entrando muita gente na casa; acho melhor eu entrar também e ver o que posso fazer para ajudar". Assim, Rodolfo saiu do veículo, caminhou lentamente, entrou na casa e parou no jardim. Ao ver Antunes na soleira da mansão observando o que acontecia na parte interna e Valéria escondida mais atrás, decidiu ficar onde estava.

CAPÍTULO 17

CONHECENDO O PASSADO

– Para compreender os fatos presentes, precisamos olhar para o passado de coração limpo, compreendê-lo e abençoá-lo, pois não existe uma linha do tempo. Na verdade somos o somatório de todas as experiências que tivemos ao longo dos séculos – comentou Baltazar, que, ao ver que todos compreenderam o que ele quis dizer, continuou: – Hoje Marcelo não estará conosco, teve de voltar à crosta para ajudar nossos irmãos. Vale ressaltar que sua presença até este momento foi apenas para encorajá-los, uma vez que ele já abençoou o passado e vive o presente. Já olha para o futuro sem mágoa ou rancor de ninguém. Todos consentiram com a cabeça. Baltazar mais uma vez tocou na tela e a história recomeçou...

***

Marcelo chupava uma laranja que acabara de pegar no pé. Estava pensativo, Leonor estava grávida e não poderia colocar sua vida em risco, pois nunca se perdoaria se algo acontecesse à jovem. Pensou em sua mãe, em como ela estaria sofrendo com a ausência deles, sem ter notícias concretas do paradeiro de ambos. Temendo que sua casa estivesse sendo vigiada pelos investigadores, limitou-se a dar informações imprecisas a uma tia, uma vez por semana. Antunes, ao ver o amigo cabisbaixo, aproximou-se:

– Esta situação está ficando insustentável, não sei mais o que fazer!

– Pois eu sei. João me falou de um padre que é simpatizante da nossa causa. Vou levar Leonor até a casa que ele mantém para ajudar aos necessitados e pedirei abrigo para ela. Tenho motivos para desconfiar de que Rodrigo esconde algo e quero protegê-la. Sei que grávida não suportará as pressões da polícia, caso sejamos presos.

– Padre Nelson é uma alma boa. Eu o conheci dias atrás na companhia de João. Leonor estará protegida. Acredito que é o melhor a fazer no momento...

Antunes ia prosseguir, mas ao ouvir a voz de Rodrigo, calou-se. O jovem, ao vê-los quietos, comentou:

– Precisamos decidir quem vai comigo a São Paulo para pegar os documentos. Não posso ir sozinho, preciso de no mínimo mais duas pessoas para me dar cobertura.

– Eu vou! – respondeu Antunes. Lurdinha, que se aproximava e ouviu a conversa, interpelou:

– Eu também, estou cansada desta mesmice.

– Vocês têm certeza que querem ir? – perguntou Marcelo, olhando para Antunes, que sabia quais as suas intenções para ficar no local. Assim como Lurdinha, ambos consentiram com a cabeça.

– Então, está decidido! Vocês vão com Rodrigo, enquanto eu ajeito tudo por aqui.

– Se é assim, partiremos amanhã cedo – comentou Rodrigo, sentando embaixo do pé de laranja.

Na manhã seguinte, os três partiram para a capital. Marcelo, após se despedir dos amigos ao lado de Leonor e Dolores, voltou-se para a irmã:

– Arrume suas coisas, você vai sair comigo!

– Vamos para onde? O combinado não foi ficarmos aqui até a volta dos três para fugirmos juntos?

Marcelo trocou olhares com Dolores, que respondeu:

– Não discuta com seu irmão. Você está grávida e temos fortes razões para acreditar que Rodrigo está nos traindo.

– Rodrigo? Mas como? Vocês estão ficando alucinados!

– Não, minha irmã, não estamos!

Leonor colocou as mãos na testa pensando por alguns segundos. Em seguida, perguntou:

– Se está tão desconfiado de Rodrigo porque deixou Lurdinha e Antunes saírem com ele?

– Não se preocupe, ambos estão cientes do que pode lhes acontecer. Ontem, enquanto Rodrigo pescava e você dormia, fizemos uma pequena reunião e decidimos que seria melhor para você ser levada a um local seguro. Caso Lurdinha e Antunes sejam pegos, isso acontecerá na capital e eles não correm risco de morte, uma vez que os policiais não podem demonstrar sua ira ao ar livre. Eu e Dolores ficaremos aqui e se nossas desconfianças não se confirmarem, acredite, rezo para que isso aconteça, eu busco você para sairmos do país.

Leonor começou a chorar. Alfredo fora preso e agora todos estavam correndo risco de morte, inclusive seu irmão. Se ao menos tivesse coragem de abortar, tudo estaria resolvido, mesmo que não conseguissem sair do país, não se sentiria responsável por atrapalhar a vida de seus amigos. Com o coração apertado, ela abraçou Marcelo com força, que lhe deu um beijo na face e se afastou, tentando brincar:

– O que é isso, garota? Não vai para um convento, só vai passar um tempinho com um padre bonachão!

– Ah, meu irmão, só você para brincar num momento como este. Temo pela vida de todos e se algo acontecer a alguém, nunca vou me perdoar!

– Aqui não tem nenhuma criança, todos que aceitaram lutar pela liberdade sabiam exatamente o que estavam fazendo.

Leonor não respondeu. Dolores, vendo a amiga triste, levou-a para o quarto e a ajudou a fazer as malas. Mais de uma hora depois, os três entraram na igreja. Padre Nelson conversava com um sacristão. Ao vê-los, abriu um sorriso acolhedor e estendendo os braços para Marcelo, que o abraçou carinhosamente, comentou:

– Sejam bem-vindos à casa de Deus!

– Padre, trouxe minha irmã Leonor para que a proteja enquanto eu não estiver por perto.

Nelson olhou para a jovem. João havia lhe falado de sua gravidez e do que estava se passando com ela quando foi lhe pedir ajuda. O padre, após dar uma leve olhada para sua barriga, respondeu:

– Não se preocupe, meu filho, sua irmã e esse pequeno ser abençoado que ela carrega no ventre estão em boas mãos.

– Tenho certeza, padre!

Marcelo beijou a mão do sacerdote e abraçou a irmã, que chorava copiosamente.

– Padre Nelson será o responsável por você daqui para a frente. Não fique triste, voltarei em breve com boas notícias.

– Eu vou esperá-lo, meu irmão.

Marcelo não respondeu, naquele momento sentiu que não cumpriria sua palavra. Dolores pediu licença ao amigo e abraçou Leonor demoradamente. Enquanto se despediam, Nelson chamou Marcelo:

– Sua irmã poderá ficar conosco o tempo que for necessário. Agora deve se preocupar com sua própria vida, os tempos são difíceis, sigam com Deus no coração e ele vai abençoá-los.

– Não há guerra sem sangue, padre! Sigo em paz e aconteça o que for estou ciente do caminho que escolhi. Só espero que as gerações futuras olhem para o passado e deem valor ao que estamos tentando conquistar de forma construtiva e não confundam liberdade com libertinagem.

Nelson esboçou um leve sorriso. Em seguida, Marcelo abraçou mais uma vez a irmã e saiu da igreja sem olhar para trás. Dolores o acompanhou com o coração apertado.

***

O sol brilhava naquele começo de tarde na cidade de São Paulo quando Lurdinha, Antunes e Rodrigo desceram do veículo na área central. A jovem, sentindo um oco no estômago, pediu para os jovens pararem ao ver um restaurante, o que foi bem aceito pelos rapazes, que entraram rapidamente no local. Antunes, ao ver Rodrigo apreensivo, comentou:

– Você está muito tenso, ninguém sabe que estamos na capital; portanto, não há o que temer!

– Claro que ninguém sabe que estamos aqui! É só pegarmos os documentos e voltarmos para o interior. De lá *bye*, *bye*, Brasil.

A moça trocou olhares com Antunes. Uma hora depois estavam na rua. Caminharam lentamente até chegarem diante da casa onde Alfredo havia sido preso dias antes.

Rodrigo, ao parar na entrada principal, falou:

– Vamos fazer como o combinado, Lurdinha fica aqui em frente e Antunes vai para a esquina. Caso perceba alguma movimentação diferente, você avisa Lurdinha, que bate na porta. Com isso, nós três teremos condições de fugir se algo der errado.

Antunes concordou com a cabeça; olhou para a amiga, que se posicionou. Rodrigo, ao vê-los como havia ordenado, entrou na casa e saiu meia hora depois com um sorriso no rosto. Os três se reuniram e andaram rapidamente. Ao chegarem à avenida São João, Antunes olhou à sua volta. Sempre que podia passeava por aquela avenida, que de noite era frequentada por boêmios que procuravam os bares para beber e conversar com os amigos. Ficou tão distraído que não viu Osmar se aproximar acompanhado de alguns policiais, que os parou dizendo:

– O jogo de gato e rato acabou para vocês. Considerem-se presos!

– Não estamos fazendo nada de errado. O senhor deve estar nos confundindo – comentou Antunes tremendo dos pés à cabeça e fazendo Osmar trocar olhares com Júlio, que riu prazerosamente, antes de se aproximar do jovem e dizer:

– Vocês são acusados de conspiração contra o estado, por acobertarem terroristas, incentivarem a vadiagem entre outras coisas.

– E como sabem não terão direito ao *habeas-corpus*. Sejam bonzinhos conosco! – interpelou Osmar, que ordenou para os policiais algemarem os três e colocou um em cada carro, que seguiu com as sirenes ligadas rumo à sede do DOI–COD.

Júlio parou o veículo na rua da Consolação, olhou para Rodrigo, que fora colocado propositadamente em seu carro, e afirmou:

– Vamos soltá-lo e fazer como combinado. Se suas informações forem falsas, amanhã mesmo quando voltarmos a São Paulo eu o prendo e mato!

– Não será preciso, minhas informações são seguras; é seguir o roteiro que lhes dei que chegarão ao sítio onde João estará pela manhã.

– Você está fazendo um ótimo trabalho, se continuar assim poderá sair do país levando sua garota – comentou Júlio, trocando olhares com Osmar, que abaixou a cabeça.

– É só o que lhes peço depois da ajuda que estou lhes prestando!

Osmar riu ao ouvir as palavras do rapaz. Em seguida, abriu a porta da viatura para ele sair. Rodrigo deixou os investigadores. Estava alegre, seu plano estava dando certo e só faltava entregar Marcelo e João. Este já estava sendo procurado, havia cartazes espalhados por toda a cidade com sua foto, e em letras legíveis o nome de terrorista.

"Ah, Leonor, agora você será minha de qualquer jeito ou acabará na cadeia como seus amiguinhos", disse a si mesmo ao se misturar com a população pela movimentada rua.

***

Caía a tarde quando Antunes entrou nas dependências da sede do DOI–CODI na cidade de São Paulo. Passou por um vasto corredor e foi direto para uma sala onde quatro homens com cassetetes o obrigaram a se despir e amarraram suas mãos entre as pernas, passando um pedaço de pau roliço por entre suas dobras. Antunes se debatia na tentativa inútil de fugir da tortura, e foi com muita dificuldade que os investigadores conseguiram colocar as pontas da madeira entre duas mesas, deixando-o em uma posição vergonhosa. Assim, saíram, sem se incomodarem com os gritos do rapaz. Horas depois, quando Júlio e Osmar entraram, encontraram-no pingando de suor. Ao olhar para Osmar, ele brincou:

– Nosso rapaz deve estar gostando da posição, pois ainda não começou a chorar!

Os dois riram. Osmar pegou um cassetete e deu com força nas nádegas do jovem, que não conseguiu conter o grito de dor.

– Nós já sabemos de tudo. Se entregar os seus amigos terroristas, seremos mais brandos com você.

– Eu não sei do que estão falando. Não conheço nenhum terrorista!

Osmar aproximou-se mais uma vez do jovem e começou a espancá-lo. Quanto mais Antunes gritava e dizia não saber o que eles estavam querendo, mais apanhava. O jovem sofreu aquela tortura por mais de uma hora. Quando Osmar cansava, Júlio continuava.

O jovem passou por todos os tipos de torturas sem nada dizer. Quando foi jogado em um colchonete no chão, sentiu uma dor extrema e desmaiou.

Em seguida, foi a vez de Lurdinha, que foi posta na mesma posição do amigo e recebeu a visita dos dois investigadores, que lhe fizeram passar por todos os tipos de humilhações incluindo abuso sexual. A jovem, não aguentando, contou o que sabia a eles, que satisfeitos e saciados, levaram-na para uma cela isolada, onde ela passou a noite entre lágrimas e dores.

***

Baltazar fez uma pausa. Ao ver que todos estavam emocionados, com ternura na voz falou:

– Como podem ver, todos sofreram, alguns aprenderam com o sofrimento e tornaram-se seres humanos melhores, outros ainda guardam dor e revolta.

– E não é para menos, você não sabe o que passamos. Lutamos por justiça, para ter o direito de escolher o que achávamos ser o melhor para nós e para o povo brasileiro. Em troca, recebemos torturas nos porões da ditadura.

– Sim. Não estou dizendo o contrário, mas quero que entendam que o ódio não leva ninguém a lugar nenhum. Você, João, passou anos tentando vingar-se de Rodrigo; e o que ganhou? O que você não percebeu ainda é que um erro não justifica outro, e que a partir do momento em que alguém o ofende e você decide retribuir a ofensa está se igualando ao primeiro. Por que acha que Cristo ofereceu sua outra face? Justamente para nos mostrar que o ódio e a vingança gerarão mais ódio e vingança; apenas o amor puro pode quebrar essa corrente maléfica.

– Você fala do amor como se fosse fácil amar quem nos faz mal – comentou Luíza. Baltazar, sentando-se ao seu lado, olhou para a jovem e comentou:

– E é fácil, minha querida. É só mudar o padrão vibratório. Quando alguém faz algo que nos desagrada, em vez de ficarmos remoendo aquela atitude negativa, devemos olhar para aquele ser com os olhos de Deus e perceber que aquele indivíduo também galga as trilhas que vão nos levar à redenção. É como a criança que não sabe o que faz e é passível de erro. Ninguém erra porque quer, mas sim porque acredita em seus valores, que podem estar deturpados e incutidos no subconsciente ao longo das encarnações. Para mudá-los, basta uma atitude.

Luíza ficou pensativa, Baltazar levantou-se e, olhando-os, comentou:

– Vou mostrar um diálogo que Nelson teve com Leonor no dia em que ela chegou. Acho que vai ajudá-los a compreender melhor o que estamos conversando.

Assim, eles voltaram a atenção para a tela.

Leonor apareceu, estava entrando em uma casa simples onde algumas mulheres preparavam a refeição noturna. Nelson, após apresentá-la, foi para a varanda. Leonor, colocando seus pertences no quarto que uma jovem lhe indicou, voltou até onde ele estava e sentando-se em uma rede comentou:

– O senhor é um homem bom. Vejo isso em seus olhos, só não entendo o que faz envolvido com a política.

Nelson olhou para a jovem e, procurando encontrar as palavras certas, respondeu:

– Não estou envolvido com política. No meu modo de ver, esse não é o papel da igreja; simplesmente acolho vítimas do ódio alheio.

– Vítimas do ódio? E por acaso acredita que sou uma?

– Sim – respondeu o padre saindo de onde estava. Sentou-se ao lado da jovem e continuou: – Você é vítima do ódio que impera na humanidade e não consegue enxergar uma saída pacificadora para seus desentendimentos. Não estou do lado de ninguém, mas sim do lado de Cristo, que pregou a paz na Terra aos homens de boa vontade.

– Não sou religiosa, mas estou achando que o senhor é um santo. Onde já se viu falar em paz enquanto o mundo passa por essa tormenta de guerra!

– É falando em paz que a conseguiremos. Não devemos nos rebelar contra o ódio, pois isso acarretará mais ódio. Temos de nos voltar para a paz, que levará o mundo para a frente. Enquanto os seres humanos não aprenderem a viver em harmonia, haverá guerras em todas as partes e pelos motivos mais banais.

– Então o senhor não é contra o governo? Quando vim para cá acreditei que estava nas mãos de amigos que compartilhavam dos mesmos ideais.

– E compartilhamos, queremos viver num mundo melhor, o que muda é a forma de vermos este mundo, minha filha. Você acredita que deve lutar com todas as armas dos homens para vencer a tirania de um governo. Eu acredito em Deus, que é a pura manifestação do amor, e quando falo de amor não me refiro ao amor carnal, mundano, que é limitado e um dia vira pó; refiro-me ao amor na sua essência, aquele que não cobra, não pede, simplesmente se sente e se transmite por meio de atos de bondade, sem querer nenhum tipo de retribuição. Esse amor emanado em massa acabaria com qualquer guerra no mundo em instantes.

– Isso é utopia, padre, me faz lembrar de uma frase que ouvi: *"Ainda que eu falasse a língua dos homens e a dos anjos, sem amor eu nada seria"*.

– E nada seria mesmo, porque o amor é Deus em manifestação. Quem não sente amor dentro de si não sente Deus em sua essência, não pode ser feliz, nem amar, pois ninguém dá o que não possui. Acredito que Deus habita e, cada filho, mesmo os que parecem ter um coração de pedra, um dia descobrirão que há uma rosa em seu peito pronta para desabrochar e vivenciar o amor Divino.

Leonor ficou pensativa. Aquela conversa com o padre a acalmou; não querendo mais incomodá-lo, pegou em sua mão, deu-lhe um leve beijo, agradeceu e saiu. No fim da noite, deitou-se na cama e adormeceu tranquilamente com o coração ainda leve pela palestra benéfica que teve com o pároco.

***

Dolores serviu uma sopa de ervilha para ela e Marcelo. Os dois jantaram em silêncio, cada qual absorto em seus pensamentos. Quando terminaram a refeição, sentaram-se em um banco no jardim. As primeiras estrelas despontavam no céu quando Marcelo olhou para o alto contemplando aquele espetáculo da natureza. Em seguida, voltou-se para a amiga:

– Quando eu era pequeno acreditava que quando as pessoas morriam iam morar nas estrelas.

– E hoje acredita em quê?

– Não sei, ouvi falar sobre o Espiritismo e li um livro que falava sobre a vida após a morte, mas não sei se acredito nessa teoria.

– Eu não acredito, para mim só temos uma vida: morreu, acabou. Não quero me apegar a uma ilusão só para acalmar meu coração.

– Na noite passada sonhei com minha avó. Ela estava linda, vestida de branco. Levou-me para um jardim bonito e ficou conversando comigo. Pena que não me recordo de nossa conversa, pois acordei melancólico.

– Isso não é nada, estamos passando por um momento difícil. Lurdinha e Antunes em São Paulo sem sabermos se eles conseguiram ou não os documentos; a ameaça de sermos presos a qualquer momento; tudo isso faz com que sonhemos com coisas do outro mundo, onde a beleza nos reconforta caso nos aconteça algo de ruim.

– Talvez tenha razão. Vamos dormir, amanhã teremos um longo dia pela frente e precisamos estar dispostos.

Marcelo abraçou Dolores e juntos entraram na casa, indo cada um para o seu quarto. Assim, adormeceram.

***

Um vento forte e gelado bateu no rosto de Osmar naquela madrugada fria, fazendo o investigador olhar para o amigo e dizer:

– Se aquele paspalho nos deu uma informação falsa nem sei o que sou capaz de fazer com ele!

– Acalme-se, vamos pegar João e sairemos daqui com nossa promoção garantida.

– Assim espero, não vejo a hora de colocar minhas mãos naqueles terroristas e interrogá-los.

– Sei por que quer interrogá-los, sente prazer em fazê-los sofrer.

Osmar olhou para o amigo com ar de reprovação. Osmar, após rir prazerosamente, falou:

– O que foi? Falei alguma mentira? Você e eu somos parecidos é por essa razão que nos damos tão bem. Devo lhe confessar que fico extasiado em torturar esses jovens tolos.

Osmar não respondeu, estava com os nervos em frangalhos. O grupo de terroristas do qual João fazia parte era extremamente perigoso e pegá-los virara questão de honra não só para ele, mas para todos os oficiais da corporação.

O dia estava amanhecendo quando Dolores e Marcelo saíram. Foram caminhar por uma estreita trilha na mata, feita clandestinamente por moradores para diminuir o percurso entre uma fazenda e outra. Em pouco mais de quarenta minutos avistaram o rancho abandonado e com cautela se aproximaram do local; passando pela porteira, viram a sombra do amigo dentro da casa e ao entrarem o abraçaram fortemente.

João, após o caloroso cumprimento, comentou:

– Espero que não tenham sido seguidos. Hoje acordei com um mau pressentimento.

– Fique tranquilo, viemos pela trilha e ficamos de olho por onde passamos. Não há nenhum sinal de ser vivo por estas bandas.

– Ótimo. Nosso esconderijo é bem protegido, dificilmente alguém vai nos encontrar, porém por estas paragens já não posso dizer o mesmo, ainda mais porque não sabemos pelo que nossos companheiros estão passando.

– Nem me fale. Estou preocupado; se Lurdinha e Antunes não voltarem até o meio-dia, vamos precisar de sua ajuda. É por esse motivo que viemos aqui. Precisamos saber como chegar até o grupo de guerrilheiros.

João indicou-lhes onde estavam os guerrilheiros. Ficavam escondidos a alguns quilômetros dali. Os dois ouviram atentamente. Dolores conhecia o grupo, pois foi a eles que se aliou ao deixar o Rio de Janeiro; porém não estava a par do novo esconderijo que o grupo fazia questão de trocar para não ser pego. Os três já estavam se despedindo quando João ouviu passos e pediu silêncio. Ao ver uma sombra aproximar-se do portão principal, voltou-se para eles dizendo:

– Estamos sendo cercados; há uma saída no fundo, se corrermos não vão nos pegar.

– Vão vocês, eu fico. Alguém precisa servir de isca enquanto vocês fogem – respondeu Marcelo.

João, ao ver que o amigo estava certo, voltou-se para Dolores e ordenou:

– Vá na frente, nós a encontraremos mais tarde.

Dolores olhou para os dois com lágrimas nos olhos e sem dizer uma palavra saiu correndo. João tirou uma arma da cintura e ficou à espera de um movimento dos policiais, que já podiam ser vistos aos montes na frente da propriedade. Com um olhar de ódio comentou:

– Aquele desgraçado do Rodrigo nos traiu, mas isso não vai ficar assim, vou atrás dele até depois de morto.

Marcelo ia responder, mas não deu tempo. João começou a trocar tiros com a polícia, que se aproximava cada vez mais da casa. Um disparo o acertou, fazendo-o cair ao chão.

Marcelo, ao ver que o amigo ainda estava com vida, tirou a camisa, foi até a janela e chacoalhou o pano. Júlio, ao ver o gesto do rapaz, aproximou-se da porta e ao abrir com um chute, encontrou Marcelo com as mãos para cima. Em seguida, voltou seu olhar para o chão, aproximou-se de João, que ainda agonizava e o chutou, dando-lhe um tiro de misericórdia. Voltou-se para Marcelo e disse:

– Você foi sentenciado à morte por ajudar terroristas e atentar contra a pátria.

Ao dizer essas palavras, descarregou a arma em cima do jovem, que desencarnou na hora. Quando Osmar entrou no local e viu os dois corpos no chão, pegou Júlio pelo colarinho e bradou:

– Quem lhe mandou matar esses desgraçados? Eu precisava de um deles vivo para interrogar e descobrir o paradeiro de Frederico.

Osmar olhou à sua volta e se deu conta de que Dolores conseguira fugir. Assim, deu ordens para que todos os policiais fizessem uma varredura em toda a área; mas a moça já havia conseguido escapa para bem longe deles, o que o fez esbravejar com ódio, pois acre va que ela lhe entregaria os outros terroristas procurados.

***

João deixou uma lágrima cair ao ver as cenas de seus últimos minutos na carne. Luíza e Conceição não disseram nada. Baltazar quebrou o clima melancólico que se instalou no local falando:

– Como lhes disse há pouco, o ódio atrai mais ódio. Espero que tenha compreendido o significado dessas palavras, João.

– Compreendi sim, meu amigo. Nessa existência eu acreditei na Lei do Olho por Olho, Dente por Dente e colhi as minhas semeaduras; tudo o que mais quero é ser feliz e esquecer esse passado triste.

– Deus sempre nos dá novas chances de aprendizado na matéria. Para esquecer uma encarnação precisamos reencarnar e começar de onde paramos. Aos poucos vamos mudando nossas atitudes. Você agora poderá estudar e trabalhar no astral maior até ter autorização para regressar e colocar em prática a Lei do Perdão.

– Assim espero, meu amigo!

– Vamos fazer uma pequena pausa; em seguida veremos como se deu o reencarne de Luíza e depois conversaremos.

Conceição fez sentida prece pedindo a Deus para iluminar a mente de Luíza para suportar com resignação as cenas que estavam por vir.

CAPÍTULO 18

CONVERSA CIVILIZADA

Dolores espiou pela fresta da porta. Ela e Leonor aguardavam no escritório particular de Alfredo, de onde dava para se ouvir o que todos falavam. A senhora, ao ver Rodrigo apontando a arma para Alfredo e Marina, andando de um lado para o outro sem nada dizer, voltou-se para amiga sussurrando:

– Rodrigo está completamente desequilibrado.

– Acho melhor chamarmos a polícia, Dolores!

– Não, ele não quer machucar ninguém, só quer falar o que leu naquele diário, pois acha que com isso acabará com o casamento de vocês dois.

Leonor lembrou-se da conversa que tivera com Alfredo horas antes, quando ele lhe disse que sabia toda a verdade e que depois de resolver sua pendência com Rodrigo, falaria a respeito do assunto com ela.

De repente, Rodrigo falou:

– Então quer dizer que o meu amigo politicamente correto deixou-se seduzir por uma jovem indefesa?

Alfredo olhou para Marina, que abaixou a cabeça e respondeu:

– Rodrigo, não foi nada disso, eu só...

– Cale-se, só quem fala aqui sou eu – berrou Rodrigo, aproximando-se de Marina e encostando a arma em seu queixo. – Você fez um belo trabalho, sabe que cheguei a duvidar que conseguiria seduzir esse velho babão? Mas você cumpriu a sua parte e terá sua recompensa. Você será milionária... Só milionária, porque feliz será impossível!

Rodrigo soltou uma risada estrondosa, fazendo Dolores e Leonor encostarem bem o ouvido na porta para escutar melhor o que eles falavam. Marina, não suportando mais, respondeu:

– Eu não quero seu dinheiro; só quero viver em paz. Fiz o que me pediu, agora diga logo o que quer de Alfredo e acabemos de uma vez por todas com essa história!

– Eu vou dizer, porém antes quero contar um pouco a respeito de nossa linda juventude! Você sabia que o seu patrão roubou Leonor de mim? Sabe que cheguei a pensar que ela não fosse uma interesseira? Mas eu estava enganado, claro, ela preferiu ficar com o almofadinha. Você acha que ela se casaria com o filho de um comerciante? Não. Não queria passar o resto da vida vendendo frutas no mercado municipal. Passar fome até seu marido se tornar um médico respeitado e só então lhe dar um pouco mais de conforto? De jeito nenhum. Leonor, aquela bela garota rebelde do fim dos anos sessenta, não se misturaria à gentalha, não a ponto de um relacionamento sério! E aquela governanta? Despeitada, fez-se passar pela amiga na calada da noite e se deitou ao meu lado, sabe por quê? Porque sempre foi uma recalcada incompetente. É por essa razão que ela e Alfredo se dão tão bem! São farinha do mesmo saco!

Rodrigo fez uma pausa para respirar. Enquanto falava, uma leve espuma branca aparecia no canto de sua boca. Ele estava completamente descontrolado, guardara aqueles sentimentos durante anos, esperando o momento certo para colocar toda a mágoa para fora. Agora que Alfredo estava à sua frente, impossibilitado de fugir, sentiu uma sensação de realização lhe invadir o peito, e isso o deixou mais afoito.

– Sabe que quando soube da morte daquela pobre jovem eu disse a mim mesmo que havia chegado o momento de acabar com a sua alegria, com esse seu sorriso largo, de quem sempre teve tudo o que quis e nunca soube o que é sofrer!

– Você é um coitado, Rodrigo. Nunca valorizou as boas coisas da vida e foi por esse motivo que Leonor preferiu a mim. Não pelo meu dinheiro, ela nunca se preocupou com o vil metal, éramos intensos e tínhamos valores, lutávamos por um país justo, onde todos pudessem viver em melhores condições, com distribuição de renda e liberdade de ir e vir. Você, com seus conceitos deturpados, foi quem enxergou a todos dessa forma mesquinha que acabou de descrever. Alimentou um ódio inútil, que não vai levá-lo a lugar algum. Diga-me logo o que quer e deixe-nos em paz! – respondeu Alfredo a contragosto de Marina, que suplicava com os olhos para que ele não revidasse.

Rodrigo detestava ser contrariado, mas ao contrário do que ela imaginou, ele riu em zombaria e, fingindo não ouvir as palavras de Alfredo, apontou a arma para ele dizendo:

– Você é muito valente, Alfredo. Admiro essa sua qualidade, pena que morrerá com ela. Mas antes de apertar o gatilho, preciso acalmar seu coração, pois sei que sofre muito com a morte daquela pobre coitada, que nem era sua filha...

Rodrigo engatilhou a arma. Estava pronto para finalizar o golpe derradeiro de sua vingança quando ouviu um estrondo vindo do cômodo ao lado, o que o distraiu. Nesse momento, Antunes, que escutava toda a conversa, entrou sorrateiramente na sala e conseguiu segurá-lo por trás, desarmando-o. Os dois entraram em luta corporal. Antunes, procurando se defender dos socos e pontapés dados por Rodrigo, conseguiu contê-lo.

Marina pegou a arma que caiu no chão e a apontou para Rodrigo:

– Agora quem vai ouvir é o senhor, e calado. Senão, quem vai se vingar aqui sou eu, pois, acredite, tenho motivos de sobra para isso!

Rodrigo olhou com ódio para ela, mas não disse nada. Alfredo correu para o escritório e encontrou Leonor desmaiada. Chamou Antunes, que o ajudou a levá-la para a sala, onde ela acabou acordando.

Dolores, após trazer-lhe um copo com água comentou:

– Leonor não aguentou a pressão e acabou desmaiando. Ainda bem que você chegou, Antunes, foi Deus quem o trouxe a esta casa hoje!

– Pode acreditar que foi! – respondeu.

Os ânimos estavam exaltados. Antunes procurou acalmar a todos, tirou a arma das mãos de Marina e a descarregou. Voltando-se para o grupo falou:

– A vida nos trouxe a esta casa porque precisamos passar a limpo nosso passado e acabar de uma vez por todas com as mágoas de outrora. Só assim conseguiremos viver em paz com nossa consciência e poderemos seguir nosso caminho evolutivo. Portanto, a partir de agora conversaremos como pessoas adultas e civilizadas sem ameaças de morte, tudo bem?

Todos consentiram com a cabeça, menos Rodrigo, que criava fôlego, limitando-se a olhá-los.

Rodolfo aproximou-se da porta da casa. Viu quando Antunes entrou no local e desarmou Rodrigo. Ao vê-lo sentado no sofá e ouvir as palavras de Antunes, decidiu voltar ao jardim. Aquela história não lhe pertencia e não sentiu em seu coração que deveria participar daquela conversa. Viu Valéria e foi ao seu encontro.

– Pela descrição que Marina me passou, você deve ser Rodolfo.

– Sou sim. E a senhora, quem é?

– Valéria, mãe de Marina. Não tive coragem de ficar em casa à espera de notícias e resolvi vir pessoalmente para saber o que se passava.

– Entendo. Estamos na mesma situação, mas acho que agora está tudo correndo bem; eles resolveram conversar civilizadamente.

– Que bom, assim sossego meu coração.

– Não quer esperar a conversa terminar em outro lugar? Conheço uma lanchonete aqui perto que serve um café expresso muito bom.

– Vou aceitar.

Assim, Valéria saiu em companhia do jovem, que continuava intrigado. Quando olhara para dentro da casa, não vira a elegante senhora que entrara pouco antes de Valéria. Achando que o nervosismo o fizera ver figuras imagináveis, abriu a porta do automóvel para a senhora entrar e, em seguida, entrou no veículo rumo à lanchonete onde os dois passaram a conversar sobre Marina e o futuro que os esperava.

CAPÍTULO 19

REVELAÇÕES INUSITADAS

Leonor andava lentamente devido ao adiantado de sua gestação. Já entrava no oitavo mês de gravidez e sentia-se muito mal. Soube por meio dos contatos de padre Nelson que Alfredo continuava preso e os outros jovens também; Marcelo e João estavam desaparecidos e Dolores estava com um grupo da guerrilha. Na casa em que estava alojada, fez amizade com outras moças, todas com dramas parecidos aos seus, algumas tinham namorados foragidos da polícia ou desaparecidos. Outras haviam perdido o marido em tiroteios, após tentativas de assaltos frustrados a bancos, onde os próprios funcionários tiveram aulas de tiro ao alvo para revidarem a assaltos de guerrilheiros, que viam nos bancos privados uma ótima oportunidade de conseguir dinheiro para o movimento esquerdista. Foi em uma tarde, conversando com uma jovem, que ela recebeu a visita de padre Nelson acompanhado de Rodrigo, que ao vê-la correu para abraçá-la dizendo:

– Ah, Leonor foi horrível. Fomos presos e eu só sai porque fui forte, embora tenha... – Rodrigo fez uma pausa para enxugar uma lágrima e em seguida balançou a cabeça negativamente: – Deixe para lá, não quero falar sobre os horrores que passei, fará mal para você e o bebê.

– Tudo bem, aqui todos já ouvimos falar dos métodos de tortura usados pelos investigadores. Muitas, só de ouvir o nome da instituição sediada no bairro do Paraíso, tremem dos pés à cabeça. Mas diga-me, falou com Alfredo? E Marcelo, apareceu?

– Não pude falar com Alfredo. Seu pai conseguiu aliviar sua situação e ele está cumprindo pena; logo será exilado. O mesmo acontecerá com Lurdinha. Antunes continua preso, mas não sei onde, nem quais acusações jogaram contra ele. Quanto a Marcelo, nenhuma informação!

– Rodrigo ficará conosco por algum tempo; ele está estudando Medicina e estamos precisando de ajuda nessa área. Vocês terão muito tempo para conversar – interrompeu Nelson, ao ver as lágrimas que corriam copiosamente pela face da jovem.

– Padre Nelson está certo, conversaremos em momento mais oportuno.

***

Os dias passaram rapidamente. Rodrigo tratou de se mostrar eficiente. Sua presença passou a ser indispensável para o padre, que o chamava para ajudar não só as moças que mantinha sob sua proteção no rancho, mas os pobres doentes. Todos gostavam dele e o respeitavam, como se realmente o jovem universitário já fosse um médico formado.

Em uma tarde ensolarada, Rodrigo conversava com Leonor quando Nelson chegou e disse:

– Estamos precisando de sua ajuda, Rodrigo. Tem uma mulher à beira do parto.

O jovem despediu-se de Leonor e acompanhou o padre. Em poucos minutos, chegaram à casa de pau a pique onde Conceição suava frio. Rodrigo pôs-se a examiná-la. A senhora não tinha contração, e o feto não estava em posição de nascer. Com a pouca experiência que possuía, ele arriscou:

– Você terá de ser forte, seu bebê não está pronto para vir ao mundo. Teremos de esperar a natureza agir; acredito que mais uns quinze dias. Até lá, nada de esforços físicos, fique em repouso absoluto.

Rodrigo pegou um pequeno caderno de anotações, olhou à sua volta e engoliu em seco, não havia nada naquele local, além de um fogão à lenha, uma cama feita de madeira de construção, um colchão fino e algumas panelas e pratos sujos dentro de uma bacia de ágata. Sem se deixar envolver por aquela pobreza extrema, que lhe embrulhava o estômago, perguntou:

– Cadê seu marido? Não pode ficar sozinha neste local, precisa de companhia dia e noite!

– Meu companheiro já morreu; estou sozinha no mundo, senhor.

Rodrigo trocou olhares com Nelson, prescreveu algumas ervas para a jovem e saiu. Esperou padre Nelson do lado de fora da casa; o cheiro de mofo misturado à louça suja, que a jovem não conseguira lavar nos últimos dias, deixou-o enjoado. Ao sair, o padre comentou:

– Vou pedir a uma senhora, que mora a alguns minutos daqui, para cuidar de nossa enferma e providenciarei as ervas que pediu. Mas você poderá visitá-la até a criança nascer?

– Claro que sim, padre. É para isso que estou aqui, para ajudar os necessitados com o pouco que sei.

– Pouco? Com a ajuda de Deus, o que sabe se torna muito, meu filho, desde que trabalhe com o coração aberto e sentimentos verdadeiros para com o semelhante.

– Claro, padre. Estou tentando fazer o meu melhor com Deus ao meu lado.

Rodrigo mordeu os lábios para não rir. Nelson percebeu o tom de ironia na voz do rapaz, mas não se perturbou. Tinha certeza de que com o tempo Rodrigo se compadeceria de verdade da dor alheia e se tornaria uma boa ovelha de seu rebanho.

Nos dias que se seguiram, Rodrigo passou a incluir as idas à casa de Conceição em sua agenda de visitas diárias. Aos poucos, foi conhecendo a vida daquela jovem que, embora aparentasse ser de meia-idade, ainda não deixara a casa dos vinte. Ao voltar de uma dessas visitas, encontrou Leonor deitada em uma rede. Ao vê-la, perguntou afoito:

– O que foi? Não me diga que já sente as dores do parto?

– Ainda não, só estou um pouco indisposta. Sinto que o bebê está mudando de posição e isso me causa arrepios.

– Arrepios?

– Sim, arrepios em minha alma, estou sozinha. Não sei se Alfredo vai se importar comigo ao sair da prisão. Às vezes, penso que nunca mais o verei... penso que se ele quisesse mesmo casar-se comigo teria pedido a seu pai que viesse me buscar.

Rodrigo abaixou-se e ficou frente a frente com a moça. Afagou-lhe os cabelos com carinho e num tom de voz amoroso passou a mão delicadamente por sua face dizendo:

– Se quiser, registro a criança como meu filho e viveremos juntos em outro país. O meu amor por você ainda vibra em minha alma e seria capaz de esquecer que me trocou por outro.

– Sei que ainda gosta de mim, mas amo Alfredo e é com ele que quero passar o resto de minha vida. Se os meus receios se concretizarem, criarei meu filho sozinha e nunca mais olharei para outro homem.

Rodrigo levantou-se. Por segundos teve ímpetos de esbofetear aquela mulher, que, mesmo sozinha e naquele estado, preferia a solidão e um futuro incerto a seu carinho e acolhida; mas controlou-se e dando uma desculpa qualquer deixou o local. Montou em seu cavalo e saiu a galope. Parando em uma fonte de água molhou o rosto. Em seguida, um lampejo passou por sua mente e ele sorriu. Se tudo desse certo iria se vingar de Leonor e de Alfredo. Com os pensamentos tumultuados, foi para a casa paroquial, onde dormia todas as noites, e ficou pensando detalhadamente em seus planos.

Os dias se passaram e em uma tarde chuvosa, a senhora incumbida de cuidar de Conceição foi à procura do padre. Encontrando Rodrigo foi direto ao assunto:

– Conceição está entrando em trabalho de parto e não sei o que fazer.

Rodrigo levantou-se de pronto, largou tudo o que estava fazendo e foi para a casa da jovem. Do lado de fora pôde ouvir seus gritos. Ao entrar no local pediu para a vizinha providenciar uma bacia com água morna e pano limpo. A senhora lhe obedeceu, voltando minutos depois. O parto não foi complicado, e Conceição deu à luz uma menina, mas desmaiou em seguida. Rodrigo, após fazê-la voltar do desmaio e fazer as recomendações médicas, deixou-a, prometendo voltar à noite para acompanhar seu restabelecimento.

Rodrigo andava de um lado para o outro da casa paroquial, tinha certeza de que a criança de Leonor nasceria nas próximas horas. Já estava se preparando para retornar à casa de Conceição quando uma das protegidas de padre Nelson entrou no local e pediu que ele comparecesse ao rancho com urgência. Com um sorriso de satisfação, o rapaz foi até o local e fez o parto de Leonor, sem nenhuma dificuldade. Após cortar o cordão umbilical, ele aproximou a menina da mãe e comentou:

– Veja, é uma menina e será tão bela quanto a mãe.

Leonor sorriu aliviada ao ver o rostinho de sua menina. Enquanto via Rodrigo limpar o bebê com a ajuda de uma das moças, acabou adormecendo. Acordou uma hora depois e alimentou pela primeira vez a pequena, sob a luz de uma vela.

Rodrigo pegou o cavalo e saiu a galope, chegando rapidamente à casa de Conceição. Encontrou-a com o olhar perdido no espaço e com carinho afagou-lhe o cabelo dizendo:

– Eu tenho um casal de amigos que não pode ter filhos e está disposto a pagar uma boa soma em dinheiro para quem lhes der uma criança.

Conceição deixou uma discreta lágrima rolar por sua face. Desde que engravidara pensou em colocar a criança em um orfanato. Agora, ao ouvir a proposta de Rodrigo, aquele pensamento lhe veio com força à mente. O jovem, ao vê-la titubear, tentou convencê-la:

– Pense bem, você ainda é nova; poderá refazer sua vida em outro lugar. Olhe à sua volta, que futuro poderá dar a essa menina? Os meus conhecidos são pessoas de posse, poderão proporcionar uma vida digna para sua filha.

– Você está certo. Pode levar a criança, mas não quero dinheiro nenhum, só estou fazendo isso porque não quero que essa pobre infeliz tenha o mesmo destino que o meu!

O rapaz concordou com a cabeça e rapidamente embrulhou a criança numa manta e saiu, deixando Conceição chorosa, porém aliviada com o destino que deu à filha.

A madrugada ia alta, quando Rodrigo entrou sorrateiramente no rancho e com a ajuda de uma das moças com quem mantinha um romance secreto, trocou as crianças, saindo em seguida rumo à casa de um casal de sitiantes que conhecera meses antes e deixando a pequena menina aos cuidados deles. Voltou à casa paroquial feliz por ter realizado a primeira parte de sua vingança.

Luíza olhou espantada para Conceição. Abriu e fechou a boca, queria questioná-la, entender o que se passou na mente daquela mulher que a deu à luz e se desfizera dela, mas conteve-se, nos últimos meses estava aprendendo a não julgar ninguém e a manter serenidade, mesmo nos momentos mais difíceis.

CAPÍTULO 20

NA CASA DE ALFREDO

Marcelo fechou os olhos pedindo a Deus que iluminasse a mente de todos que ali estavam. Sentiu as boas energias emanadas pelos amigos de Antunes, que continuavam em prece em sua casa e as transmitiu ao ambiente. Leonor já estava refeita. Dolores aproveitara o tempo em que amiga ficara se recompondo para fazer um chá, que, naquele momento, servia a todos. Antunes, ao sentir o ambiente mais tranquilo, voltou-se para todos e decidiu:

– Acho que finalmente poderemos falar abertamente sobre o passado.

– Ainda não! – respondeu uma voz feminina que vinha da área de serviço em direção à sala.

Leonor, ao ver de quem se tratava, olhou demoradamente questionando atônita:

– Lurdinha? O que você está fazendo aqui?

– Pronto, chegou quem faltava! Agora a família está completa. Só está faltando João e Marcelo. Eles devem estar vivos e entrarão por alguma porta secreta ou quem sabe seus fantasmas se materializem, como acredita nosso amado Antunes – interpelou Rodrigo, rindo sozinho.

Alfredo, sem se incomodar com o deboche, respondeu:

– Fui eu quem a convidou. Entreguei-lhe a chave da porta dos fundos para que pudesse entrar sem ser vista.

– Desculpe, Alfredo, agora quem não está entendendo nada sou eu. O que Lurdinha tem a ver com o que está acontecendo em nossa vida? – questionou Leonor, ainda não querendo acreditar no que via.

– Tudo. É engraçado como um erro, uma mentira, uma traição podem destruir a vida de muitas pessoas. E foi o que aconteceu com a nossa, um erro levou a outro e virou uma bola de neve difícil de se dissolver – respondeu Alfredo com lágrimas nos olhos. Para ele estava sendo muito difícil ter aquela conversa, principalmente porque não se sentia tão vítima quanto a esposa e Dolores acreditavam que ele fosse. Não querendo prolongar mais aquela aflição, ele respirou profundamente e, olhando nos olhos de Rodrigo, falou:

– Quando você reapareceu eu já sabia que Luíza não era a minha filha, mesmo assim o recebi com o coração limpo e acreditei que com a morte dela não tínhamos mais nada o que conversar, tanto que convidei você para jantar em minha casa. Naquela noite, percebi a aflição de Leonor e Dolores com a sua presença e fingi não perceber o clima pesado que ficou entre nós. Quando me falou de Marina, aceitei ajudá-la de pronto; conheci a moça, dei-lhe um emprego e, aos poucos, fui encaixando as peças do quebra-cabeça.

– Então você leu o diário? Mas como? – perguntou Dolores.

Foi Lurdinha quem respondeu:

– Eu entreguei a ele! – Dolores trocou olhares com Leonor que, com os nervos à flor da pele, fitou Lurdinha sem questioná-la. A senhora, após respirar, continuou: – Quando saí da prisão, pedi para meu pai me levar até a fazenda onde ficamos escondidos. O local continuava abandonado e passei o dia lembrando-me dos momentos felizes que passei ao lado de Marcelo, mesmo com a ameaça de ser presa. Eu amava aquele homem com toda a força de minha alma. Se eu fechar os olhos, ainda lembro de seu sorriso aberto, de seus olhos, que expressavam bondade e alegria e do seu cheiro. Ah, o cheiro de sua pele ainda vive em minhas lembranças mais íntimas. Marcelo era como um pai para mim, um amigo, um irmão, um filho; enfim, tudo, o ar que eu respirava era ele. Quando voltei àquela fazenda eu queria que um milagre acontecesse e do céu ele surgisse. Ao entrar na casa, encontrei algumas peças de roupas jogadas no chão, sujas e emboloradas e, ao entrar no quarto em que ficávamos, olhei embaixo do armário e vi aquele diário. Quando o peguei, abri por curiosidade e comecei a ler. A princípio, eram relatos da vida de Dolores. As dores que sentira ao perder seu namorado na sexta sangrenta, seus sentimentos em relação a nós e o que fizeram na calada da noite. Fiquei estupefata, nós éramos amigas! Naquele momento, pensei em queimar o diário, mas uma voz me pediu para guardá-lo. Levei-o comigo para a Europa, onde permaneci até um ano atrás. Ao voltar ao Brasil, a vontade de entregar aqueles relatos a Alfredo brotou forte em meu coração. Achei por bem procurá-lo; afinal, foi ele quem praticamente nos sustentou enquanto esperávamos a morte naquele sítio. Era um dever moral entregar o diário a ele para que pudesse conhecer a verdade e dela fazer o que melhor lhe aprouvesse.

Lurdinha calou-se não tinha mais nada a dizer e com o olhar passou a palavra para Alfredo, que, com lágrimas nos olhos, completou:

– Naquela tarde em que Lurdinha apareceu no meu escritório fiquei imensamente feliz, pois desde que eu fora preso nunca mais a tinha visto. Ela me deu o diário e fez questão que eu o lesse na sua frente. Em seguida, explicou-me os motivos para me entregá-lo. Fiquei extremamente abalado, não imaginei que Leonor tivesse me traído com Rodrigo. Não pelo fato em si, pois éramos jovens e não tínhamos um compromisso firme na época, nosso futuro era incerto e começava a se espalhar a moda do amor livre, em que a mulher poderia ter relações sexuais sem o compromisso do matrimônio. Depois de alguns dias de reflexão, decidi que Luíza precisava saber sua história e conhecer o nome de seu verdadeiro pai. Eu amava aquela menina com toda a força de minha alma e continuaria amando, nada mudaria meus sentimentos e sei que os dela também não. Foi quando decidi lhe enviar o diário por uma entrega rápida. Em minha mente, ela o leria e quando eu chegasse do trabalho conversaríamos a respeito e juntos falaríamos com Leonor. Era assim que resolvíamos nossos problemas... Nunca imaginei que ela tivesse o coração fraco e que não aguentaria tamanha emoção.

Alfredo começou a chorar, guardara aquele segredo em sua alma durante todos aqueles meses e pela primeira vez demonstrava sua fraqueza. Leonor, que ouvira o relato do marido, aproximou-se dele e afagou-lhe os cabelos:

– Não se sinta culpado, você errou, eu errei, e não podemos mudar o passado. Nesses últimos meses aprendi que o espírito é eterno e sempre é tempo de recomeçar.

– Como vocês são patéticos! Vou sair daqui antes que meu estômago embrulhe – comentou Rodrigo, levantando-se do sofá.

Leonor postou-se à sua frente e pegando-o pelo colarinho com força, olhou em seus olhos e bradou:

– Não vai, não! Aqui não tem nenhum santo, todos erramos e estamos revendo o passado para corrigi-lo; você não é diferente de nenhum de nós, antes de ir embora terá de responder o que fez com minha filha.

– Sim! – interpelou Dolores, que mais calma também começou a ligar os fatos.

– Você disse que Luíza não era filha de Alfredo. Desde que voltou, achávamos que fora você quem enviara o diário para a pobre menina, mas se quem mandou o diário foi Alfredo e você nunca teve acesso ao seu conteúdo, como soube que a filha que Leonor esperava era sua?

Alfredo olhou para a esposa, que voltou a sentar e, vendo a palidez em Rodrigo, voltou-se para ela dizendo:

– Não precisa se preocupar caso ele não queira responder. Eu mesmo o farei, pois não quero deixar nada sem resposta.

Alfredo era inteligente, já havia percebido o que ele fizera.

Com o olhar altivo, Rodrigo começou a contar sobre o tempo em que passou na casa paroquial de padre Nelson e sobre a ajuda que deu às pessoas carentes da cidadezinha, finalizando:

– Sua filha foi criada por sitiantes e ninguém nunca saberá o seu paradeiro. Essa era a minha vingança derradeira. Foi para lhes contar esta história que voltei!

Dolores abriu e fechou a boca, Leonor ficou estática e Alfredo, procurando manter a calma, respondeu:

– Sim, foi para se vingar de minha família que voltou. Mas você não deixou a criança com nenhum sitiante... Ela ficou com você.

Alfredo fez uma pausa para respirar e ao ver que as atenções de todos se voltarem para ele prosseguiu:

– Sabe, já estou começando a acreditar que as teorias de Antunes têm sentido e que existe um Deus bondoso que olha por todos os Seus filhos e que Este deixou uma Lei de Causa e Efeito que é como ar que existe, apesar de não a enxergamos, não conseguimos viver sem ele. Você arquitetou todo o seu plano de vingança, permaneceu com esse ódio durante toda a sua vida e fez dele a sua própria lei de retorno. Ao infiltrar Marina em meu escritório sua intenção era fazê-la me enredar com seus encantos femininos. Você foi muito baixo; tão sujo e mesquinho que acreditou que eu pudesse me envolver com uma jovem que tem idade para ser minha filha. E para quê? Não foi para isso que veio aqui hoje? Para me apontar e afirmar que eu tinha tido relações sexuais com a minha própria filha?

Leonor deu um grito. Marina abaixou a cabeça e começou a chorar, lembrou-se da infância, do desprezo com que aquele homem sempre a tratou. Agora tudo havia sido esclarecido, o que ele não suportava era olhar para ela e ver o fruto do amor de Alfredo e Leonor. Dolores foi ao encontro da amiga e tentou acalmá-la.

– Você é insuportável, Alfredo! Eu continuo odiando-o!

– Pois eu não guardo esse sentimento em meu coração e espero que reflita sobre o que fez da sua vida e da nossa, e um dia possa se arrepender verdadeiramente e deixar que a paz invada seu espírito.

– Vocês são um bando de lunáticos, isso sim!

Com essas palavras, Rodrigo deixou o local. No jardim, parou para respirar e lembrou-se da infância de Marina e de como a maltratara, chegando a ponto de querer se envolver sexualmente com ela. A essas lembranças, mordeu os lábios dizendo:

– Maldita Leonor, ela e Dolores são as culpadas por tudo o que aconteceu. Se não tivessem me enganado, nada disso teria acontecido. Agora estão lá se fazendo de vítima e eu saindo como o vilão da história; mas isso não vai ficar assim.

– O que não vai ficar assim? Você passou a vida me prometendo que Marina nunca saberia que não era minha filha, me fez criá-la para que pudesse se vingar de seus desafetos e se suportei cada dia da minha existência ao seu lado foi por ela, pois sabia que se eu o deixasse, a pobre ficaria em suas mãos.

Valéria deixou o ódio cegá-la. Rodrigo era um crápula e ela não queria que ele ficasse mais neste mundo. Com esses pensamentos, cravou-lhe a faca que segurava na mão em sua barriga e em seguida deixou o local. Rodolfo, que não quisera entrar na casa, após voltar da lanchonete, ao vê-la correr com a roupa respingada de sangue, entrou rapidamente na mansão e encontrou Rodrigo jogado no chão com a faca encravada em sua barriga. Correu para dentro da casa e gritou:

– Chamem uma ambulância rápido. Rodrigo foi esfaqueado e está perdendo muito sangue.

Dolores pegou o telefone e chamou o serviço de emergência. Alfredo procurou saber com detalhes o que havia ocorrido e depois de se inteirar dos fatos com o jovem pediu para ele ir atrás de Valéria. Minutos depois a ambulância chegou ao local e os paramédicos fizeram os primeiros socorros em Rodrigo, depois o levaram ao hospital. Alfredo e Marina os acompanharam.

– Meu Deus, será que um dia conseguiremos ter paz? – perguntou Leonor a Antunes ao sentar-se no sofá ainda ouvindo o barulho da sirene da ambulância ao longe.

– Claro que sim, minha amiga. O ódio destrói famílias; cria guerras sangrentas e transforma rapazes inocentes em soldados sanguinários. Mas a paz tranquiliza corações, faz nascer o amor naqueles que não acreditam mais na vida. Une almas afins e as convida a reverem seus conceitos deturpados em novas encarnações. Digo isso porque nada é definitivo no universo, tudo muda. Aquele que um dia desencarnou na guerra, volta com o propósito de mudar seus pensamentos e quando consegue, torna-se verdadeiro semeador do amor de Cristo e cada dia mais um começa a somar, até que finalmente virão à Terra espíritos equilibrados, interessados unicamente em seu adiantamento moral e intelectual, onde, nada além do amor, terá validade.

Alfredo calou-se. Lurdinha, após ouvir suas palavras, pegou sua bolsa e afirmou:

– A noite foi de fortes emoções, estamos todos cansados, vou embora. Espero que vocês tenham compreendido os meus motivos para fazer o que fiz. Alfredo tem meu telefone, assim que tiverem notícias de Rodrigo me avisem!

Todos ficaram em silêncio, e a jovem senhora saiu sem olhar para trás. Dolores deixou-os e foi à cozinha preparar um café. Ao voltar à sala serviu-lhes o líquido quente e sentou-se ao lado de Leonor no sofá, imersa em seus pensamentos, até que Antunes decidiu:

– Preciso ir para a casa. Se precisarem de alguma coisa, avisem-me.

Assim, todos se foram e Dolores e Leonor ficaram sozinhas.

Já era madrugada quando Antunes entrou em sua casa. Ao ver os médiuns concentrados em prece, sentou-se à mesa e os colocou a par do que havia ocorrido, contando somente que a conversa fora proveitosa. Em seguida, combinou com alguns deles de voltarem nas primeiras horas do dia para vibrarem pela saúde de Rodrigo. Aos poucos, eles foram deixando o local. Antunes, ao se ver a sós com Cléber, comentou:

– Sei que mora longe, então descanse um pouco e assim que o dia raiar vamos ao hospital obter notícias de Rodrigo.

O rapaz não se fez de rogado. Antunes o conduziu ao quarto de hóspedes, providenciando lençóis limpos e um pijama que o jovem, após tomar banho, vestiu. Deitando-se, pediu a Deus que iluminasse a mente de sua amiga.

***

Marcelo voltou à colônia espiritual e encontrou os amigos ainda revendo o passado. Pediu licença e sentou-se em uma cadeira. As cenas mostravam Rodrigo indo visitar Conceição e levando para ela alguns mantimentos, enquanto estava de resguardo. Logo mudou para o dia em que ele levou Marina consigo deixando chorosa a senhora que cuidara dela. Baltazar ainda mostrou alguns fatos que se seguiram durante o regime militar: a melhora na vida dos trabalhadores; a farta oferta momentânea de emprego, que silenciou os sindicatos da categoria; os artistas que foram perseguidos e exilados durante o governo Médici, considerado o mais nebuloso do regime militar; a revogação do Ato Institucional número 5, o AI5, no governo de Ernesto Geisel; findando com o regime do governo de Figueiredo e citando Tancredo Neves, então candidato da oposição, que ganhou do candidato da situação, mas não chegou a assumir o governo, pois desencarnou, deixando o comando do país para o seu vice-presidente, José Sarney.

Luíza e Conceição já não prestavam mais atenção aos fatos que se seguiram. Baltazar terminou a apresentação e voltou-se para as duas dizendo:

– Vocês têm muito para conversar. Espero que nossas reuniões tenham sido proveitosas a todos.

Conceição abraçou Luíza, e as duas não esboçaram nenhum comentário. Marcelo aproveitou a oportunidade para falar:

– Espero que todos tenham compreendido que o ódio, que caminha ao lado do egoísmo, é nosso maior inimigo, pois ambos atrapalham nossa evolução espiritual.

– Acho que não ficou nenhuma dúvida. Agora, diga-me como estão nossos amigos na crosta.

– Assim como nós, eles também acabaram se confrontando com a verdade. Rodrigo foi esfaqueado por Valéria, que não se conformou em saber que ele a usou, como fez com os outros.

– E como ele está, desencarnou? – perguntou João visivelmente preocupado. Marcelo respondeu:

– Não, mas está correndo risco de morte. As próximas horas serão definitivas para ele e para nossos amigos, que terão de mostrar na prática que não se deixaram contaminar pelo ódio que Rodrigo lhes enviou durante a vida toda.

– E você acha que vão conseguir?

– Você conseguiu? – Marcelo devolveu as pergunta para João, que após um minuto de reflexão respondeu:

– Essa nossa volta ao passado me fez perceber que ninguém erra sozinho e que a vida é um jogo, no qual se soubermos jogar saímos vitoriosos e aproveitamos o resultado; do contrário saímos de campo de cabeça baixa e após darmos um descanso ao nosso espírito, criamos forças para voltar a campo e, mais uma vez, com o placar zerado, iniciar o jogo rumo à vitória. E como sabemos como se joga? Observando a vida e vivenciando os ensinos de Cristo!

– Gostei da comparação, mas devo lembrá-lo de que para Deus não importa quantas e quantas vezes precisamos regressar à matéria na condição de espíritos errantes, pois sempre nos serão dadas novas oportunidades de aprendizado. Quero também ressaltar que não precisamos perder uma encarnação inteira quando reconhecemos ainda na matéria que erramos; este é um grande engano de muitos simpatizantes da Doutrina Espírita, que acreditam que terão de esperar até uma próxima encarnação para reparar seus erros.

– Eu gostaria de ajudar Rodrigo, mas não sei como. Sinto-me um tanto culpado. Fui eu quem inspirou Lurdinha a encontrar o diário embaixo do móvel e que também a influenciei a entregá-lo a Alfredo, que seguiu o meu conselho enviando-o a Luíza, que acabou desencarnado por esse motivo – afirmou João.

– Sim – interpelou Baltazar rapidamente para não deixar que pensamentos contrários atrapalhassem a magia daquele momento. – Você influenciou a todos que se deixaram levar por tal influência; claro que não é inocente, mas não jogue toda a culpa em si mesmo. Com relação à Luíza, agora que tudo está esclarecido, sei que ela lembrará de fatos passados que vão ajudá-la a ter uma consciência maior do porquê de seu desencarne prematuro. Agora, se quer ajudar verdadeiramente seu amigo, faça uma prece sincera a Deus pedindo para que o melhor seja feito para o seu adiantamento espiritual.

João fez sentida prece, pedindo com o coração aberto para Deus amparar Rodrigo e ajudá-lo.

Os quatros se uniram a ele e do astral uma energia benéfica foi encaminhada ao leito onde Rodrigo, em coma, aguardava a decisão dos médicos para seu caso.

CAPÍTULO 21

VIVENCIANDO OS ENSINOS DE CRISTO

O dia mal amanhecera quando Cléber e Antunes chegaram ao hospital onde Marina e Alfredo aguardavam por notícias dos médicos no corredor. A jovem, ao ver o amigo, abraçou-o com força. Cléber, após retribuir o abraço disse carinhosamente:

– Antunes me contou o que aconteceu e decidimos vir logo cedo.

– Que bom que veio, rapaz. Marina precisa se alimentar, não arredou o pé daqui desde que chegamos. No pátio externo há uma cantina, por que não a leva até lá para tomar um café com leite? – comentou Alfredo.

Cléber, após esboçar um leve sorriso, pegou a amiga pelo braço e saiu com ela. Antunes, ao vê-los se afastar, olhou nos olhos do amigo e falou:

– Sei que não queria que essa história acabasse assim, mas ficar aqui plantado não vai ajudar Rodrigo!

– Você me conhece, sempre acreditei que uma boa conversa é capaz de resolver qualquer problema; e foi o que fiz, não queria e não quero o mal de Rodrigo, pois não vou me igualar a ele.

– E faz muito bem. Agora, vá para casa e descanse um pouco, sua noite foi bastante conturbada e ainda estamos muito chocados com as revelações de horas antes.

– O médico ficou de nos dar um parecer sobre o estado de saúde de Rodrigo pela manhã. Assim que tivermos notícias vou para casa.

Antunes ficou ao lado de Alfredo esperando a visita do médico, enquanto Cléber comprava os cafés com leite.

– Tome, você está precisando de uma bebida quente – disse para Marina.

– Estou precisando é acordar deste pesadelo, isso sim. Nunca imaginei que Rodrigo pudesse ser meu pai. Estou completamente atordoada. Sabe que depois que fiquei sabendo a verdade, lembrei-me de quando me disse que eu ficaria muito bem financeiramente quando ele concluísse sua vingança; mas que eu não seria feliz.

– E ele, em seu raciocínio, estava certo. Você, sendo filha de Leonor e de Alfredo, herdaria todos os bens das duas famílias, que não são poucos, e seria infeliz...

Cléber não quis concluir seus pensamentos para não magoar a moça, que fez um gesto com a mão para que ele deixasse a conclusão de lado. Marina contou com detalhes tudo o que acontecera na casa de Alfredo, do momento em que chegou, do medo que sentiu ao ver Rodrigo com uma arma na mão, do barulho que ouviram na sala ao lado, da luta corporal entre Antunes e Rodrigo, da presença inesperada de Lurdinha e dos outros acontecimentos. Cléber a ouvia atentamente e, quando ela finalmente terminou, ele concluiu:

– Nossa, isso daria uma novela no horário nobre, onde nos últimos capítulos aparecem personagens que ninguém pode imaginar.

– Pior é que é verdade. Mas não dizem que a vida imita a arte?

Cléber riu, fazendo Marina se sentir um pouco melhor com aquela presença de espírito de quem sempre olha o lado bom e divertido da vida. Quando os dois deixaram a mesa e voltaram para junto de Antunes e Alfredo, este, ao ver a jovem com o semblante um pouco melhor, comentou:

– Você e Cléber devem ser amigos de outras vidas, vejo que ele tem o dom de animá-la!

– Cléber é muito mais que isso, é uma alma afim que eu encontrei para me ajudar a superar momentos como esse.

Antunes ia comentar, mas, ao ver um senhor de meia-idade vestido com roupas brancas se aproximar, resolveu esperar. O médico os cumprimentou e foi direto ao assunto:

– Como vocês sabem, o paciente chegou com uma faca cravada na parte dorsal do abdome, que perfurou o seu rim direito; tivemos de removê-lo...

O médico explicou detalhadamente sobre a cirurgia. Alfredo esperou sua conclusão e ponderou:

– Sei que podemos viver relativamente bem com um único rim funcionando, então chego à conclusão de que Rodrigo vai se restabelecer.

– Não é tão simples assim. O paciente perdeu muito sangue, vamos precisar primeiro de doadores e nesses casos a família é sempre convidada a comparecer ao banco de sangue do hospital. Depois, teremos de esperar para ver se o outro rim, que por pouco também não foi atingido, conseguirá filtrar o sangue. Só aí teremos uma informação mais precisa sobre o estado clínico do paciente.

– Bom, se precisamos doar sangue podemos começar agora! – comentou Antunes.

O médico lhes explicou os procedimentos e em seguida mostrou o caminho para o banco de sangue. Algumas horas depois, eles voltaram e foram informados de que Rodrigo havia sido levado à UTI e que no momento não havia mais nada a se fazer. Antunes, ao ouvir a informação, voltou-se para eles dizendo:

– Vocês precisam descansar; vou ficar aqui e qualquer informação ligo avisando.

Alfredo concordou. O que mais queria naquele momento era estar em sua casa, tomar uma boa ducha e descansar um pouco. Marina relutou, mas acabou concordando com Antunes. Cléber acompanhou a amiga e quando os dois entraram na casa dela, após Alfredo tê-los deixado na porta, Marina jogou-se no sofá e disse:

– Ainda bem que mamãe foi acolhida na casa de Rodolfo. Além de tudo isso, ainda preciso pensar em arrumar um advogado para defendê-la.

– Dona Valéria devia estar fora de si para cometer um ato insano contra o marido.

– Eu também não imaginava que ela chegaria a tanto, mas, apesar de tudo, é compreensível. Espero que Rodrigo fique bom, assim acabamos de uma vez por todas com essas marcas de ódio que parecem ter-se impregnado em nossa vida.

Marina levantou-se, pediu licença e foi para o seu quarto. Tomou um demorado banho e descansou. Cléber, que resolveu ficar na casa, foi à cozinha preparar algo para eles comerem. Pensava na situação de tristeza dos amigos.

Alfredo entrou em casa devagar. Dolores, ao ouvir seus passos, foi ao seu encontro:

– Leonor está descansando. Ela ficou muito abalada com tudo o que aconteceu.

– Todos estamos, minha amiga. Espero que tudo saia bem. Agora vou relaxar um pouco; o estado de Rodrigo inspira cuidados e prometi voltar ao hospital mais tarde.

– Sei que vou ser maldosa, mas Rodrigo está colhendo o que plantou, embora eu desejo de coração que ele se recupere.

– Eu também. Rodrigo tentou nos ferir e deveria odiá-lo, mas me conhece, sabe que esse sentimento não tem espaço em meu coração, e, depois, Marina é filha de Leonor, não podemos deixá-la sozinha numa hora dessas.

– Por falar nesse assunto, há pouco esteve aqui um investigador e fiz o que me mandou, disse-lhe que eu não estava na casa e que meus patrões estão ainda muito abalados para prestar qualquer esclarecimento.

– Fez bem. Valéria feriu o marido em um momento de loucura e acho que deva pagar pelo seu erro, mas vamos esperar a poeira abaixar, enquanto isso nada de polícia!

Alfredo foi para o quarto e tomou um banho revigorante. Em seguida, deitou-se ao lado da esposa, que dormia pesadamente devido ao forte tranquilizante que Dolores lhe dera. Por segundos ficou a fitá-la dizendo baixinho ao passar delicadamente as mãos pelos cabelos dela:

– Ah, Leonor por que não me contou toda a verdade desde o começo? Nunca escondi que o meu amor por você é maior que tudo – ao dizer essas palavras, deitou-se e adormeceu.

Findava a tarde quando Antunes ligou para a casa de Alfredo dando as últimas notícias sobre o estado de saúde de Rodrigo. Dolores, após ser informada, colocou o parelho no gancho. Alfredo, que havia acabado de se levantar, ao vê-la com ar preocupado a questionou:

– Era do hospital? O que Antunes falou?

– Antunes está indo para sua casa. Os médicos lhe disseram que o quadro clínico de Rodrigo continua instável e que nesse momento nada podemos fazer. E dona Clarice ligou mais cedo nos convidando para irmos jantar em sua casa, pois não quer que passemos a noite de Natal sozinhos.

Alfredo esfregou as mãos nos olhos respondendo:

– Com toda essa confusão até me esqueci que hoje é véspera de Natal. Mais tarde ligo para Francisco agradecendo o convite. Acho que não estamos em condições de comemorar uma data como essa.

– Dona Clarice sabia que daria essa resposta e me adiantou que não aceitará desculpas. Disse que fará um jantar simples, só para não passarmos a data em branco.

– Mesmo assim, não estamos em condições psicológicas; mais tarde ligarei agradecendo o convite.

***

Cléber entrou no quarto de Marina e acendeu a luz. Aproximou-se e começou a chamá-la. A jovem abriu os olhos lentamente e, ao vê-lo de banho tomado e vestindo roupas limpas e novas, levantou a cabeça dizendo:

– Onde pegou essa roupa? E por que está vestido assim? Por acaso estou dormindo há dias? Rodrigo faleceu?

– Não, Rodrigo continua na mesma e você também não está dormindo há dias. Quanto a minha roupa foi Rodolfo que trouxe. Logo que você pegou no sono ele ligou nos chamando para jantar em sua casa. Eu agradeci o convite e, claro, expliquei-lhe que desde ontem estava com as mesmas peças de roupas; então ele veio aqui, subiu no quarto, deu-lhe um beijinho e aproveitou para me trazer umas mudas de roupas limpas.

– Cléber, você e Rodolfo não existem. Parecem até que são irmãos, mal se conhecem e já usam as mesmas roupas.

– Quem sabe não fomos irmãos em uma outra encarnação? Sabe que gostei dele desde a primeira vez que o vi. Tive certeza de que vocês seriam namorados e se casariam um dia.

– Deixe de besteira. Como posso pensar em casamento com o meu padrasto, que virou meu pai de verdade, no hospital; e minha mãe, que descobri ser adotiva, prestes à ir para o xilindró?

– Acho que tudo vai se revolver. Ficar pensando nessa tormenta que virou sua vida nos últimos dias não vai levá-la a lugar algum. Agora, vá se arrumar, eu quero vê-la linda.

Cléber saiu para que Marina pudesse fazer sua higiene pessoal e se vestir. A jovem levantou-se e seguiu suas dicas.

Passava das oito horas da noite quando Marina e Cléber saíram de casa. No caminho, enquanto dirigia, a moça olhava para as casas iluminadas. Recordou-se das palavras de um padre que um dia lhe disse que o Natal era para lembrarmos o nascimento de Cristo e sua missão: levar a paz à Terra aos homens de boa vontade. Cléber, ao vê-la sorrir ironicamente, comentou:

– Dou um doce por seus pensamentos!

– Estou pensando que nunca comemorei um Natal em toda a minha vida. Na minha casa, Rodrigo saía para beber e eu e minha mãe ficávamos vendo TV. Quando batia o sono íamos para a cama.

– Minha família também não comemora a data, pois minha mãe diz que o Natal é puro comércio e que nós, sendo pobres, não temos o que comemorar.

– Sua mãe deve ser uma mulher amargurada como Rodrigo. Se eu fosse você, começaria a ensiná-la que a vida não é esse martírio que ela foi condicionada a acreditar.

– Estou tentando, sei que será difícil fazê-la enxergar certas verdades, mas o tempo é o melhor companheiro.

Marina não respondeu. Ao chegarem diante do portão principal da casa dos Boaventura, o segurança o abriu. Após acenar com a cabeça para o senhor em sinal de agradecimento, ela estacionou o veículo próximo à entrada principal, onde Rodolfo já a esperava. Ao vê-la, deu-lhe um suave beijo e a abraçou demoradamente, dizendo:

– Que bom que vieram.

Rodolfo cumprimentou Cléber. Marina deu um sorriso triste como resposta e os três entraram. Encontraram Clarice e Francisco conversando. Depois dos cumprimentos, os jovens se sentaram, e Clarice, ao ver a jovem desconcertada, comentou que Valéria havia sido sedada e que provavelmente só acordaria no dia seguinte, e que lastimava muito o ocorrido. Sem delongas, a empregada trouxe o telefone, era Alfredo desculpando-se por não poder ir, pois Leonor não acordara e ele e Dolores resolveram jantar sem comemorações. Quando Antunes chegou encontrou a amiga colocando o fone no gancho.

– Alfredo pede desculpas, Leonor ainda dorme e ele não quis acordá-la. Desejou-nos uma noite cheia de bênçãos e prometeu nos dar notícias assim que for possível – informou Clarice.

A conversa transcorreu de forma tranquila. Faltava poucos minutos para a meia-noite quando a ceia foi servida. Antunes, antes de começar a refeição, fez sentida prece agradecendo a Deus por aquele alimento e a Cristo por seu amor à humanidade. O jantar transcorreu normalmente. Quando terminaram a refeição, todos voltaram à sala.

Alguns presentes foram posto debaixo de uma linda árvore natalina. Rodolfo pegou um e entregou a Cléber, que meio sem graça, agradeceu-lhe. Em seguida, deu outro a Antunes e uma caixa a Marina, que ao abrir deparou com uma linda corrente de ouro com um pingente de coração. Emocionada, ela lhe deu um leve beijo nos lábios.

Já era tarde quando Antunes levantou-se para ir embora. Francisco, porém, não deixou:

Hoje ninguém sairá desta casa. Temos muitos quartos vazios, e como todos estão precisando de descanso, aqui terão o que precisam. Amanhã será um dia difícil e temos de estar bem. Todos concordaram e logo foram para seus respectivos quartos, onde dormiram pesadamente, apesar das preocupações.

Ao amanhecer, estavam tomando o desjejum quando a empregada entrou na copa com o aparelho telefônico nas mãos e, após pedir licença, entregou o fone a Marina. Era Alfredo dizendo que haviam ligado do hospital pedindo para a família comparecer com urgência, pois o estado de saúde de Rodrigo havia se agravado.

Marina colocou o aparelho sobre a mesa, explicou o teor da conversa com Alfredo e finalizou:

– Preciso ir ao hospital, acho que Rodrigo não sobreviverá.

Ao dizer essas palavras, a jovem pediu licença e se levantou. Rodolfo e Antunes se prontificaram a ir com ela. Em poucos minutos, entraram no hospital, onde Alfredo, que já os esperava, cumprimentou-os e foi direto ao assunto:

– O dr. Otávio nos espera em sua sala. Vamos, eu já conheço o caminho.

Marina se limitou a segui-lo. Sentiu suas pernas bambearem e foi com as mãos trêmulas que cumprimentou o médico.

– Eu os chamei aqui porque o estado de saúde do sr. Rodrigo se agravou. Como sabem, retiramos um rim e outro não está respondendo às suas funções. Teremos de submetê-lo a um transplante e como não há possibilidade de encontrar um doador facilmente, recomendamos que alguém da família, que esteja em perfeita saúde, faça a doação espontânea.

Marina trocou olhares com Alfredo. O médico, acostumado a lidar com aquela situação, continuou:

– Gostaria de ressaltar que temos dois rins e a função principal é filtrar o sangue. Podemos viver apenas com um órgão, mas claro que quem decidir fazer a doação terá de se submeter a alguns cuidados básicos após a cirurgia.

– E quanto tempo temos para pensar, doutor?

– O tempo é curto, o doador terá de fazer alguns exames médicos para saber se de fato poderá doar o órgão. O quanto antes decidirem, será melhor para o paciente.

Marina engoliu em seco, precisava respirar. Com esse pensamento, levantou-se dizendo:

– Vamos conversar um pouco lá fora. Assim que tivermos uma decisão o procuramos.

Ao dizer essas palavras, ela saiu da sala a passos largos, deixando a área interna do hospital e parando em um pequeno jardim, onde havia uma imagem de Nossa Senhora de Fátima dentro de uma gruta. Sem forças, sentou-se diante da imagem e pensou: "Por que a vida estava fazendo isso comigo? Fui criada como uma escrava por Rodrigo e agora me vejo pressionada a dar uma parte de mim para ele!". A essas indagações, fechou os olhos. Não queria tomar nenhuma atitude precipitada; precisava consultar seu coração. Procurando deixar ir embora todo pensamento contraditório, ficou em estado de relaxamento. Em poucos segundos, a imagem de Rodrigo jovem lhe veio à mente. Ele carregava uma boneca que ela tinha pedido para a mãe havia meses. Ele a sentou em seu colo, entregou-lhe o presente, e ela o abriu rapidamente. Ao ver o seu sorriso com a linda bonequinha, afagou-lhe as madeixas e lhe deu um leve beijo na face, depois disse:

– Feliz aniversário, menina. Que você tenha mais sorte na vida que eu!

Marina deu de ombros e saiu correndo para mostrar o presente à mãe. A essa lembrança, ela deixou escapar uma discreta lágrima. Rodrigo não era de todo mau, fora vítima de seus próprios condicionamentos, crescera acreditando ser inferior por ser filho de feirantes... E assim ele preferiu guardar o ódio em seu coração. Se ainda não havia desencarnado, talvez fosse porque a vida estava querendo lhe dar uma nova chance de aprender, ainda na matéria, o que seria benéfico ao seu espírito errante. Não seria ela que impediria essa chance que a vida estava querendo dar a ele. A moça abriu os olhos, olhou para a imagem da Santa, que parecia lhe sorrir naquele momento, e agradeceu mentalmente a Deus por conseguir elevar seus pensamentos a ponto de purificar seu coração e esquecer completamente todo o mal que Rodrigo lhe fizera. Voltou à sala do médico que lhe disse:

– Alfredo pediu para avisar a esposa dele que ele ficará internado e doará o órgão ao amigo.

– Alfredo? Não, quem vai doar o órgão para Rodrigo sou eu!

O médico esboçou um sorriso e respondeu:

– Alfredo já assinou a papelada necessária e depois vamos fazer alguns exames clínicos para saber se seu sangue e tecidos são compatíveis com o do receptor. Seria bom que você também fizesse os exames. No caso de Alfredo não ser considerado apto, vamos voltar nossa atenção para você.

Marina não respondeu. Saiu da sala e foi ao encontro de Rodolfo e Antunes, que a aguardavam em outro corredor. Ao se aproximar, contou-lhes o que o médico havia pedido e finalizou com o gesto de Alfredo.

Antunes, após ouvir atentamente as palavras da moça, comentou:

– Deus sabe o que faz, e a vida sempre trabalha para o melhor. Se você tiver de ser a doadora, os médicos encontrarão alguma restrição nos exames de Alfredo. Agora, só nos resta esperar que tudo se resolva.

Marina não respondeu. Antunes se ofereceu para contar a Leonor sobre a doação que seu marido faria naquele mesmo dia e, após falar a respeito com os jovens, deixou o hospital e foi pessoalmente à casa do amigo, onde informou a família o que estava acontecendo no hospital.

As horas que se seguiram foram de apreensão. Alfredo fez todos os exames necessários e foi considerado apto para a doação. Antunes ficou ao lado de Leonor e Dolores e juntos elevaram seus pensamentos a Deus, pedindo aos espíritos que trabalhavam com Bezerra de Menezes que ajudassem os médicos da Terra para que tudo corresse bem com ambos.

O transplante foi bem-sucedido, e os médicos alertaram Marina de que as próximas vinte e quatro horas seriam decisivas. Quando a noite chegou, a jovem foi para a casa de Rodolfo e encontrou Valéria sentada ao lado de Clarice. A senhora, ao vê-la, começou a chorar. Clarice resolveu deixá-las sozinhas para que pudessem conversar. Marina sentou-se ao lado da mãe e, após passar a mão delicadamente em seu cabelo, falou:

– Estou vindo do hospital. Os médicos estão esperançosos quanto à recuperação de Rodrigo.

– Alfredo nunca deveria ter-lhe doado o rim. Rodrigo merece morrer e queimar por toda a eternidade no fundo do inferno!

– Ah, mamãe. Ouvindo a senhora falar assim, consigo entender por que conviveu tanto tempo ao lado de Rodrigo.

– Do que está falando? Sei que agora que sabe que não sou sua mãe, deve estar me odiando, mas não pode me comparar com aquele crápula! – respondeu Valéria nervosa com o comentário.

Marina, não se deixando levar pelo estado da mãe, respondeu:

– Posso sim, mamãe! E não é porque descobri que sou filha biológica de Leonor, mas sim porque nos últimos meses venho percebendo como a vida funciona. Felizmente, consegui enxergar a tempo os meus erros e estou tentando me corrigir para não sofrer com as voltas que a vida dá para nos mostrar o quanto estamos errados. Veja, a senhora passou a vida inteira ligada a Rodrigo, e sabe por quê? Porque nutre os mesmos sentimentos mesquinhos que ele. Se não fosse assim, nunca teria levado uma faca na bolsa, premeditando assassiná-lo!

– Não diga besteira. Fui tão vítima quanto vocês.

Valéria levantou-se, respirou profundamente e, após fazer uma pausa para achar nos arquivos de sua memória o passado, falou:

– Quando eu o conheci você tinha apenas três anos de idade. Era uma menina linda, de sorriso aberto, meiga e delicada. Encantei-me com você. Percebendo que você me conquistou, começou a se aproximar de mim, pois éramos vizinhos. Ele havia me dito que você era filha de uma camponesa que havia morrido no parto e que, condoído, pegou-a para criar. Fiquei encantada com aquele gesto humanitário e começamos a namorar. Quando nos casamos, fomos morar no

Chile; o Brasil ainda estava sendo governado pelos militares e Médici virara o vilão preferido daqueles que desejavam ter a democracia de volta. Você foi crescendo e percebi a frieza dele em lidar com você. Um dia, após uma discussão por ele ter-lhe batido, fiquei sabendo das intenções dele ao pegá-la para criar. Ele me disse que seu pai era seu inimigo e que havia largado sua mãe para se casar com outra. Disse que era um homem de posses com quem também teve um problema pessoal. E afirmou que no momento certo iria usá-la para vingar a ele e sua mãe. Não achei aquilo certo, mas ele me ameaçou, dizendo que caso eu lhe contasse ele me mataria. Não liguei para essa ameaça, mas com o tempo ele percebeu que a única forma de me fazer concordar com seus intuitos era me ameaçar de lhe contar que eu não era sua mãe. Eu o fiz prometer que você nunca saberia a verdade...

Valéria fez uma pausa para enxugar as lágrimas que corriam copiosamente pelo seu rosto, em seguida prosseguiu:

– Naquela noite em que ele saiu rumo à casa de Alfredo, deixou a senha que tanto procuramos cair no chão. Eu encontrei, abri o cofre, peguei o caderno que achávamos se tratar do tal diário que Leonor falara, mas nele só estavam os nomes de todos os amigos dele que foram presos na ditadura e de algumas pessoas que ele havia ajudado na época. Saí e fui para a casa de Alfredo. Ainda tentei me acalmar quando Rodolfo convidou-me para tomar um café, mas ao voltar e ouvir a conversa de vocês, meu sangue subiu. Fiquei cega e quis matar aquele falso, mentiroso.

– Um erro não justifica outro. Espero que aprenda, eu lhe sou muito grata por ter cuidado de mim, se não fosse a senhora, talvez minha vida ao lado de Rodrigo teria sido muito pior, mas não posso fingir que não aconteceu nada, sou filha de Leonor, que foi tão lesada quanto eu nessa história, e vou querer me aproximar dela, pois desde que a vi pela primeira vez, senti um carinho fora do normal, mas você continuara sendo minha mãe.

Valéria voltou a chorar e pensou:

"Marina estava certa, eu errei, deixei meus sentimentos egoístas dominarem minha vida, passei a vida inteira com medo de que ela descobrisse a verdade e me ignorasse, mas, agora, depois das duras palavras da Marina, percebi o quanto estava enganada. Rodrigo me fez sofrer, mas no que eu era diferente dele? Por acaso também não prendi a Marina com meus sentimentos e mentiras? E para quê? O que ganhei com tal atitude? Nada. A vida soube trabalhar para que a verdade aparecesse e eu, neste momento, estou deparando com minha forma mesquinha de ver a vida." Com esses pensamentos, comentou, após enxugar as lágrimas com um lenço:

– Você está certa. Sou um monstro, mereço ser presa e passar o resto da minha vida na cadeia por ter feito o que fiz, não só a Rodrigo, mas a você também.

– Quanto ao que fez a Rodrigo terá de depor e caberá à Justiça decidir o que fazer, pois os policiais estão esperando Rodrigo se recuperar para lhe perguntar o que aconteceu naquela noite, uma vez que todos nós nos recusamos a passar informações concretas. Achamos melhor esperar os acontecimentos. Quanto a mim, não guardo mágoa da senhora; ao contrário, sei que sempre procurou fazer o melhor para a minha vida e se errou foi por não compreender os verdadeiros valores espirituais, mas terá muito tempo para aprendê-los, pois estou aprendendo um pouquinho a cada dia e sei que poderá aprender também.

As duas se abraçaram, naquele momento ambas estavam limpando o coração e deixando que a vida fizesse o melhor.

CAPÍTULO 22

DEUS SABE O QUE FAZ

Luíza olhava o pôr do sol pensativa. Aquele fim de tarde a deixara saudosista. Lembrou-se dos dias cálidos de verão à beira da piscina e da felicidade que sentia quando Alfredo chegava cedo do escritório e passava o resto da tarde com ela. Logo uma discreta lágrima rolou por sua face. Ia se levantar quando viu Marcelo trazendo ao seu lado a figura de Alfredo. Ela saiu correndo em direção aos dois e com o coração aos saltos abraçou Alfredo demoradamente. Em seguida, perguntou:

– O que faz aqui, papai? Não me diga que...

Luíza parou de falar e pensou que Alfredo estava naquele local de paz e harmonia, onde a beleza reinava em cada canto, porque havia desencarnado. Sentiu pena de Leonor, mas, Marcelo, lendo seus pensamentos, tratou de esclarecê-la:

– Alfredo continua encarnado. Teve de fazer uma cirurgia e, como os anestésicos o fizeram cair em sono profundo, foi fácil trazê-lo em desdobramento para cá. Veja que há um cordão prateado em seu umbigo, que liga seu perispírito ao corpo carnal.

Luíza respirou aliviada. Alfredo riu da sua alegria e afirmou:

– Ah, minha filha! Quanta saudades! Espero que um dia consiga me perdoar pelo mal que lhe fiz.

– Que mal? O senhor sempre me deu de tudo e me tratou como rainha.

– Ela já sabe a verdade. Luíza compreendeu o passado e o abençoou.

– Eu não queria lhe fazer mal, juro! Quando lhe enviei o diário, queria que soubesse a verdade, minha intenção era conversar com você assim que chegasse a casa...

– Não o trouxe até aqui para perturbar seu espírito. Sentem-se e procurem relaxar.

Os dois obedeceram. Alfredo segurou a mão de Luíza fazendo-lhe pequenos carinhos. Marcelo, ao vê-los atentos, falou:

– Deus sabe o que faz. Você não pode se considerar maior que ele, pois se Luíza desencarnou em tenra idade foi por sua vontade. Você já se lembrou de seu passado, Luíza?

– Sim. Ontem quando fui descansar, deixei minha mente tão relaxada que acabei revendo uma de minhas encarnações.

– Será que pode nos contar um pouco a esse respeito?

– Claro! Eu, Conceição e Marina éramos irmãs. Vivemos por volta de 1920 na cidade do Rio de Janeiro. Você, Alfredo, foi nosso pai naquela encarnação. Era professor de língua portuguesa e, ao lado de Dolores, sua esposa, criou-nos com amor e carinho. Eu e Conceição não nos dávamos bem, vivíamos brigando, a diferença de idade entre nós era de um ano. Conceição era a mais velha, eu a do meio, e Marina a mais nova.

A jovem fez uma pausa para respirar. Vendo que os dois a fitavam, prosseguiu:

– Quando Marina tinha dezessete anos, fomos a um baile, onde conhecemos Rodolfo, que se apaixonou à primeira vista por Marina. Mas eu também me apaixonei por ele. Conceição, percebendo os meus sentimentos pelo jovem, ficou me vigiando e quando Rodolfo pediu a mão de Marina em casamento, armei um plano para separá-los. Conceição, fingindo-se de amiga, aproximou-se e disse que Rodolfo deveria se casar comigo, pois eu era muito mais bonita que Marina. Confidenciei a ela os meus planos, e ela prometeu me ajudar. No dia em que colocaria em prática o plano mirabolante, ela avisou Marina, que conseguiu me deter. Fiquei cega de ódio e naquele mesmo dia ateei fogo no quarto de Conceição, que não conseguiu escapar com vida. Minha intenção era assustá-la, mas acabei provocando seu desencarne. O tempo passou e fiquei perturbada mentalmente. Minha consciência me acusava dia e noite e acabei enlouquecendo. Marina, acreditando que a culpa por todos os dissabores de nossa família fosse seu romance com Rodolfo, deixou-o, terminado seus dias em um convento. Ao voltar ao plano espiritual, encontrei-me com Conceição, sequiosa por vingança nas zonas umbralinas. Passamos décadas nos acusando mutuamente até que, já exaustas de tantas brigas, fomos resgatadas. Quando reencontramos Marina, preparamos nossa volta à matéria. Conceição viria na frente e me receberia como filha. Marina seria filha de Rodrigo, um padre que havia abusado sexualmente dela, e de Leonor uma madre que encobria os atos perniciosos do padre por ter se apaixonado por ele. Eu e Marina nascemos no mesmo dia, a vida iria nos aproximar desde a infância para que quando reencontrássemos Rodolfo, ele pudesse decidir de uma vez com quem ficaria.

Alfredo ficou pensativo. Em seu coração sentia que aquelas palavras de Luíza eram verdadeiras e, procurando entender um pouco mais, falou:

– Sei que o que acaba de me dizer é a mais pura verdade, o que não isenta minha culpa por ter-lhe enviado o diário.

– Aí é que você se engana, meu amigo. – Interpelou Marcelo, que após meditar por alguns segundos prosseguiu: – Quando um determinado grupo de espíritos decide regressar à carne para novas provas que resgatarão débitos passados, os abnegados trabalhadores do ministério reencarnacionista os chamam para uma reunião, onde são colocados todos os pontos positivos da nova empreitada e os que poderão ser negativos, uma vez que já se conhece a essência de cada um dos irmãos. Em nosso caso, não foi diferente. Luíza reencarnou consciente de que Conceição poderia falhar e não cumprir a promessa que fizera, mesmo assim, regressou. A vida, por sua vez, fez sua parte: uniu no mesmo espaço territorial Rodrigo, Leonor e Conceição. A ligação entre vocês é muito forte. Você e Leonor se conheceram ainda jovens, ela era de família nobre e você, um estudante, filho de pequenos burgueses. Logo, ambos se apaixonaram e a família dela proibiu uma possível união entre vocês. Leonor, desiludida, foi para um convento, não por vocação, mas para esquecê-lo. Lá, conheceu Rodrigo e por ele sentiu um amor doentio e, mesmo sabendo de suas práticas perniciosas, não o denunciou ao clero. Quando descobriu seu interesse por Marina, fez de sua vida um tormento. Resultado? O elo entre vocês foi formado negativamente, e como a vida só quer o bem, vocês voltaram para expurgar o carma negativo. Devo lembrá-lo de que se tivesse resolvido suas pendências no passado, hoje não estaria passando por essa situação. Quanto a Luíza, teve tempo de conviver com Rodolfo e agora Marina terá a oportunidade de viver a seu lado.

Marcelo olhou para Alfredo, que, estupefato, comentou:

– Nunca imaginei que houvesse um processo tão detalhado assim.

– Mas há! – assegurou Marcelo. – Deus sabe o que faz e os espíritos encarregados de olhar pela humanidade trabalham em pró do melhor. Cada processo reencarnatório é único e tratado com seriedade e bondade, sempre com o intuito do bem individual e coletivo.

Luíza caminhou lentamente pela grama macia rumo a um caramanchão, onde um lindo banco de madeira entalhada fora colocado em volta das hortênsias de várias tonalidades de azul. Aquele era um local tranquilizante para o espírito de quem ali se sentava, em geral, no fim da tarde para ver o crepúsculo com suas tonalidades exuberantes.

Marcelo, ao vê-la se afastar, fez um sinal com os olhos para que Alfredo a seguisse. Depois, olhou para o céu e agradeceu a Deus por aquela oportunidade bendita dada a Alfredo e Luíza, que poderia tranquilizar o coração aflito do amigo. Luíza, ao vê-lo sentar-se a seu lado, pegou em sua mão e afirmou:

– Como Marcelo carinhosamente nos explicou, está tudo certo em nossa vida. Deus nos dá o que precisamos receber, sempre almejando nossa evolução espiritual. Um mês antes de meu desencarne, ao dormir, Marcelo e outros amigos benevolentes me trouxeram em espírito para uma reunião, da mesma maneira que está aqui hoje em desdobramento. Fui informada que chegara a hora de a vida seguir o seu curso natural interrompido pelo livre-arbítrio de Rodrigo, Leonor e Conceição. Disseram-me que em breve você saberia a verdade. Um dos espíritos me lembrou que ao reencarnar eu nascera com uma pequena falha no coração, para que caso os planos traçados dessem errado eu pudesse ser resgatada e voltar ao plano espiritual. Naquela noite tive de decidir continuar encarnada, sofrer com toda a verdade e ainda ter de provavelmente disputar Rodolfo novamente com Marina ou regressar à verdadeira pátria e seguir meu caminho em espírito. Decidi voltar, uma vez que não precisava passar por tal experiência. Portanto, não foi você nem seu gesto impensado que me matou, mas sim a vida que fez seu trabalho, respeitando o meu livre-arbítrio, é claro!

– Meu Deus, como pode? Agora estou conhecendo os desígnios em minha vida e percebendo a infinita bondade de Deus.

– É, meu amigo, Deus está sempre presente em nossa vida. Ele não desampara nem seu filho mais rebelde – disse Marcelo ao se aproximar dos dois a tempo de ouvir a indagação do amigo. – O tempo passou rápido, você agora precisa voltar, pois tem uma vida inteira esperando-o.

– Eu posso fazer um pedido? – perguntou Alfredo com o olhar de garoto maroto.

Marcelo, já sabendo do que se tratava, riu antes de responder:

– Claro que pode, mas já vou avisando que você precisa guardar este momento no coração; só assim conseguirá lembrar de nossa conversa ao acordar.

Alfredo olhou-os assustado. Marcelo e Luíza riram prazerosamente do jeito de Alfredo, e Luíza o esclareceu:

– Eu fazia essa mesma cara quando as pessoas que falavam comigo liam meus pensamentos. Agora já aprendi, não precisamos usar a boca para expressar o que estamos pensando. Nosso espírito, livre da matéria densa, pode se comunicar pela telepatia.

– Sim, mas não vamos esticar o tema. Alfredo quer se recordar de nossa conversa ao acordar e quanto menos informações, melhor. Agora temos de ir!

Luíza levantou-se. Alfredo ficou à sua frente, passou delicadamente sua mão na face da jovem e sentiu seu delicado perfume. Fechou os olhos, querendo gravar em sua alma aquele momento abençoado. Em seguida, abraçou-a, dizendo ao se afastar:

– Você sempre será minha filha em meu coração. Rogo a Deus um dia poder reencontrá-la e quem sabe viver novas experiência com você.

– Digo o mesmo, papai!

Luíza deixou que lágrimas de felicidade banhassem o seu rosto angelical. Alfredo a abraçou mais uma vez e deixou-se levar por Marcelo, desaparecendo em seus braços.

Conceição, que observava a cena a certa distância, ao ver Luíza sozinha, foi ao seu encontro e sentou-se ao seu lado:

– Alfredo é um bom homem, isso é um consolo para o meu coração. Errei, mas acabou sendo bem criada por ele.

– Sim. Papai sempre realizou todos os meus mimos. Mamãe chegava a brigar com ele, pois dizia que eu seria uma mulher mimada e sem graça.

Luíza parou de falar; naquele momento sentiu seu coração leve. Ela e Conceição ainda não haviam conversado sobre o que acontecera no passado e, querendo terminar de uma vez com aquele assunto para viver em paz, voltou-se para ela com o intuito de olhar em seus olhos.

– Marcelo trouxe Alfredo até aqui para que eu pudesse esclarecê-lo sobre alguns pormenores de meu desencarne. Ainda tenho muito o que aprender neste lugar e agradeço a Deus a bênção do esclarecimento que tivemos, pois sem ele talvez estivesse revoltada e perambulando pela Terra, sem rumo. Digo isso porque quero que saiba que entendi seus motivos por ter-me deixado com Rodrigo. Em meu coração não há mais espaço para a revolta; portanto, desejo viver bem ao seu lado, para um dia resgatar os erros do passado na carne e finalmente ser feliz pela eternidade.

– Você está certa. Ninguém pode ser feliz com sentimentos de mágoa no coração. O ódio, além de impregnar nosso corpo perispiritual com energias nocivas, ainda nos impede de seguir adiante, como manda a própria vida.

As duas se abraçaram. Surgiam as primeiras estrelas no céu, e Conceição, ao olhar para o alto, agradeceu a Deus por mais aquela bênção. Seu coração pela primeira vez desde que deixara Luíza, batia num compasso tranquilo, pois havia sido perdoada e poderia, enfim, planejar o futuro sem que o passado pudesse atrapalhá-la.

A noite ia alta quando finalmente Alfredo voltou para o corpo com a ajuda de Marcelo, que, ao ver Leonor sentada em uma poltrona velando o sono do marido, aproximou-se e deu-lhe um beijo na destra. Leonor, que não pôde vê-lo, sentiu o perfume que ele usava quando na carne e olhou para os lados dizendo:

– Ah, meu irmão, sei que está nos ajudando neste momento difícil e lhe agradeço. Eu gostaria tanto que estivesse aqui em carne e osso! Esses anos sem você ao meu lado foram muito difíceis.

– Não vamos lembrar do passado, eu estou vivo em espírito, seguindo meu caminho, e você errando ou acertando está fazendo o mesmo. Elevemos nossos pensamentos a Deus, agradecendo pelo que temos sem sentimentalismo sobre um passado que não voltará. Estamos sendo abençoados e só o presente importa. Fazendo dele nosso aliado, agindo no bem e trabalhando para o bem, teremos um futuro feliz.

Leonor não pôde ouvi-lo, mas registrou suas palavras como se fossem os próprios pensamentos. Sentiu uma alegria indescritível invadir-lhe o ser. A vida era feita para se viver, independentemente dos erros cometidos. Deus iria lhe dar uma nova chance para repará-los e fazer um novo futuro, menos amargo. Com esses sentimentos, ela se aproximou do marido, colocou a mão direita em sua destra e fez uma prece, pedindo a presença de Deus naquele local. Sem perceber, foi o instrumento usado por Marcelo, que se aproximou dela e entrou em sintonia com as boas energias do astral, enviando ao amigo energias curativas que envolveram também Leonor. Alfredo balbuciou:

– Obrigado, Marcelo. Nunca vou esquecer o que fez por mim. Luíza me perdoou e isso não tem preço!

Leonor ouviu as palavras do marido e não teve mais nenhuma dúvida de que Marcelo estava naquele ambiente. Alfredo calou-se e voltou a descansar. Ela se sentou novamente na poltrona e voltou a observar seu sono.

Na manhã do dia seguinte, Alfredo abriu os olhos lentamente e ao ver Leonor cochilando no sofá ficou contemplando-a. Quando ela se virou e abriu os olhos, levantou-se de um salto, aproximou-se do marido e cobrindo-o de beijos no rosto comentou:

– Que bom que acordou; estava preocupada, pois o médico me disse que acordaria à noite, e nada! Você apenas falou algo sobre Marcelo e Luíza e voltou a dormir.

– Eu demorei para acordar porque estive no plano espiritual com Luíza e Marcelo!

– O quê? Você agora acredita no mundo astral?

Alfredo sorriu de leve, tentou se mexer, mas a sonda o incomodou. Após dar um leve gemido de dor respondeu:

– Não me pergunte como, só sei que estive com Luíza. Senti seu abraço e carinho e conversei com Marcelo. Estávamos em um lugar lindo, cheio de flores, onde uma paz inigualável reinava em absoluto. Se o céu for assim, quero ser uma pessoa boa para quando morrer poder ir para lá.

– Morrer não, seu bobo, desencarnar! Mas não deve pensar nisso agora. Bom você já é, só resta conservar o amor no coração.

Leonor calou-se ao ouvir uma leve batida na porta. Era Marina, que segurava um buquê de rosas brancas. Após receber a autorização de Leonor e ao ver que Alfredo já estava acordado, deixou o ramalhete em uma mesinha próxima ao leito dizendo:

– A florista me disse que rosas brancas são sinal de amizade sincera e harmonia. Então decidi trazê-las para você.

– Por acaso acredita que estamos precisando de harmonia em nossa vida? – brincou Alfredo, fazendo as duas rirem prazerosamente.

– Ultimamente chego a acreditar que nunca é demais um pouco mais de harmonia e paz.

Leonor pegou as rosas e as colocou num vaso que havia sobre a mesa e que estava vazio. Alfredo contou sobre o sonho, fazendo Marina prestar atenção em cada detalhe. Ao finalizar, mudou o rumo da conversa:

– Eu aqui falando de mim e nem para perguntar sobre o estado de saúde de Rodrigo.

– O transplante foi um sucesso, encontrei com o médico no corredor e ele me garantiu que em alguns dias ele terá alta.

– Que bom, espero que ele também tenha aprendido a lição.

– Eu também, fico feliz por tudo acabar bem. Agora preciso cuidar de minha vida, hoje mesmo vou sair com Rodolfo para vermos um apartamento para eu e minha mãe morarmos. Ainda terei de providenciar a contratação de um enfermeiro para cuidar de Rodrigo enquanto ele estiver debilitado.

– Você é muito jovem para tantas preocupações. Eu e Leonor somos proprietários de uma linda casa no bairro do Carrão. Lá, vocês poderão viver em paz. Pode pegar a chave e mudar, pois está mobiliada. O último inquilino saiu no mês passado depois que comprou sua casa própria. Trata-se de um casal muito distinto, que manteve tudo impecavelmente.

– Vou aceitar a oferta, desde que me deixe pagar o aluguel, é claro!

Alfredo trocou olhares com Leonor, que abaixou os olhos, e respondeu:

– Não seja orgulhosa, você é filha de Leonor e será reconhecida como tal; portanto, será dona de tudo o que temos no futuro. Só não a convido para morar em nossa casa porque sei que precisaremos de um tempo para nos acostumarmos com o novo.

Marina ficou pensativa, sua situação financeira não era das melhores e ainda teria de contratar um bom advogado para defender a mãe, que esperava na casa de Rodolfo o pronto restabelecimento do marido para poder se entregar à polícia, já sabendo por qual artigo responderia, pois essa foi a recomendação do advogado. A essas constatações, respondeu:

– Aceitarei sua oferta até me casar com Rodolfo, o que não vai demorar a acontecer.

– Que pressa é essa, menina? Você é nova, precisa cursar uma faculdade e se firmar profissionalmente! – comentou Leonor. Ao perceber que exagerara, colocou a mão na boca fazendo os dois rirem. – Desculpe, Marina, é que agora que sei que sou sua mãe, por um segundo achei que tinha o direto de opinar em sua vida.

– Não precisa se desculpar. Como Alfredo mesmo disse levará um tempo para nos acostumarmos com essa situação, mas já vejo que estarei perdida, uma mãe dando conselhos já é complicado de lidar, agora duas...

Marina pôs a mão no rosto fazendo um gesto negativo e os dois riram. Em seguida, deu beijo na mão de Alfredo e um abraço em Leonor e saiu deixando-os sozinhos.

Logo a enfermeira chegou para trocar os curativos de Alfredo, que começou a reclamar de seu estado mais para descontrair o ambiente do que pelo incômodo.

***

Rodrigo olhava desanimado para a parede daquele quarto de hospital. O ambiente era bem-arrumado. Soube por uma enfermeira que aquele leito era particular e que as despesas corriam por conta de Alfredo.

Aquele era seu terceiro dia após a cirurgia e logo ele teria alta. Sem saber o que fazer, começou a planejar seus próximos passos. Estava com a mente vagando quando o médico entrou no quarto ao lado de dois homens, que pelos trejeitos Rodrigo percebeu se tratar de policiais.

– Está andando com seguranças, doutor? Sou um pobre enfermo, não poderia lhe fazer nenhum mal!

– O senhor tem um ótimo senso de humor, sr. Rodrigo, mas vim para examiná-lo com o intuito de autorizar ou não uma conversa desses nobres cavalheiros com o senhor. Contudo, vejo que está muito bem e poderá responder às perguntas deles.

O médico abriu um sorriso, deu um leve tapa nas costas de um dos homens e saiu. Este, vendo-o sair, aproximou-se do leito de Rodrigo e estendeu-lhe a mão:

– Meu nome é Silas, sou investigador de polícia e preciso que me diga quem o esfaqueou.

– Por quê? Não perguntou aos meus amigos?

– Sim, mas ninguém nos respondeu. Usaram do direito de só depor ao serem intimados e na presença de seus advogados. Alegaram que estavam abalados com tudo o que aconteceu.

– Sei, sei – respondeu Rodrigo, pensando em seguida: "Alfredo deixou para mim a decisão de acusar ou não Valéria. Aquela ingrata, que só não me matou por sorte".

Os dois investigadores trocaram olhares. Silas, não querendo dar tempo para Rodrigo pensar em uma resposta vaga, continuou:

– Dr. Rodrigo, acho que não está entendendo sua situação, somos profissionais gabaritados e estamos acostumados a lidar com tragédias familiares, ainda mais quando estas acontecem em um jardim de um bairro nobre da cidade, envolvendo pessoas importantes e bem-conceituadas na sociedade. Muitas vezes se encobrem crimes por medo de escândalos. Então, quero que seja sincero e nos diga quem o feriu!

– Foi um marginal! Eu saía da casa de Alfredo quando vi uma sombra atrás de uma árvore. Na certa, o meliante planejava um assalto e ao se ver descoberto assustou-se, esfaqueou-me e saiu correndo. Não há nenhuma desarmonia entre mim e Alfredo e nossas famílias, somos amigos de longa data e juntos formamos um grupo de pessoas que se amam e se respeitam mutuamente.

– Desculpe, doutor, mas tem algo que não bate na sua resposta...

– Bate sim... – interrompeu o outro homem. – Acreditamos em suas palavras, doutor, se diz que se tratava de um marginal acreditamos. Vá até a delegacia que faremos um retrato falado do assaltante; do contrário, o senhor em breve será chamado para depor, e se continuar com esse mesmo depoimento, o delegado dará o caso por encerrado.

O investigador estendeu a mão para Rodrigo, que retribui o cumprimento sem emoção, e em seguida saiu da sala, levando consigo Silas, que no corredor disse irritado:

– Como pôde fazer isso? Eu estava prestes a arrancar dele o que realmente aconteceu!

– Deixe de ser tolo, aquele homem é astuto, não falaria nada além do que nos disse. Claro que se tratou de uma briga entre eles, mas não podemos colocar uma arma na cabeça dele e fazê-lo confessar. Por essa razão, o caso está encerrado.

Os dois deixaram o hospital e foram tratar de outros casos que investigavam. No fim do dia nem lembravam mais de Rodrigo e de seu depoimento mentiroso.

No dia seguinte, o médico encarregado de cuidar de sua saúde entrou logo cedo em seu quarto. As sondas já haviam sido retiradas e Rodrigo já conseguia fazer sua higiene íntima. Celso, após constatar que ele já estava preparado para ter alta, comentou:

– O senhor teve muita sorte. Como médico sei que as complicações que teve quase sempre levam a óbito. Se não fosse Alfredo e sua filha, que se prontificaram em lhe doar o rim, o senhor talvez não sobrevivesse. Amigos assim são difíceis de se encontrar.

Rodrigo não respondeu, apenas esboçou um sorriso sem graça. O médico lhe passou as recomendações, que ele já conhecia, e saiu em seguida, a tempo de encontrar Marina no corredor. Cumprimentou-a e a viu entrar no quarto de Rodrigo, que, espantado, disse:

– Se veio ver com seus próprios olhos se morri, já viu que não! Sabe que sou o tipo de pessoa que Deus não quer por perto e o demônio teme a concorrência. Portanto, ficarei muito tempo ainda aqui na Terra.

– Eu não tenho dúvidas de que ficou para aprender com os erros e quem sabe se redimir deles para quando chegar seu momento de desencarnar poder ser socorrido pelos espíritos do bem!

– Hum, e você e Alfredo já compraram o passaporte para o céu com o ato de bondade que tiveram?

– Não. Alfredo só fez o que achou que seria certo, assim como você fez ontem, isentando sua esposa de responder pelo ato insano que ela cometeu.

– Não quero publicidade negativa com meu nome, é só isso!

Marina abriu um sorriso, Rodrigo, após alguns minutos de reflexão, comentou:

– Não sei o que veio fazer aqui, mas eu a conheço bem a ponto de saber que não entraria por aquela porta feliz da vida me chamando de papai, e fico muito grato. Com relação ao que aconteceu, eu nunca imaginei que fosse minha filha, eu a criei com ódio porque via em você a traição de Leonor.

– Não precisa dizer mais nada – interpelou Marina, tentando em vão segurar as lágrimas, que insistiam em cair por sua face.

– Preciso sim. Sei que sempre fui um vilão para você e agora me transformei em um monstro para todos, mas tive os meus motivos, que agora você conhece bem, e não me arrependo de nada!

– Um erro nunca justifica outro. Talvez um dia você aprenda essa lição.

– Pode ser que você tenha razão, mas eu só quero que saiba que irei embora deste país assim que estiver recuperado. Diga a Alfredo que está vingado, pois vou ter de passar o resto de minha vida com um pedaço dele dentro de mim.

Marina limpou algumas lágrimas e falou:

– A vida sabe o que faz! Só quero que saiba que limpei meu coração; não vou guardar sentimentos negativos que só farão mal ao meu corpo e à minha alma. Acredito que Alfredo e todos os outros fizeram o mesmo. Para você, só desejo que consiga ser feliz.

Marina saiu do quarto sem olhar para trás, deixando Rodrigo pensativo. Horas depois, ele já estava arrumado para sair do hospital. Antunes entrou no quarto com um sorriso nos lábios. Rodrigo, ao vê-lo, comentou em tom sarcástico:

– Pronto, não faltava mais nada! Sabe que às vezes penso que você gostou de ser preso no DOI–CODI? Parece que é masoquista!

– Vou fingir que não ouvi o que disse. Vim porque quero lhe apresentar o enfermeiro que ficará com você em sua casa. Depois, acho que Marina já lhe falou tudo o que precisava ouvir e se um dia quiser conversar com um amigo, procure-me, estarei à sua disposição.

Antunes foi até a porta do quarto e, ao olhar para o corredor, fez um gesto com a mão. Logo, um rapaz moreno, aparentando pouco mais de trinta anos, apareceu no quarto. Antunes o apresentou e saiu, deixando-o livre para seguir seu destino.

CAPÍTULO 23

RUMO A NOVAS CONQUISTAS

Marina olhou a casa que Alfredo lhe emprestou. Era pequena, mas muito bonita. Pela primeira vez sentia-se útil. Dali em diante ela e Valéria poderiam fazer o que bem entendessem da vida sem a sombra de Rodrigo.

Cléber, que entrou no local segurando uma caixa, ao ver a amiga com um lencinho colorido na cabeça, debruçada sobre uma vassoura e olhando para as paredes, não conseguiu controlar o riso. Ela, ao vê--lo cambalear com a caixa na mão rindo sem parar, largou a vassoura e foi ao seu encontro, tirando a caixa de suas mãos e colocando-a sobre uma cadeira.

– Posso saber qual é o motivo do riso?

– Sim. Você está hilária com essa roupa de doméstica e segurando uma vassoura.

– Não estou achando graça. Fique sabendo que estou muito feliz, mesmo tendo de lavar, passar e cozinhar. Deixe de palhaçada e me ajude a guardar essa louça que trouxe na caixa. Só faltam esses utensílios para serem guardados e daqui a pouco Rodolfo trará mamãe.

– Qual delas?

– Cléber! Deixe de ser chato! Valéria, pois Leonor tem a vida dela. Não precisa de mim para nada.

– Eu, se fosse você, aceitaria o convite de Leonor para morar na mansão; uma vez que ela convidou Valéria para ir junto, não vejo obstáculos.

– Mas eu vejo. Leonor quer conviver mais tempo comigo e eu lhe prometi que nos veremos com frequência, mas preciso de privacidade. Quero ter minha vida, aprender a lidar com o meu salário, pegar ônibus lotado para ir ao trabalho e não ficar brigando com os outros passageiros. Essa é a vida que tenho agora e preciso aprender a lidar com isso.

– Eu a entendo.

Cléber guardou as louças no armário e Marina terminou de varrer o chão. Em seguida, eles abriram uma garrafa de refrigerante e tomaram o líquido prazerosamente, indo para a frente da casa. A rua era movimentada, e as crianças da vizinhança brincavam de pique-esconde.

Cléber, ao ver o olhar admirado da moça para as crianças, comentou:

– Geralmente em bairros mais simples as crianças se reúnem após as aulas para brincar. Você terá de se acostumar com a gritaria que vai até o começo da noite.

– Não vou encontrar problema nisso, pelo contrário, até estou gostando.

Ao dizer isso, aproximou-se das crianças. Em poucos minutos já sabia o nome de todas elas. Quando Camila, uma garotinha a convidou para participar da brincadeira, ela aceitou. A menina lhe explicou o que ela tinha de fazer. Marina virou de frente para o muro e de olhos fechados começou a contar até vinte, saindo à procura das crianças.

Cléber ria com o jeito da amiga, que por não conhecer o local demorava a achar um deles. Quando encontrava, não conseguia correr o suficiente para bater no pique. Estava tão entretida que nem viu o carro de Rodolfo parar diante da sua casa. Só quando voltou para pegar o último garoto, foi que viu o namorado ao lado de Valéria e Cléber. Assim, despediu-se das crianças, que começaram a protestar por sua saída gritando. Em seguida, ela deu um leve beijo nos lábios de Rodolfo, que brincou:

– Aquelas crianças lhe deram um baile. Você precisa treinar mais.

Marina riu, pegou a mãe pela mão e lhe mostrou a casa. Valéria, com os olhos úmidos, comentou ao entrar no pequeno quarto destinado a ela:

– Ah, Marina, não sei se posso aceitar sua generosidade. Você ainda é uma menina e não tem obrigação de carregar uma velha nas costas. Acho melhor eu ir procurar minha irmã que mora no interior, ela já me convidou para morar com ela. Helena leva uma vida simples e planta tudo de que precisa para se alimentar em sua chácara. Posso muito bem viver em sua companhia.

– Pode, claro que pode, mas por que mudar sua vida, ir para o campo de onde saiu há muitos anos, justamente por não se habituar à vida simplória? Não será mais fácil morar comigo, que sou e sempre serei sua filha? Olhe para este quarto, veja o que o último inquilino deixou!

Valéria olhou à sua volta. O quarto era simples, tinha um guarda-roupa, uma cama de solteiro e um criado-mudo. A senhora viu uma máquina de costura antiga, mas pelo estado de conservação parecia estar funcionado perfeitamente. Marina, ao vê-la com o olhar cravado na máquina, lembrou:

– Você sempre gostou de costurar. Lembro-me de que quando eu era criança e chorava por querer uma boneca nova, você economizava no dinheiro que Rodrigo lhe dava para as despesas e comprova pedaços de tecidos para produzir roupas e deixar as bonecas lindíssimas.

– É verdade, você sempre tinha roupas novas para vestir suas bonecas quando morávamos no Chile.

– Então? Você tem o dom de costurar. Neste momento, precisamos nos manter economicamente, e a vida, não por acaso, deu-nos de presente esta máquina. Aposto que neste bairro as pessoas devem ter o hábito de consertar roupas. Então, por que não colocamos uma placa amanhã mesmo oferecendo seus serviços de corte e costura?

Valéria abriu um sorriso, passara toda a sua vida pensando em como sobreviver se um dia deixasse Rodrigo. Agora, diante das ideias de Marina, formou-se em sua mente a imagem dela costurando para fora com várias mulheres à sua espera na sala com seus vestidos e panos nas mãos para ela confeccionar novos modelos, e todas lhe pagando, felizes e satisfeitas com seu trabalho. Sem pensar duas vezes, sentou-se diante da máquina e olhou todos os detalhes. Encontrou na gaveta do móvel agulhas de todos os tamanhos e espessuras, além de linhas de várias tonalidades. Ao mostrar para Marina, a jovem comentou:

– Está vendo? Já tem o material necessário, só falta a clientela, que não demorará a aparecer.

Marina passou sua mão delicada no rosto da mãe e se retirou. Na sala, Rodolfo e Cléber conversavam animadamente. O amigo, não querendo atrapalhar o namoro dos dois, deu uma desculpa e foi embora. Rodolfo, ao se ver sozinho com a jovem, abraçou-a, dizendo carinhosamente:

– Você sabe que por mim casávamos amanhã mesmo, e você não precisaria morar com sua mãe num bairro tão afastado.

– E perderia a oportunidade de crescer? Caminhar com as minhas próprias pernas e me realizar como indivíduo? Não, meu amor, eu quero me casar com você, mas quero que isso aconteça quando eu estiver realizada como pessoa. Não quero jogar essas realizações nas costas de um marido rico, que banque todos os meus caprichos.

Rodolfo não falou nada. Olhou nos olhos da amada e a beijou demoradamente. Amava Marina, e a cada nova atitude dela, tinha certeza de que fizera a melhor escolha, acreditando que ela não era uma má pessoa e investindo nesse amor.

***

O ano de 1989 terminou com esperanças não só no coração de nossos personagens, mas de toda a nação brasileira, que depositava no novo governo sua fé em dias melhores.

Alfredo recuperou-se da cirurgia e o mesmo se deu com Rodrigo, que assim que pôde dispensou o enfermeiro. Valéria começou a fazer um conserto e outro nas roupas dos vizinhos, que, assim que viram a placa com o anúncio de seu trabalho na porta, começaram a aparecer. Os meses que se seguiram foram de apreensão na economia.

Alfredo aprendera que não havia crise financeira para quem trabalhava com honestidade, vontade e mente positiva; seus negócios fluíam de vento em popa.

Cléber e Marina prestaram vestibular e ambos passaram na mesma faculdade. Ela faria Administração de Empresas, e ele, Economia.

Alfredo decidiu custear os estudos deles e de todos os funcionários que quisessem crescer profissionalmente, com a condição de tirarem médias altas nos exames.

Rodrigo procurou Valéria para assinar a venda da casa. Os dois conversaram amigavelmente e ela abriu mão de sua parte, deixando tudo o que haviam conquistado para ele, que, ao ver todas as pendências resolvidas, entrou no primeiro avião rumo à Europa e com um sorriso nos lábios desembarcou no aeroporto de Milão, na Itália, onde Giovanni, um amigo que fora seu paciente no tempo em que ele clinicava nos Estados Unidos, aguardava-o no saguão de desembarque. Rodrigo, ao vê-lo, estendeu os braços para abraçá-lo e deu-lhe um leve beijo na face.

– Giovanni Belo, quanto tempo!

– Faz muito tempo, caro amigo.

Giovanni começou a caminhar lentamente; o homem falava perfeitamente o português, pois vivera no Brasil com uma mulata que o levou à falência. Quando conheceu Rodrigo, ele estava completamente falido e ele lhe fez algumas consultas médicas cobrando um valor irrisório. E aquele senhor nunca se esqueceu disso. Ao saber que Rodrigo estava sozinho no Brasil, entrou em contato com ele e o convidou para ser seu sócio em um restaurante na cidade de Milão.

CAPÍTULO 24

CINCO ANOS DEPOIS...

Marina fechou sua pasta. Alfredo, que a observava segurando uma caneta comentou:

– Não sei o que será de mim sem você por perto. Desde que assumiu o cargo de executiva, deixei de me preocupar com o trabalho.

– A vida sabe o que faz, meu amigo. Veja esse meu afastamento como um sinal de que deve continuar mantendo as rédeas de seus negócios.

– Se alguém a ouve, vai pensar que não sirvo para mais nada. Estou ficando velho, mas não senil. Se confiei a frente de meus negócios a você é porque confio em seu trabalho. Sabe que fez por merecer o cargo que ocupa.

– Vai chorar agora?

Marina levantou-se dizendo essas palavras com as mãos na cintura. Alfredo fez beicinho, fazendo a amiga rir prazerosamente.

– Deixe de ser bobo, só vou passar um mês fora. Afinal, mereço uma lua de mel na Europa.

– Merece a lua de mel e muito mais.

Marina já ia se aproximar para abraçá-lo quando Luana, a nova secretária, bateu levemente na porta. Depois de receber autorização, entrou na sala ao lado de Cléber, que ao ver o chefe foi logo dizendo:

– Desculpe interrompê-los, mas quero fazer-lhes um comunicado.

Marina olhou para Luana, que abaixou os olhos. Alfredo, querendo saber o que o jovem tinha a lhes dizer, respondeu:

– Cléber, não precisa de cerimônia para falar comigo. É amigo de Marina e um filho que eu e Leonor ganhamos da vida.

Cléber abriu um sorriso lindo. Sua aparência a havia mudado muito; tornara-se um homem altivo, bonito e elegante. Era um dos braços-direito de Alfredo e frequentava a casa do chefe com assiduidade e sempre que tinha alguma dúvida o procurava. Foi com os olhos marejados de água que pigarreou antes de responder:

– Digo o mesmo, o senhor e dona Leonor são amigos que estarão sempre em meu coração. Nesses últimos anos aprendi que a gratidão é o primeiro passo rumo à felicidade e que a caridade nada mais é que o amor desinteressado, que abre os caminhos para o reino de Deus. É exatamente por lhe ser grato que vim comunicá-lo que eu e Luana estamos pensando em nos casar.

O senhor balançou a cabeça negativamente. Olhou para Marina, que segurou o riso e respondeu:

– Eu não aceito esse casamento! Se vocês se casarem estarão fora desta empresa!

Alfredo disse aquelas palavras em tom sério, fazendo Cléber acreditar. Um tanto quanto confuso, ele engasgou:

– Mas... Você nunca proibiu nenhum funcionário de namorar, desde que respeitassem o local de trabalho.

– E quem falou em proibição? Estou dizendo que caso se casem, você precisará de um salário maior e como conversei há pouco com Marina, quero lhe dar uma promoção. Se aceitar, trabalhará na fábrica como chefe de departamento.

Cléber não se conteve, aproximou-se de Alfredo e lhe deu um abraço. Em seguida, pegou na mão de Luana e lhe endereçou um olhar encorajador. A jovem, após respirar fundo, disse:

– Na verdade, dr. Alfredo, eu queria lhe fazer um convite. O senhor sempre foi muito bom para mim, ajudou-me quando a doença de minha mãe se agravou, custeou todas as despesas médicas e o funeral, e como conhece minha vida, sabe que sou sozinha no mundo, vim lhe pedir para que me conduza até o altar.

– Desse jeito padre Nelson ficará feliz. Daqui a dois dias vou à igreja com Marina ao meu lado, depois a conduzirei ao altar! Ele vai achar que virei um católico convicto!

Os quatro riram prazerosamente. Em seguida, deixaram o escritório.

Marina foi na frente, passou por todas as salas que já estavam vazias e estranhou. Ao chegar próximo à recepção, percebeu que as luzes que estavam apagadas se acenderam. De repente, todos os funcionários deram um único grito de surpresa. Carla, que organizara a festa, ao ver a amiga pasma aproximou-se e lhe deu um beijo na face:

– Fizemos uma festa de despedida de solteira. Quando voltar a este escritório será a senhora Boaventura.

As duas se abraçaram. Nos últimos anos, elas tinham se tornado amigas íntimas. Marina agradeceu a todos, que passaram a abraçá-la e lhe desejar felicidade. Embora todos estivessem convidados para a recepção, tanto da igreja como da casa de Leonor, acharam melhor cumprimentá-la com uma festinha no escritório. Sentiam-se mais à vontade. Foi nesse clima de alegria que ficaram em confraternização até tarde da noite.

***

Caía uma fina garoa quando Leonor desceu do automóvel ao lado do marido. Era sexta-feira, dia de trabalho espiritual no Centro Espírita de Antunes, onde ela desenvolveu sua mediunidade psicofônica. Alfredo, que fez o curso preparatório e o de médiuns, trabalhava na doação de passes.

Foi com um carinhoso abraço que cumprimentaram Antunes, indo cada um para o seu lugar com o intuito de se conectarem às boas energias emanadas pelos espíritos administradores daquele local no astral.

Clarice e Francisco chegaram um pouco mais tarde. Marina, mesmo às vésperas de sua união religiosa com Rodolfo, compareceu ao lado de Cléber e Luana. Dolores, que se tornara voluntária na casa, olhou para Antunes e comentou:

– Hoje sinto uma energia diferente no ar. Você sabe me dizer por quê?

– Eu? Não! Mas a vida sabe, é só aguardar.

Antunes abriu um sorriso. Ele e Dolores, após algum tempo de amizade, descobriram que a atração que sentiam um pelo o outro no passado era amor, e havia dois anos moravam juntos.

Quando o senhor saiu para iniciar a sessão, ela apagou a luz e ficou observando o início dos trabalhos. Alfredo fez uma prece, que tocou o coração dos que o ouviam. Em seguida, Carla leu um trecho do Evangelho e outro senhor explicou o significado daquelas palavras abençoadas. Marina, que prestava atenção em tudo, ao ver um dos médiuns esboçar um leve suspiro e sorrir, esforçou-se para ouvi-lo.

– Que a paz de Nosso Senhor Jesus Cristo esteja sempre presente no coração de todos – começou a falar o espírito; prosseguindo depois de alguns segundos. – Venho nesta noite abençoada falar a respeito de um sentimento que cultivei em minha alma: o rancor e a maledicência. O que é o homem senão o reflexo do que pensa em seu coração? Como pode um ser de Deus querer ser feliz no dia a dia se olha para o seu próximo com desprezo e sente prazer em ofendê-lo e magoá-lo? Não, queridos amigos, um ser que diz ter Deus no coração não pratica outra coisa senão o bem; não deixa entrar em sua alma sentimentos contrários à caridade e esforça-se dia após dia para se tornar um indivíduo melhor para si mesmo e para a sociedade. Hoje estou feliz por ver nesta casa de doação pessoas que sofreram, mas conseguiram superar suas fraquezas e tornaram-se melhores. Estes são os verdadeiros espíritas que reconhecem seus erros e trabalham para eliminá-los. Gostaria, neste momento, que cada um se voltasse para o seu interior e se autoanalisasse, percebendo o quanto melhorou e o quanto ainda pode ser melhor, pois a vida é um eterno aprendizado e crescimento espiritual para aqueles que não ficam estacionados na ignorância, que só lhes traz desgosto.

Marina fechou os olhos e agradeceu a Deus por sua vida, por ter percebido a tempo que precisava mudar suas atitudes para tornar-se melhor e poder ser feliz. Percebeu que a felicidade está aqui na Terra, uma vez que se viva de bem consigo mesma e com a vida. Entendeu que dessa forma as tempestades não derrubam a casa de sentimentos feita na rocha firme. Com esses pensamentos, agradeceu a Deus de todo o coração.

João, que falava por intermédio de um médium, ao sentir as boas energias que os encarnados emanavam naquele momento, agradeceu a Deus por aquela oportunidade abençoada e despediu-se de todos.

Luíza permanecia ao lado de um médium psicográfico e ditava uma carta endereçada aos pais. Em seguida, Dolores começou a encaminhar os que ali se encontravam para as câmaras de passes.

Pouco tempo depois, todos estavam com as energias renovadas.

Fabrício, o médium que psicografava a mensagem, começou a ler as mensagens que recebera naquela noite. Os que acreditavam que a mensagem lida era de seus entes queridos, iam até a frente e pegavam o papel. A noite ia alta quando ele pegou a última mensagem e, após tomar um gole de água para limpar a garganta, pôs-se a ler:

> *"Amados pais, venho nesta noite abençoada dizer-lhes que estou bem. Ainda sinto saudades das brincadeiras à beira da piscina nos dias quentes de verão. Hoje compreendo tudo o que nos aconteceu e sei que a vida sempre ensina e trabalha para o bem. Comigo não foi diferente, precisei voltar ao plano espiritual para que a vida pudesse unir aqueles que um dia, com meu capricho, separei. Digam a Rodolfo e Marina que estarei vibrando para que eles possam ser felizes. Faço votos que a união, que será celebrada apenas para consolidar o que os uniu há muitos anos, seja de felicidade e amor. Papai querido, desencarnei porque era o melhor para mim. Esqueça o passado e seja feliz ao lado de mamãe, a quem também devoto um amor filial. Quanto a Dolores, deixo o meu amor e a minha gratidão por todo o bem que me fez em minha curta jornada na matéria. Fiquem com Deus e sejam felizes."*

Dolores enxugou uma lágrima que caía por sua face. Leonor, em prece, agradeceu a Deus a oportunidade de receber notícias da filha. Marina sentiu-se aliviada com as palavras daquele espírito que não chegara a conhecer nesta encarnação. Quando a sessão terminou e Alfredo juntou-se ao grupo, Dolores lhe entregou a carta, que ele leu com emoção, ficando feliz por reconhecer naquelas palavras a presença de sua amada filha do coração.

***

Marina olhou-se no espelho do quarto de Leonor e, ao ver o pequeno volume de sua barriga, comentou:

– Este vestido está apertado; eu deveria ter feito um regime nos últimos dias.

Leonor olhou para a barriga da filha e, após observá-la, perguntou:

– Quando suas regras vieram pela última vez?

Marina mordeu os lábios; os últimos meses haviam sido corridos para ela, que teve de ajeitar tudo no escritório e ainda cuidar dos detalhes da decoração da casa que Rodolfo comprara para eles morarem depois do casamento. Sem contar os preparativos da cerimônia, que se não fosse a ajuda de suas duas mães e de Dolores, teria sido um fiasco. Com esses pensamentos respondeu:

– Acho que há mais ou menos um mês, mas é normal, estou ansiosa e isso pode ter cortado...

– Cortado nada, foi essa a desculpa que dei a mim mesma quando Dolores me fez essa mesma pergunta. Você está grávida, minha filha!

Marina abriu e fechou a boca. Valéria, ao vê-la sem reação, obtemperou:

– Não fique com essa cara, um filho é uma bênção de Deus.

– Não estou com cara nenhuma, é que não imaginei. Pensando bem, estou enjoada ultimamente e... Meu Deus, vou ser mãe!

– Se nossas desconfianças estiverem certas, vai. E essa criança será abençoada, pois não faltarão avós para mimá-la.

As três se abraçaram e quando Dolores entrou no quarto a pedido de Alfredo, que já as esperava impacientemente, Marina lhe contou o que acabavam de descobrir. A senhora a beijou emocionada.

Minutos depois, Marina desceu com cuidado os degraus da escada. Alfredo abriu um sorriso ao ver a jovem, que estava linda em seu vestido branco, que tinha uma cauda que arrastava no chão. Fora confeccionado por Valéria, que havia aberto um ateliê de vestidos de festas. Tinha também um belo arranjo de flores na cabeça. Ele se emocionou e a conduziu até o carro, que ele alugou para levá-la até a igreja.

Às seis horas em ponto, Marina entrou na igreja ao lado de Alfredo, ao som de uma Ave-Maria. Caminhou lentamente ao altar, cumprimentando a todos os convidados com seu belo sorriso. Quando Alfredo a entregou para Rodolfo, deu um beijo em sua destra e um abraço no rapaz e foi para junto da esposa e de Valéria, que dividiam o espaço reservado aos padrinhos e familiares da noiva. Como programado, Cléber também estava no altar como padrinho para testemunhar o amor dos amigos, a quem dera uma ajudazinha para ficarem juntos no passado. Padre Nelson, pôs-se a falar:

– Nesta noite, Rodolfo e Marina estão reunidos para receberem as bênçãos de Deus em matrimônio. Esses dois jovem que se amam desejam acima de tudo compartilhar com todos o amor que sentem. Todos sabemos que na vida há dificuldades e batalhas a serem vencidas, mas com amor e fé em Deus, tudo se resolve. E é exatamente quando vejo casais como vocês, que se amam de forma pura e verdadeira, que sinto em meu coração que Deus habita o coração de Seus filhos e Os ilumina com esse amor...

O padre seguiu seu sermão, e os noivos trocaram as alianças com votos de fidelidade. Em seguida, deixaram o local e foram direto para a casa de Alfredo, onde recepcionaram os amigos das duas famílias. Nesse clima de alegria, terminaram a noite. No dia seguinte, entraram em um avião rumo à Itália, onde passariam a primeira semana da lua de mel.

O sol brilhava forte naquela manhã. Era fim de verão no continente Europeu e Marina andava de mãos dadas com Rodolfo pelas ruas de Roma. Estava maravilhada com a arquitetura barroca predominante entre os pontos turísticos. Rodolfo, ao ver sua empolgação querendo tirar fotos de todos os lugares por onde passavam, pegou-a pela mão e falou:

– Venha, estamos perto da Fontana di Trevi. Vamos fazer um pedido.

Marina deixou-se levar pelo marido e em poucos minutos ambos avistaram a famosa fonte dos desejos italiana. O local estava cheio de turistas de todas as partes do mundo. Marina, ao ver o tumulto que se formava à sua frente, todos queriam tirar fotos para guardar de recordação, parou e disse:

– Parece que boa parte dos turistas está neste lugar; não vamos conseguir chegar muito perto.

– Claro que vamos! É só me seguir.

Rodolfo a pegou pela mão e começou a abrir caminho entre as pessoas. Em alguns minutos, chegaram bem próximos à fonte. Marina olhou admirada ao ver uma imagem de Netuno no centro de uma concha sendo puxado por dois cavalos-marinhos.

– Meu Deus, isso é muito lindo! Nunca vi nada igual!

– Mas nada se compara à sua beleza – respondeu Rodolfo, pegando a máquina fotográfica e tirando fotos da esposa, que fazia várias poses e se espremia entre os outros turistas, que passavam a todo instante.

Rodolfo, depois de tirar as fotos, pegou três moedas e entregou uma para ela, explicando:

– Reza a lenda que você deve jogar uma moeda se quiser voltar a Roma outra vez.

– Com você voltarei milhões de vezes – respondeu Marina ao pegar a moeda das mãos do marido. De olhos fechados, jogou na fonte. Em seguida, foi a vez dele. Ao vê-lo com duas moedas nas mãos, ela questionou:

– Você não disse que é apenas uma moeda?

– Sim, uma para voltar à fonte; e duas para ficar ao lado da alma gêmea em Roma. Com essas palavras, jogou as duas moedas. E, voltando-se para Marina, pegou-a pela cintura e continuou: – Eu acabo de realizar o meu desejo.

Marina não conseguiu controlar a emoção e beijou-o carinhosamente várias vezes. Depois, olhou em seus olhos e, afastando um pouco seu corpo do dele, passou a mão na barriga:

– Vamos ter de jogar mais uma moeda na fonte, pois quero voltar aqui com o nosso filho.

Rodolfo olhou para ela abismado.

– Você está grávida? Mas desde quando?

Marina contou a desconfiança de Leonor e Valéria na noite do casamento. Por essa razão, havia comprado um teste de gravidez na farmácia. Quando chegou à cidade fez o teste e confirmou. Ele, não contendo a emoção, abraçou-a e com lágrimas nos olhos beijou sua barriga, fazendo alguns turistas mais curiosos pararem para olhar.

Os dois já voltavam para o hotel quando um rapaz aproximou-se de Marina correndo e dando-lhe um empurrão pegou sua bolsa e fugiu rapidamente. A jovem foi ao chão, para desespero de Rodolfo, que correu em seu auxílio. Marina machucou a face e os joelhos. Já ia se levantar quando sentiu um líquido quente escorrer por sua perna. Rodolfo, ao vê-la sangrando, desesperou-se e começou a pedir por socorro. Minutos depois, uma brasileira se aproximou e vendo a moça sentada no chão, voltou-se para Rodolfo e afirmou:

– Aqui perto temos um médico brasileiro. Ele é meio esquisito, mas vai ajudar, pegue-a e me siga.

Rodolfo pegou a esposa no colo. A mulher andava rapidamente à sua frente pelas ruas. De repente, parou em uma casa simples e abriu a porta, dando passagem para Rodolfo entrar. Ele, ao ver a atendente, falou:

– Minha esposa está grávida, fomos assaltados e...

– Acalme-se, dr. Benedito vai atendê-los. Venha!

A moça abriu um simpático sorriso e o conduziu a uma pequena sala, apontando para uma maca. Ele, ao colocar a esposa ali, pegou em sua mão e a tranquilizou:

– Fique calma, meu amor, você ficará bem...

Rodolfo mal acabou de falar e um homem vestido de branco, com uma máscara veneziana de Bauta no rosto, entrou no local. Ao vê-lo, Rodolfo se espantou, mas a recepcionista foi mais rápida e o pegou pelo braço, tentando tranquilizá-lo.

– Venha comigo, sua esposa está em boas mãos!

Rodolfo quis protestar, mas a jovem foi incisiva e conseguiu tirá-lo dali. Marina, ao ver aquele homem se aproximar, olhou em seus olhos e viu uma grande tristeza em seu olhar; sentiu sua cabeça rodar e desmaiou.

Rodolfo voltou à antessala e, ao ver a boa senhora que o levara àquele local, chamou-a em um canto e disse em tom quase inaudível:

– Eu não sei quem é você nem por que me trouxe neste lugar. Aqui, tudo é estranho, o médico trabalha até com máscara veneziana. Por acaso é algum procurado?

Albertina olhou para os lados e, ao ver duas poltronas vazias, convidou-o para se sentar. Ele, querendo saber quem era o homem a quem confiara a saúde de sua esposa, sentou-se e com os olhos marejados de água desabafou:

– Chegamos ontem a esta cidade. Minha esposa me falou há pouco, na Fontana di Trevi, que está grávida. Em seguida, fomos assaltados. Agora, estamos neste lugar... eu não sei o que pensar, não conheço ninguém neste país.

– Procure manter a calma. Sua esposa está em mãos santas. Vou-lhe contar a história desse médico, assim ocupará sua mente com outros assuntos e terá certeza de que sua esposa ficará bem.

A senhora fez uma pausa, olhou para a atendente, que após pegar alguns vidros no armário ao lado de sua mesa deixou o local para auxiliar o médico. Vendo-se sozinha com o desconhecido, falou:

– O dr. Benedito é um brasileiro que veio à Itália a convite de um amigo, dono de um restaurante em Milão. Tornou-se sócio desse homem, que, além de ser alcoólatra, ainda pegava todo o dinheiro do caixa para apostar em cassinos, chegando a deixá-lo sozinho no restaurante com os poucos funcionários, para ir a Mônaco. Em uma tarde, quando Giovanni, este era o nome do italiano, chegou ao local nervoso e bêbado, os dois brigaram. O italiano, com sangue quente, ainda por conta da briga, jogou um tacho que Benedito limpava com soda cáustica e água fervente em cima do pobre homem. Em seguida, pôs fogo no restaurante, morrendo carbonizado. De tão bêbado, caiu e não conseguiu se salvar. Benedito passou meses no hospital até conseguir seguir sua vida. Seu rosto ficou deformado e alguns dizem que ele, enquanto estava em coma, recebeu a visita de espíritos que pediram para ele trabalhar no auxílio aos necessitados em Roma. Outros, dizem que ele viu a figura da Madonna, que o perdoou de seus pecados e o fez prometer que dali em diante ajudaria aos necessitados. A verdade é que o dr. Benedito, que significa bendito ou abençoado, recebeu esse nome justamente por causa dessas histórias. Seu trabalho é voluntário, ele atende em sua maioria latinos que ganham a vida de forma ilegal neste país, pois para quem é clandestino fica muito caro um tratamento médico, e ele o faz de graça, mas aceita doações dos que podem deixar algo em favor dos menos favorecidos.

Rodolfo suspirou, olhou para o alto e fez sentida prece aos espíritos médicos do astral. Se aquela mulher aparecera à sua frente e foi a única a ajudá-lo, era sinal de que a espiritualidade os estava protegendo. Com lágrimas nos olhos, ele comentou:

– Eu e Marina frequentamos um Centro Espírita na cidade de São Paulo, acreditamos no poder dos médicos do astral. Se este homem é um ser desprovido de interesses, como a senhora acaba de me dizer, Deus e os bons espíritos estão ao seu lado.

A senhora não respondeu, limitou-se a fazer um pequeno carinho nas mãos dele. As horas passaram arrastadas até que a moça que o atendera apareceu com um sorriso, que parecia ser seu cartão de visitas, e falou:

– Sua esposa está bem. A hemorragia foi contida e ela não perderá o bebê. O dr. Benedito pediu para ela ficar até o fim da tarde descansando e depois poderá voltar ao hotel, desde que faça o trajeto em um automóvel.

– E cadê esse médico? Posso falar com ele? Gostaria de lhe agradecer, saber quanto custou seus serviços.

– O dr. Benedito teve de atender a um chamado urgente em Firenze. Seu trabalho é voluntário, mas ele desejou ao jovem casal, paz e saúde! Agora, se quiser ver sua esposa, ela está à sua espera.

Rodolfo foi rapidamente à sala onde Marina descansava. Ao vê-lo, ela fez um sinal de positivo com a mão. Estava atordoada e não quis falar nada ao marido, mas ficou lembrando dos olhos do médico, que expressavam tristeza acompanhados de bondade. Nunca vira em ninguém tamanho contraste.

Rodrigo, que sofrera e estava aprendendo a se tornar uma pessoa melhor, doando seus serviços aos mais necessitados, ao reconhecer a filha, tratou dela com carinho e deixou o local antes que ela pudesse reconhecê-lo.

No fim da tarde, a jovem deixou a clínica. Rodolfo, antes de sair, agradeceu as duas senhoras e entregou à enfermeira todo o dinheiro que tinha na carteira, prometendo mandar mensalmente uma generosa quantia para ajudá-los naquela causa abençoada.

Marcelo, que acompanhava o casal, desde o momento em que Marina fora assaltada, ao vê-los sair, agradeceu a Deus pela oportunidade dada a Rodrigo de reparar seu erro com a moça, pois ajudando aquele pequeno ser que vinha ao mundo estava ajudando a si mesmo.

CAPÍTULO 25

UBATUBA, 1999

Marina olhava para Leonor, que colocava uma esponja de aço em seu cabelo e os prendia com grampos. Vendo a mãe compenetrada no penteado, brincou:

– Não sei como vocês conseguiam fazer esses penteados sozinhas!

– Nós estávamos acostumadas; quantas vezes fomos a greves de sindicalistas de vestido tubinho e esse penteado! Éramos revolucionárias, sem perder a feminilidade!

Leonor, ao ver a filha parecida com ela chorou de emoção. Marina, ao vê-la derreter-se em lágrimas, comentou:

– Não quero que chore, se eu soubesse que esta festa mexeria tanto com seu coração, juro que não a teria feito.

– Fique despreocupada, é que vendo você tão linda, não consegui segurar o choro.

– Então sorria, venha, sente-se aqui. Vou terminar seu penteado. Daqui a pouco Alfredo chegará com Rodolfo e ainda estaremos neste quarto!

– Nem pense nisto. Ligue para o celular de seu marido, não é para isso que funcionam esses aparelhos modernos? Diga a ele que demore mais um pouco na serra, porque ainda não estamos prontas.

Marina ligou para o esposo e ao desligar comentou:

– Pronto, mamãe! Rodolfo vai levar ainda quarenta minutos para chegar aqui.

Leonor apressou-se e em poucos minutos terminou de se arrumar. As duas deixaram o aposento de mãos dadas e foram para a varanda da bela casa em uma praia particular em Ubatuba, que o jovem casal comprara para passar o verão com a família. Dolores, que ajudava Antunes a afinar seu violão, ao vê-las não se conteve:

– Vocês estão duas uvas. Quando os rapazes chegarem, vão pensar que suas esposas desapareceram.

– Não seja exagerada, você também está linda – respondeu Leonor ao ver a amiga de vestido tubinho preto ao lado do marido, que colocara uma bermuda e uma jaqueta sem gola para lembrar o estilo dos anos 60.

Cléber, que também compareceu com a esposa em traje típico, ao vê-las vestidas a caráter também soltou um elogio:

– Estou me sentindo um estudante em passeata contra a ditadura, às voltas com lindas mulheres.

– Nem em sonho pense nisso, meu filho, nem em sonho! – respondeu Leonor, fazendo todos rirem.

Logo Clarice e Francisco juntaram-se ao grupo. Ela usava uma minissaia preta e uma camisa branca de manga comprida, meia até o joelho, que fez todos a elogiarem.

Valéria chegou acompanhada do namorado e todos reclamaram, pois ambos não entraram no clima da festa, nem com as roupas, nem com os penteados. Valéria, após ouvir as reclamações das amigas, respondeu:

– Passei a semana inteira fazendo os vestidos de vocês. Não tive tempo de fazer um modelo para mim.

– Não teve tempo ou usou seu tempo livre para namorar seu Antonio? – perguntou Marina fazendo a senhora corar.

O telefone de Marina tocou e ela afastou-se para atender. Era Rodolfo avisando de sua chegada. Marina, ao desligar o celular, chamou a atenção de todos dizendo:

– Alfredo chegará em cinco minutos. Vamos apagar as luzes e ficar em silêncio.

– Mamãe, não pode apagar a luz, eu tenho medo! – comentou a pequena Conceição de apenas quatro anos, puxando o vestido da mãe e a obrigando a se abaixar para lhe responder:

– É só para fazer uma surpresa para o vovô. Logo acenderemos de novo, está bem?

A pequena loirinha de olhos azuis balançou a cabeça em sinal de positivo e logo as luzes da casa se apagaram, ficando só a lua cheia no céu a iluminar o belo jardim.

Minutos depois, Rodolfo parou seu veículo na entrada da casa. Alfredo, ao ver o imóvel às escuras, preocupou-se:

– Onde estão Marina e Leonor? Eu pedi para elas não saírem de casa sem a nossa presença; duas mulheres e uma criança andando sozinhas por aí não é seguro!

– Quando liguei para Marina há pouco, ela me disse que iriam ao mercado. Vai ver não conseguiram voltar antes de nós.

Os dois entraram na casa. Passaram por uma grande sala até pararem diante de uma porta de vidro, que dava acesso ao jardim principal, de onde podiam ver o mar e transitar livremente pela faixa de areia. Rodolfo abriu a porta, Alfredo o seguiu e, ao entrar no jardim, as luzes se acenderam e Leonor, segurando um bolo nas mãos, foi ao seu encontro.

O senhor, ao ver seus amigos vestidos como no passado, deixou lágrimas de felicidade rolarem por sua face e deu um beijo na esposa, fazendo questão de ir abraçar todos os amigos. Pegando Conceição no colo, sentou-se próximo à fogueira que Antunes acendia, enquanto Rodolfo colocava um CD de Johnny Rivers a pedido de Leonor, que o convidou para dançar, o que foi aceito de pronto por ele. Ela, ao ouvir a música, lembrou-se do seu primeiro encontro com Alfredo. Encostou a cabeça em seu peito e comentou:

– Eu o amei desde o momento em que entregou a vassoura para Rodrigo e dançou essa mesma música comigo.

– Eu também amei e amo você desde aquele dia.

Uma leve brisa bateu no rosto do casal abençoando aquela união. Aos poucos, todos os casais se contagiaram pela música e foram dançar. Até a pequena Conceição pegou Marcos, filho de Cléber, e ambos imitaram os passos dos adultos. Quando a música acabou, Alfredo deu um beijo na esposa e se afastou; caminhou até a praia, onde o reflexo da Lua encontrava-se com o mar deixando-o ainda mais encantador e olhou para o céu. Ao ver uma estrela brilhando mais do que as outras, endereçou seu pensamento à Luíza e lhe enviou um beijo, pedindo a Deus para abençoar sua amada filha no astral.

Com o coração leve, voltou ao jardim e encontrou todos em volta da fogueira. Antunes pegou o violão e, após dar o tom, começou a cantar com a voz embargada pela emoção:

Quando entrar setembro
E a boa nova andar nos campos
Quero ver brotar o perdão

Onde a gente plantou
Juntos outra vez...[3]

Logo todos começaram a cantar. A noite enluarada, o estalar da lenha da fogueira e a letra da bela música fizeram todos se emocionarem. Marcelo, que estava ao lado de Luíza, ao vê-la com os olhos cheios de água comentou:

– Nossos amigos estão seguindo seus caminhos rumo à redenção e como diz a letra desta bela canção: *"A lição sabemos de cor só nos resta aprender"*.

Luíza aproximou-se do grupo e de coração aberto abençoou-os. Em seguida, falou:

– Espero ter compreendido a lição para colocá-la em prática, em minha próxima jornada na matéria.

– Não se preocupe, caso você esqueça, a vida fará com que se lembre.

Marcelo abriu um sorriso. A noite estava linda naquele começo de primavera. Ele ficou contemplando as ondas do mar, que quebravam na faixa de areia e voltavam para seguir seu curso natural. E, com o pensamento elevado ao Pai em agradecimento, pegou na mão de Luíza e ambos volitaram rumo às estrelas, que os abençoavam com sua luz.

3 *Sol de Primavera*. Composição de Beto Guedes e Ronaldo Bastos (N.E.)

EPÍLOGO

João caminhava lentamente pelo solo árido e pedregoso do umbral. Já fazia alguns anos que trabalhava como socorrista naquelas paragens, onde a dor e a tristeza, mescladas ao ódio e à ignorância dos espíritos que ali insistiam em permanecer na mais completa escuridão da alma, se faziam presentes. Com carinho, ele observava seus habitantes, esperando o momento oportuno para ajudá-los.

– Ei, você, venha imediatamente até aqui!

João olhou para a direção da voz. Ao ver um irmão deitado no chão, esticando sua mão, aproximou-se dizendo carinhosamente:

– Pois não, em que posso ajudá-lo?

– Tire-me daqui, eu ordeno! Aqueles patifes logo voltarão para me infernizar! – ordenou o homem, sem forças para se levantar.

João olhou em seus olhos e o reconheceu imediatamente. Aquele farrapo humano um dia fora um de seus inimigos. Lembrou-se de quantas vezes havia praguejado contra aquele ser, que não media esforços para prejudicar os que não compactuavam de seus ideais políticos. E com um leve sorriso respondeu:

– Aqui você não tem poder nenhum para ordenar, mas sim para pedir com humildade.

– Humildade? Você sabe com quem está falando?

– Sei! Com um filho de Deus, que usou seu livre-arbítrio e agora sofre por ter feito escolhas erradas. Quando limpar o coração, reconhecendo que agiu de forma equivocada e se arrepender pedindo a Deus o seu perdão, voltarei para ajudá-lo.

João virou as costas. Seu trabalho naquelas paragens era socorrer os que, arrependidos de seus erros, desejassem mudar verdadeiramente suas atitudes, para levá-los a um pronto atendimento mais próximo de onde estava.

Aquela alma sofredora, ao vê-lo se afastar, começou a xingá-lo e logo os espíritos que o haviam escravizado voltaram para continuar a vingança.

João ainda pode vê-lo sendo levado, arrastado pelos justiceiros. Fez sentida prece pedindo a Deus que abençoasse aquele ser, para que ele pudesse compreender os seu erros.

De repente, João avistou uma jovem ajoelhada, que rogava a Deus para tirá-la daquele lugar. Com os olhos marejados, ela avistou o benevolente espírito à sua frente e com sincera humildade se agarrou em suas pernas:

– Sei que és um espírito do Senhor. Por favor, leve-me com você. Eu errei no passado, fui maledicente, usei da fortuna que possuía para prejudicar meus inimigos e agora sofro neste lugar. Se eu pudesse voltar atrás, faria tudo diferente, eu juro!

João fechou os olhos com o intuito de se comunicar com seu instrutor. Logo, um senhor de olhar bondoso apareceu, segurando uma maca, que entregou a João:

– Vamos levar nossa querida irmã para se tratar! – E, voltando-se para a moça comentou: – O arrependimento sincero é o primeiro passo para a libertação das almas que sofrem pelos erros cometidos. Deus sempre acolhe os filhos dispostos a melhorar sua essência.

Os dois espíritos abnegados colocaram a mulher na maca e caminharam em silêncio, agradecendo a Deus por poderem ajudar a mais uma irmã, que assim como eles, galgava o caminho da redenção.

FIM.

Leia os romances de Schellida!
Emoção e ensinamento em cada página!
Psicografia de Eliana Machado Coelho

Corações sem Destino – Amor ou ilusão? Rubens, Humberto e Lívia tiveram que descobrir a resposta por intermédio de resgates sofridos, mas felizes ao final.

O Brilho da Verdade – Samara viveu meio século no Umbral passando por experiências terríveis. Esgotada, e depois de muito estudo, Samara acredita-se preparada para reencarnar.

Um Diário no Tempo – A ditadura militar não manchou apenas a História do Brasil. Ela interferiu no destino de corações apaixonados.

Despertar para a Vida – Um acidente acontece e Márcia passa a ser envolvida pelo espírito Jonas, um desafeto que inicia um processo de obsessão contra ela.

O Direito de Ser Feliz – Fernando e Regina apaixonam-se. Ele, de família rica. Ela, de classe média, jovem sensível e espírita. Mas o destino começa a pregar suas peças...

Sem Regras para Amar – Gilda é uma mulher rica, casada com o empresário Adalberto. Arrogante, prepotente e orgulhosa, sempre consegue o que quer graças ao poder de sua posição social. Mas a vida dá muitas voltas.

Um Motivo para Viver – O drama de Raquel começa aos nove anos, quando então passou a sofrer os assédios de Ladislau, um homem sem escrúpulos, mas dissimulado e gozando de boa reputação na cidade.

O Retorno – Uma história de amor começa em 1888, na Inglaterra. Mas é no Brasil atual que esse sentimento puro irá se concretizar para a harmonização de todos aqueles que necessitam resgatar suas dívidas.

Força para Recomeçar – Sérgio e Débora se conhecem e nasce um grande amor entre eles. Mas encarnados e obsessores desaprovam essa união.

Lições que a Vida Oferece – Rafael é um jovem engenheiro e possui dois irmãos: Caio e Jorge. Filhos do milionário Paulo, dono de uma grande construtora, e de dona Augusta, os três sofrem de um mesmo mal: a indiferença e o descaso dos pais, apesar da riqueza e da vida abastada.

Ponte das Lembranças – Ricos, felizes e desfrutando de alta posição social, duas grandes amigas, Belinda e Maria Cândida, reencontram-se e revigoram a amizade que parecia perdida no tempo.

Mais Forte do que Nunca – A vida ensina uma família a ser mais tolerante com a diversidade.

Movida pela Ambição – Vitória deixou para trás um grande amor e foi em busca da fortuna. O que realmente importa na vida? O que é a verdadeira felicidade?

Romances imperdíveis!
Obras do espírito Madalena!

Psicografia de Márcio Fiorillo

Apenas por hoje

Dois adolescentes, Bruno e André, se envolvem com um grupo de garotos da escola e vão a um show de rock'n roll. Influenciados por espíritos ignorantes são levados ao mundo das drogas e vícios. Mas recebem ajuda do plano espiritual para se livrar da influência desses espíritos.

Pelos Caminhos da Verdade

Olívia é casada com Júlio. De repente seu marido morre e ela é acusada de assassinato. Será culpada ou inocente? Uma história envolvente e cheia de suspense que mostra que só a verdade liberta das amarras que atrapalham a evolução espiritual.

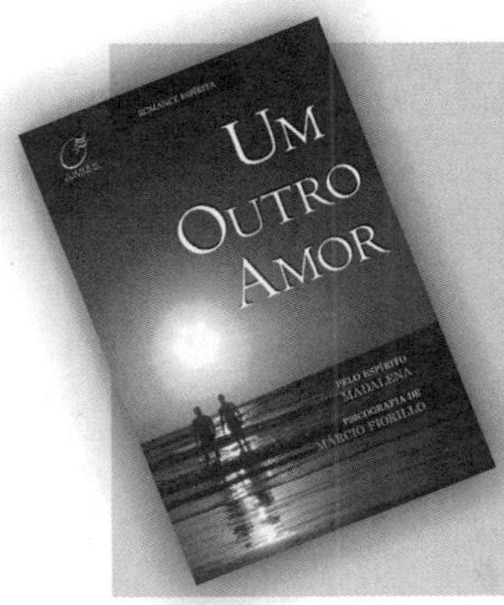

Um outro amor

Olívia é casada com Júlio. De repente seu marido morre e ela é acusada de assassinato. Será culpada ou inocente? Uma história envolvente e cheia de suspense que mostra que só a verdade liberta das amarras que atrapalham a evolução espiritual.